陕西省重点中国特色社会主义理论体系研究中心（宝鸡基地）、宝鸡文理学院科研计划项目“瞿秋白文化思想研究”（ZK2018037）资助

瞿秋白文化思想研究

张丽 著

中国社会科学出版社

图书在版编目（CIP）数据

瞿秋白文化思想研究／张丽著．—北京：中国社会科学出版社，2021.9
ISBN 978-7-5203-8888-7

Ⅰ．①瞿…　Ⅱ．①张…　Ⅲ．①瞿秋白(1899-1935)—文化思想—研究
Ⅳ．①G0

中国版本图书馆CIP数据核字(2021)第163619号

出 版 人　赵剑英
责任编辑　杨晓芳
责任校对　刘　爽
责任印制　王　超

出　　版　中国社会科学出版社
社　　址　北京鼓楼西大街甲158号
邮　　编　100720
网　　址　http://www.csspw.cn
发 行 部　010-84083685
门 市 部　010-84029450
经　　销　新华书店及其他书店

印刷装订　三河弘翰印务有限公司
版　　次　2021年9月第1版
印　　次　2021年9月第1次印刷

开　　本　710×1000　1/16
印　　张　17.75
字　　数　256千字
定　　价　96.00元

凡购买中国社会科学出版社图书，如有质量问题请与本社营销中心联系调换
电话：010-84083683

序

张丽从宝鸡打来电话，说她的博士学位论文《瞿秋白文化思想研究》已联系好将在中国社会科学出版社出版，我当然为她高兴并表示了祝贺。可是，她在电话中又提出让我给该著写个“序”，这让我有些犯难，因为我历来认为能写“序”的都是学术造诣深、社会影响大的资深学者，我何德何能给他人的著作作序？论我的学术功力和影响皆难以接受这一请求，事实上多少年来我也很少应答此类要求，可又想到张丽毕竟先后跟我读硕士、博士累计6年，她为人忠厚、刻苦勤奋，除了学习、学术上的事从来没有向我提出过任何请求，坚拒她也真有些于心不忍，就勉强应承了这件事。

当然，之所以应承了这个活儿，也是因为临时产生了一个想法：一般情况下，序言无外乎是对所“序”专著内容的介绍，对特点、亮点的提炼，严肃的学者也会指出不足之处或进一步深化研究的空间等。我既是为了“偷懒”，无须再行刻意去归纳概括优缺点，更多也是为了避免作为老师过多肯定自己学生成就而落个“王婆卖瓜，自卖自夸”之嫌。事实上学界也确实有一些人，即便当年对某个学生很不待见，但当这个学生日后做出成就、成了名人，又反过来用学生为自己脸上贴金。我可以把张丽博士论文答辩前教育部学位中心随机抽取的全国5名外审专家的评审意见转录于此，因为这5位专家既是随机抽取的也是匿名评审的，可以肯定的是，他或她们的意见会更客观、更真实，因为没有任何师生关系、人情因素，毋需人为拔高或贬损。

当天下午张丽就用邮件发来了论文的电子版，我粗略浏览了一遍，因为内容我本来就熟，她正式答辩前，我至少审改过三次，其中一次是包括注释、参考文献在内，一字不落地仔细审读的。当晚我就给学校档案馆办公室主任韩春霞同志打电话，请她从档案信息库调出张丽档案中的5份论文外审评阅意见并打印出来。

5位匿名评审专家的单位分别是南开大学、东北师范大学、武汉理工大学、辽宁大学和大连海事大学。5位专家的身份均为“正高职称博士生导师”。5位匿名评审专家对论文的等级评定是3个优秀2个良好，打的最高分是94分，最低分是88分。5位评阅人在“评阅人对学位论文所涉及领域的熟悉程度”一栏，无一例外填的都是“熟悉”。

兹将5位专家“对论文的学术评语”照抄于下：

南开大学的专家在此栏写道：“论文选题具有重要的理论和现实意义。特别是论者选择了文化视域下马克思主义中国化研究的视角，力求深入诠释马克思主义与中国传统文化的结合，在中国传统向现代的转型中，形成中国化的马克思主义。论文以瞿秋白的文化思想作为个案进行研究，以解答文化视域下马克思主义中国化进程中的具体问题，探索其路径、机制、规律。”“论文逻辑清晰，整体框架合理。文字表述流畅，写作规范。”

东北师范大学的专家写道：“将瞿秋白的文化思想作为一个个案进行系统分析，以解答文化视域下马克思主义中国化研究中的具体问题，这对于瞿秋白文化思想研究是一个全新的视角。本文视瞿秋白的文化思想为马克思主义这样一种外来文化同中国传统文化相结合的代表，在其形成的过程中，逐一探讨了两种异质文化结合从传播至创新各个环节如何在个体上得以实现。在其形成结果即瞿秋白中国化的马克思主义文化思想的具体内涵研究中，考察了其各个层面的文化体系思想。论文选题新颖，结构设计合理，内容充实，资料详实，层次清晰，观点明确；论文关于瞿秋白文化思想的主要特点分析，较为透彻且具有新意。论文的写作，反映了作者已具备了独立从事科研和写作的能力。”

武汉理工大学的专家认为："该文作者通过匠心独具的框架设计，对瞿秋白的文化思想进行专题研究，显著体现出选题的学理价值和现实意义。论文的最大创新，在于为纷繁复杂的瞿秋白文化思想，构建'逻辑进路—符号表征—实践形态—价值意蕴'之分析框架。此外，作者自己概括的研究观点方面关于文化体系及其与马克思主义中国化关联的分析，以及关于研究视角、研究方法的创新性，也是可以成立的。本文作者具有开阔的学术视野和扎实的专业能力。写作规范，逻辑严密，是一篇优秀的博士学位论文。"

辽宁大学的专家对论文的学术评语写得很长，第一段主要是讲研究对象的历史地位、重大贡献及该文选题的重要性和必要性，接着分三个层次予以评价："本论文以文化视域下马克思主义中国化研究作为问题域，系统研究瞿秋白的文化思想，考察瞿秋白怎样在自身实现马克思主义与中国传统文化的结合，分析瞿秋白运用马克思主义观点观察和解决了哪些中国文化问题从而形成自己独特的文化思想理论，探讨瞿秋白心目中适应中国社会文化需要的文化思考及当代价值，具有很强的学术价值和现实意义。"

"本论文以多学科理论交叉方法对瞿秋白文化思想研究，整个研究是以文化视域下马克思主义中国化作为问题域的，即将瞿秋白的文化思想视为文化视域下马克思主义中国化进程的个案进行考察，纵向探讨在文化视域下研究马克思主义中国化须着重关注的环节，是如何在瞿秋白的文化思想这样的个案层面上得以实现的，横向探讨了瞿秋白完成了自身向马克思主义者的转变后，以马克思主义的观点观察和解决了哪些中国的文化问题，并形成了怎样的中国化了的马克思主义思想理论。整个论文思路清晰，层次分明，文字流畅，写作规范。"

"论文结合现实的需要进一步挖掘瞿秋白文化思想中有益的成分，如瞿秋白对社会心理的特殊关注和研究，对我国社会主义核心价值观方面的启示，瞿秋白对舆论问题的思考，对当前新媒体时代把握新闻工作的政治方向的启示等等，具有一定的创新。"

大连海事大学的专家肯定："论文对瞿秋白文化思想进行了全面研究，特别是将瞿秋白的文化思想与马克思主义中国化结合在一起进行了研究，作者强调瞿秋白的文化思想作为马克思主义这样一种外来文化同中国传统文化相结合的代表，在其形成过程的研究中逐一探讨了两种异质文化结合从传播至创新各个环节如何在个体身上得以实现的问题，因此本文选题具有一定的理论意义，并具有一定的现实启示。该文的研究观点和研究视角等方面都有一定的创新，说明作者掌握了本学科的基本知识和专业知识，写作既符合逻辑，也符合学术规范。"

在"论文的不足之处和建议"一栏，除大连海事大学的专家篇幅写得较长外，其余四位专家都是两行零几个字（没有一个超过两行半），仍按前面顺序抄录于本自然段，"论文明确指出：瞿秋白的文化思想具体来说，是他以马列主义文化理论为基础，结合中国特殊的历史文化条件，对建立无产阶级新文化进行了'体系的思考'，论文仅将之归纳为语言文字等具体方面，显然对此还有待深入研究"；"对具体的如瞿秋白关于语言文字、艺术、文学、教育、新闻报刊等领域的思想认识的概括论述还需要进一步通过借鉴其他学科相关理论知识，考察这些学科内马克思主义中国化的历史，从而将具体的结论进一步引向深入"；"瞿秋白文化思想涉及面非常广泛，关于语言文字、艺术、文学、教育、新闻报刊等领域的分析，以及这些领域与瞿秋白文化思想的关联性，与马克思主义中国化的关联性，要分析透彻并不容易，值得作者未来做更多探索和深化研究"；"本选题是一个兼具理论性、学术性、历史性、现实性的课题，需要综合运用多学科理论知识进行整体研究，论文可进一步集中和突出主题，即如何在新的历史条件下，坚持以马克思主义指导推进中国特色社会主义文化建设，进而深入研究瞿秋白文化思想"。最后一位专家在这个栏目所写篇幅虽长些，但主要是建议对少量具体内容的适当调整和对个别字、词、标点、注释的校正等。

顺便提及一下，张丽这篇学位论文在 2018 年陕西省优秀博士学位论文评审中，被评为优秀博士学位论文，而且是马克思主义理论学科唯一的一篇。为了确证这个评选的严肃性、公正性，就在写到这里的时候，我特意给我校研究生院学位办负责这方面工作的张雯谦老师打了电话，让她替我在省学位办了解这个评选流程。雯谦老师本身对这个流程很熟悉，当即告诉我："这是在全省各培养单位经过严格程序优选推送的基础上，省学位办向全国匿名投送三个同行专家进行通讯评审，通讯评审反馈回来的结果必须是三份评审意见平均达到 90 分以上，且三位专家都在定性结论上给出'同意入选优秀博士论文'才能进入会评。然后省学位办再行组织各学科专家进行会评，通过无记名投票确定入选名单。会评完毕，还有为期 30 个工作日的公示期，公示期没有异议才算获得省优博论文称号。"由此看来，这个优秀博士论文评选的严肃性、公正性、权威性还是可靠的。

前面叙述 5 份匿名评审意见和省优秀博士论文的评审流程，旨在说明张丽博士论文的学术价值是可信的，是得到公认的，这肯定比我自己说更有说服力，因为毕竟经历了那么多环节，得到众多学者的肯定，而且我更相信这篇论文公开出版后，各位读者也会自有评价。

当然，据我所知，张丽的博士论文在公开出版前，对论文前述 5 位匿名专家的修改意见及论文答辩会上各位专家的意见都尽可能地吸收，做了更精细的修改打磨，中国社会科学出版社把它公开出版，也算为学术的百花园增添了一朵小花，作为她的导师，在为她高兴的同时，也在此对前述认识和不认识的专家学者给予张丽的鼓励和对论文的教正表示由衷的感谢，而作者本人的心情更是不言而喻的！

最后再啰嗦一句：张丽跟我学习 6 年，最突出的优点恐怕还在于她学风端正，踏实勤勉，做人特别低调，能耐寂寞，甘坐冷板凳，这是在时下学风普遍浮躁的情况下，最难能可贵的。就凭这一点，我相信她会在学术的道路上越走越宽广。

陈答才

2019 年 11 月 5 日

目　录

绪　论

文化是人类与生俱来的属性，是人区别于动物的分水岭，它不仅决定着个人的行为，而且随着现代工业文明的发展，特定文化模式也成了影响民族国家甚至整个人类社会历史进程的深层次因素。瞿秋白作为中国共产党早期杰出的革命领袖，运用马克思主义基本原理观察思考中国文化问题，在探寻解决文化出路问题的过程中形成的思想理论，既是马克思主义文化理论宝库中璀璨的明珠，亦是推进中国文化转型进程，构建现代中国文化体系的航标。本书试图借鉴文化学相关理论，在马克思主义理论背景下，对瞿秋白的文化思想进行整体研究，力求还原瞿秋白头脑中马克思主义与中国传统文化相融相生所成的系统的中国化马克思主义文化理论的思想理路。

第一节　研究问题、对象及范畴

一　研究的问题

文化视域下的马克思主义中国化是本书研究的基本问题，即是将马克思主义视为一种诞生于西方社会的文化现象，探讨其进入中国社会，为中国人所选择接受，与中国本土的传统文化融合，促成中国文化由传统向现代的转型变迁的整个过程。简单地说，它是在文化传播、文化选择、文化融合、文化创新各个环节上思考马克思主义中国化的问题。

20 世纪前期开始，马克思主义生长发展领域的中国转移，开启了文化视域下马克思主义中国化的现实进程，中国早期的马克思主义者正是在这一历史进程中形成了自己的文化思想，也以这一思想及其决定的实践推动了这一伟大进程的继续发展。因此文化视域下的马克思主义中国化研究，成了具体研究瞿秋白文化思想的问题域。

那么，当前文化视域下的马克思主义中国化研究亟须解决的理论问题有哪些？我们通过回顾理论界学术界对于这一问题关注的历史进行简单的梳理：

（一）研究开始前的阶段

文化视域下马克思主义中国化研究是在近、现代中国社会文化发展的内在要求基础上，理论界学术界文化自觉形成的产物。封建传统的中国社会发展到近代，母体中所孕育的资本主义经济萌芽，已然昭示着儒家思想占主体地位的传统文化的没落未来。鸦片战争开始的西方资本主义国家的军事入侵，必然伴随着资本主义文化对于中国传统文化的冲击，严重的民族危机亦导致了文化危机。近代中国先进的知识分子们在发挥传统文化积极因素基础上，开始学习西方以救亡图存为目标的理论探索，他们的目光由器物、制度渐至思想文化领域。新文化运动中的中西文化论战即是思想家们围绕如何发展近代中国文化这一主题所进行的理论探讨，核心问题是如何处理中西文化关系。以“五四”为界的新文化运动后半阶段，马克思主义理论以适应了中国社会文化发展需要的科学文化理论姿态，为先进的知识分子们广泛接受。这一阶段的理论探讨，对于文化视域下马克思主义中国化研究的意义在于，阐明马克思主义文化观点，显示出马克思主义作为文化理论的特质。

随着中国社会现代化进程的演进和马克思主义理论在中国社会的深入发展，20 世纪 80 年代国内掀起了一场“文化热”浪潮，学者们围绕如何发展中国现代文化这一主题，以马克思主义与以儒学为基础的中国传统文化的关系为核心问题，阐述了各自不同的观点。季羡林认为可以

“以东方文化的综合思维模式济西方的分析思维模式之穷”①，因而支持马克思主义与儒学互补以创新的观点；汤一介则在预测中国文化前进趋向时指出了“中国化的马克思主义”和“吸收了马克思主义的中国文化”两个前景，并强调两者最终的结果都是“形成一种现代化的中国式的社会主义新文化”②；张岱年与程宜山合著的《中国文化与文化论争》一书则再次论述了早在30年代就提出的“创造的综合”理论，并改称“综合创造”，即分析筛选古今中外各种文化体系，创造兼具民族性和时代性的新文化③；邓中好认为马克思主义的传入引起中国文化产生根本性变化，由中国传统文化逐渐嬗变到社会主义中国文化，并朝着更加繁荣的中国特色社会主义文化的方向发展④；张允熠指出“批判继承，综合创新”是处理以儒学为代表的中国传统文化同马克思主义关系的根本方式，并以此预期了新的世纪中有中国特色社会主义新文化的未来⑤；我国港台地区老一辈学者如钱穆、牟宗三等，或者因学术立场的区别，或者因政治意图的左右，大都对马克思主义采取了否定的态度，主张复兴儒家传统思想，而新兴的新儒家代表人物则相对客观地部分肯定了马克思主义的科学性，由此引出了中国传统文化的创新发展问题⑥；国外的学者对这一主题基本形成共识，认为儒家学说同马克思主义理论有类似、相通甚至同

---

① 季羡林：《“天人合一”新解》，《传统文化与现代化》1993年第1期。

② 汤一介：《略论中国文化发展的前景》，《理论月刊》1987年第1期。

③ 参见张岱年、程宜山《中国文化与文化论争》，中国人民大学出版社1990年版。

④ 参见邓中好《马克思主义与中国文化论纲》，陕西人民教育出版社1991年版。

⑤ 参见张允熠《中国文化与马克思主义》，山西教育出版社1999年版。

⑥ 钱穆认为马克思主义只注重客观世界与主观世界的关系，而忽略了主观世界自身的研究，指出“马克思只知人类有双手为其生产工具，因此他只知心与物交之重要，却不知心与心交之更重要”，参见钱穆《世界局势与中国文化》，九州出版社2011年版；牟宗三则明确表示“按中国传统文化生命的动脉是不会接受马克思主义的”，参见牟宗三《中国哲学的特质》，上海古籍出版社2007年版；中国港台地区第三代新儒家代表人物余英时表示，马克思主义不但“有学统上的根据，而且也有思想史上的渊源。其中有当时自然科学、人类学、政治经济学的凭借，更有康德、黑格尔的哲学基础”。参见余英时《中国知识人之史的考察》，广西师范大学出版社2004年版。

源的关系，基于此否定了马克思主义继续“中国化”的必要性。① 综上，学者们在80年代“文化热”浪潮中关于马克思主义与儒家思想关系的理论探讨，对于文化视域下马克思主义中国化研究的意义在于，凸显了这一研究的必要性，强调了其中围绕“中国化”进行相关研究的重点地位。

（二）正式研究阶段

马克思主义中国化到底是什么？这个基本理论讲不清楚，就无法推进马克思主义中国化研究的拓展和深化。毛泽东在《论新阶段》的报告中，曾创造性地提出马克思主义中国化的概念，并在体现中国特色、实现马克思主义具体化意义上进行了内涵阐释。他站在哲学的高度，指出特殊而具体的实际条件是认识马克思主义的基本前提，从这一意义上讲，“只有具体的马克思主义”②。亦即是说，在具体民族条件下得以应用并实现发展，是其必然要求。就中华民族而言，中国化，就是要求马克思主义在中国的应用和发展能够体现本土的具体特征、获得本土的具体形式。经历了20世纪80年代“文化热”和90年代“国学热”的马克思主义理论学者，也在这一时期对马克思主义与具体的民族文化关系的思考中，开始重新审视对于这一基本范畴本质内涵的认识，将其表述由马克思主

① 费正清（John King Fairbank）认为懂得儒家思想传统是理解毛泽东思想的前提条件，参见［美］费正清《美国与中国》，孙瑞芹、陈泽宪译，商务印书馆1971年版；史华慈（Benjamin Schwartz）则指出李大钊虽然使用的是西方术语，但实质上是在重复中国传统文化思想，参见［美］本杰明·I. 史华慈《中国的共产主义与毛泽东的崛起》，陈玮译，中国人民大学出版社2006年版；施拉姆（Wilbur Schramm）承认毛泽东思想中的传统根源在其一生中始终起着重要的作用，参见［美］斯图尔特·施拉姆《毛泽东的思想》，中共中央文献研究室《国外研究毛泽东思想资料选辑》编辑组编译，中央文献出版社1990年版；李约瑟（Joseph Needham）认为辩证唯物主义源自中国，后被基督教徒介绍到西欧，经马克思主义者科学化后又回到中国，参见方克立《应该重视李约瑟的真知灼见》，《传统文化与现代化》1998年第1期中引用［英］李约瑟《今日中国的过去》（《百年周刊》第5卷1960年第2期）的观点；皮特·奥皮茨（Peter Opitz）在他的著作中试图证明中国的马克思主义者都是从儒学出发接受、认同马克思主义的，参见张允熠《中国主流文化的近现代转型》（上），黄山书社2010年版；窦宗仪在耗费二十载心血写成的比较当代中西思想体系的著作中明确指出马克思主义哲学与儒家哲学大同小异，参见［美］窦宗仪《儒学与马克思主义》，兰州大学出版社1993年版。

② 中央档案馆编：《中共中央文件选集》第11册（1936—1938），中共中央党校出版社1991年版，第658页。

义基本原理与中国实际相结合这“一个结合”，转变为马克思主义基本原理与中国具体实践相结合、与中国历史文化相结合的“两个结合”，并着重阐释了其文化内涵。较早提出这一观点的如周伟民立足于文学理论，从马克思主义民族化视角，指出除了要在政治上与各国具体实际相结合，马克思主义“在文化上也必然要同各国的民族文化及其遗产相结合”①；肖志从文化融合角度阐述了要在中国实现发展，马克思主义理论还要“和中国文化有机结合”② 的认识观点；张静如先生认为马克思主义中国化要体现民族特性，即是说马克思主义要“同中国优秀的民族文化相结合，具有中国风格和中国气派”③，等等。

对马克思主义中国化本质内涵理解的深化，促使众多学者倡导并开始在更广阔的领域进行马克思主义中国化的研究，开启了文化视域下马克思主义中国化研究的新篇章。何萍、李维武的《马克思主义中国化探论》一书深入地分析论述了马克思主义与中国传统文化的结合机制，并且选取了李大钊、毛泽东、邓小平这三位中共杰出领袖的文化思想作为重要的历史节点，对马克思主义中国化进行了文化解读④；许全兴的《毛泽东与孔夫子——马克思主义中国化个案研究》一书，将毛泽东关于政治、哲学、教育等领域的思想与代表中国传统文化的孔夫子思想进行比较分析，以毛泽东对孔夫子思想的传承和扬弃，说明马克思主义与中国传统文化的关系⑤；李海荣强调了产生于外域的思想文化“为民族传统文化所认同、吸收和同化，并转化为新的民族意识”⑥ 的突出作用；郭建宁

① 周伟民：《马克思主义文学理论民族化漫议》，《华中师院学报》（哲学社会科学版）1982 年第 3 期。

② 肖志：《马克思主义与中国文化的联结》，《上海大学学报》（社会科学版）1987 年第 2 期。

③ 张静如：《关于马克思主义在中国发展阶段的思考》，《湖湘论坛》1998 年第 1 期。

④ 参见何萍、李维武《马克思主义中国化探论》，人民出版社 2002 年版。

⑤ 参见许全兴《毛泽东与孔夫子——马克思主义中国化个案研究》，人民出版社 2003 年版。

⑥ 李海荣：《从文化认同到实践契合：马克思主义中国化的现实过程》，《学术论坛》2002 年第 3 期。

指出马克思主义与中国传统文化结合、融合、磨合、整合是在文化维度实现马克思主义中国化的关键①；刘力波和马启民教授强调了从文化角度思考研究马克思主义中国化的过程中，明确其文化内涵，关注文化领域的主要问题，借鉴文化科学理论方法的主要内容和重要意义②；王南湜在文化视域下对马克思主义中国化进行了整体考察，从文化契合、文化融合和文化重建三个环节解析了马克思主义与中国传统文化结合的完整过程③；杨金海则着重探讨了马克思主义中国化的文化进程给中国文化带来的变化和影响，包括对中国人文化自觉的促进，对中国现代文化体系的推进等。④

概括上述学者的成果我们发现，文化视域下马克思主义中国化研究的核心问题是马克思主义与中国传统文化的结合，以形成全新的中国化的马克思主义文化，实现中国文化由传统向现代的转型，这一过程涵盖了文化传播、文化选择、文化融合和文化创新各个环节，对其研究则强调马克思主义的文化属性，依循文化发展规律，针对现实文化问题，突出文化创新成果。在当前建设社会主义文化强国目标下推进中国化马克思主义文化建设，无论是在文化传播、文化选择、文化融合，还是文化创新环节上，都面临一系列亟须解决的理论和现实问题，特别是通过文化融合创新产生的中国化马克思主义文化体系到底有着怎样的时代内涵，应当怎样继续推进发展等，这些问题都需要我们结合历史经验教训认真解答，这就凸显了研究中共早期革命领袖，特别是在思想文化领域有着完整系统思考和丰富理论建树的代表人物文化思想的必要性。

---

① 参见郭建宁《马克思主义中国化研究的历史、现状和方法论》，《毛泽东邓小平理论研究》2005 年第 5 期。

② 参见刘力波、马启民《论马克思主义中国化研究的文化视域》，《贵州社会科学》2008 年第 4 期。

③ 参见王南湜《文化契合、文化融合与文化重建——马克思主义中国化的文化意蕴》，《理论视野》2009 年第 1 期。

④ 参见杨金海《马克思主义中国化研究的文化维度》，《广西社会科学》2012 年第 2 期。

二　研究的对象

瞿秋白的文化思想是本书的研究对象。瞿秋白的文化思想，指的是瞿秋白在参与和领导中国革命实践，推动马克思主义中国化进程中所形成的文化思想成果。具体来说，瞿秋白以马克思（Heinrich Marx）、恩格斯（Friedrich Engels）、列宁（Lenin）等经典作家的文化理论为基础，结合中国特殊的历史文化条件，凭借自身的文化底蕴和觉悟，对建立无产阶级的新文化进行了体系性的思考，形成了涵盖符号、实践、意义三个层面系统的中国化的马克思主义文化思想。

之所以选择瞿秋白，是因为瞿秋白是20世纪杰出的文化伟人。他出身于旧时知识分子“士的阶级”[①]家族，幼年亲身经历了中国传统社会封建思想文化的没落，毅然投身五四新文化运动并以自身的高度文化自觉发出了“总想为大家辟一条光明的路”[②]的呐喊；他以新闻记者身份赴苏俄考察两年，观察体验并研究传播俄罗斯的“共产主义——此社会组织在人类文化上的价值”和“俄罗斯文化——人类文化之一部分，自旧文化进于新文化的出发点”[③]；回国后即参与影响中国社会前途和发展方向的“文化论战”并迅速成为其中的一名骁将，他运用马克思主义原理将文化的概念和相关问题奠定在科学的理论基础之上，将当时中国的文化论战提高到一个崭新的高度；在政治工作受到米夫、王明排挤迫害时，自发地领导了30年代的左翼文化运动，积极倡导文艺大众化运动，团结进步知识分子粉碎了国民党的文化围剿，奠定了无产阶级文化事业的坚实基础；在革命需要的时候他不计前嫌全身心投入中央苏区的文化建设工作，为使苏维埃民众不仅享受政治、经济解放的硕果，而且实现思想文化解放自由、享受文明幸福，他制定完善文化建设的政策法规，着力践行文艺大众化运动，示范创作新型文艺作品，培养革命知识分子队伍，

① 瞿秋白：《瞿秋白文集（文学编）》第1卷，人民文学出版社1985年版，第14页。
② 瞿秋白：《瞿秋白文集（文学编）》第1卷，人民文学出版社1985年版，第5页。
③ 瞿秋白：《瞿秋白文集（文学编）》第1卷，人民文学出版社1985年版，第84页。

为新民主主义文化建设作出了卓越贡献，直至被捕就义。瞿秋白一生由追求新世界新文化的夙愿始，至从事新政权下新文化事业的实践终，他以对中国文化全面而深入的思考，与同时代文化精英共同引领着中国现代文化的前进方向。

之所以选择瞿秋白的文化思想，是因为他的文化思想是呈现文化视域下马克思主义中国化进程的完整个案，不仅在文化传播和文化选择环节中的贡献可圈可点，有着同时代人物所不具备的独特之处，而且在文化融合和文化创新环节对于新民主主义文化的建设和现代中国文化体系的建立都作出了突出的贡献，乃至对当前的社会主义文化建设仍具有宝贵的反思价值。

对马克思主义在本土的早期传播。1920 年瞿秋白以《晨报》记者身份深入十月革命后的苏俄，观察报道苏维埃领导下的苏俄现状，也继早期共产主义分子经由日本传播介绍马克思主义后开辟了一条崭新的传播途径；回国后瞿秋白先后担任《新青年》《向导》《热血日报》《布尔什维克》《红色中华》等报刊的主编或编辑，对马克思主义进行了热情讴歌和宣传；他利用自身俄语优势，翻译介绍了大量马克思主义经典著作，特别是在马克思主义文艺理论方面更是进行了开创性的译介工作；他在上海大学讲授的《社会哲学概论》《现代社会学》《社会科学概论》等课程，不仅开创了在中国系统宣传马克思主义辩证法的先河，更影响了众多进步青年走上马克思主义道路。

在中国社会转型、新旧文化激荡碰撞的历史时刻选择马克思主义。瞿秋白出生于 19 世纪末 20 世纪初，此时在中国绵延两千多年的封建制度濒临崩溃，先进的知识分子们在寻求救国救民真理的过程中逐渐将目光聚集在先进的思想文化领域，各种思潮蜂拥而至，而当时的西方世界正经历着第一次世界大战的苦痛无法自拔，资产阶级文化所开创的文明模式堪忧，马克思主义作为众多新思潮中的一种也被传入中国，其中关于共产主义社会人的彻底自由和解放的理论，以及要消灭国家先建立新式国家的辩证法，与瞿秋白在传统社会中所形成的世界观和方法论完全契合，他在《多余的话》中回忆指出“我对于社会主义或共产主义的终极理想，却比较有兴趣”[①]，“这表面上‘自相矛盾’而实际上很有道理的逻辑——马克思主义所谓辩证法——使我很觉得有趣”[②]。也正是因此，他毅然选择了马克思主义，并“无从改变”[③]。他对于马克思主义的选择，保留着时代的印记，反映着当时中国文化发展的必然结果。

对马克思主义与中国传统文化的融合。瞿秋白是旧式知识分子家庭中走出来的典型代表，自幼沐浴在中国传统文化的氛围中，“十六七岁时开始读了些老庄之类的子书，随后是宋儒语录，随后是佛经、《大乘起信论》”[④]，文化心理深受儒释道精髓的影响，内圣外王的人格理想，返本虚静的思辨思维，普度众生以就菩萨行的情怀，在他身上完美地融于一体，并奠定了他接受马克思主义的心理基础。早年亲身体验和见证共产主义之人间化的经历，让他义无反顾地确立了马克思主义的信仰，并终身致力于其与中国传统文化的融合：他在肯定后者对于民族延续的积极意义的基础上，深刻而彻底地批判了其维护封建专制制度，固守宗法伦理观念的反动性质；在揭露西方文化维护资产阶级独裁实质的同时，汲取了其科学民主精神的养分；指明依据马克思主义所阐释的“人类社会之发展有共同的公律”[⑤]，东方文化滞后于西方文化，因而世界革命“方是行向新文化的道路”[⑥]，最终建立“艺术性的文明”[⑦]。运用批判地继承、积极地借鉴和从实际出发地创新这一科学的方法，瞿秋白对马克思主义与中国传统文化的融合超越了个人特色的藩篱，更具有顺应文化发展规律的意蕴。

创建中国化的马克思主义文化体系。瞿秋白理想中的新文化是

① 瞿秋白：《瞿秋白文集（政治理论编）》第7卷，人民出版社2013年版，第702页。
② 瞿秋白：《瞿秋白文集（政治理论编）》第7卷，人民出版社2013年版，第703页。
③ 瞿秋白：《瞿秋白文集（政治理论编）》第7卷，人民出版社2013年版，第706页。
④ 瞿秋白：《瞿秋白文集（政治理论编）》第7卷，人民出版社2013年版，第702页。
⑤ 瞿秋白：《瞿秋白文集（政治理论编）》第2卷，人民出版社2013年版，第14页。
⑥ 瞿秋白：《瞿秋白文集（政治理论编）》第2卷，人民出版社2013年版，第25页。
⑦ 瞿秋白：《瞿秋白文集（政治理论编）》第2卷，人民出版社2013年版，第268页。

“以扩充科学的范围为起点，而进于艺术的人生，——集合的谐和的发展”①，即无产阶级只有科学地揭示自然领域和社会领域的因果关系，才能最终创造艺术性的新文化，系统性是这种新文化鲜明的特色。早在考察苏俄文化时期，瞿秋白就依据自身对于文化结构的认识和理解进行了全面观察和研究：他从参观苏俄文化艺术遗产、考察民众日常生活变迁这一物质文化开始，通过采访政要、关注新闻等形式研究苏俄新生政权的政策法规这一制度文化，从而展示了苏维埃俄国建立的崭新的精神文化。这种新型的精神文化的建设，是通过包括表达符号、活动实践、价值意义这样由浅及深的结构要素建设而得以完成的，因此他对苏维埃为扫除文盲而进行的文字改革给予了高度关注和思考，对苏维埃进行的教育、文学、宣传等各种文化活动进行了深入的调查和研究，对苏维埃所创建的新型风俗习惯和社会心理进行了本质探索和热情歌颂。此时的瞿秋白饱含着对无产阶级新文化的强烈憧憬回到了祖国，却不得不面对国家深陷殖民主义和封建势力联合统治泥沼而无暇思考无产阶级新文化的现实，于是他毅然投身“文化论战”，利用马克思主义原理阐明了物质基础对于上层建筑的决定意义，指明了通过世界革命推翻殖民统治，超越资产阶级文化，建设无产阶级新文化的光明大道；他同时也强调了精神文化对于物质基础的反作用，随着革命深入发展，他对国情的了解也不断深化，进而对建设无产阶级的新文化进行了通盘思考和部署，从语言文字改革、艺术创作发展，到左翼文学运动、政党新闻宣传、苏区教育实践，直至通过他的文化哲学思想所阐明的无产阶级新文化的价值意义，完整地展现出马克思主义中国化进程早期阶段，创建中国化的马克思主义文化体系的宏大篇章。

概而述之，瞿秋白的文化思想从微观个案的角度全面展示了文化视域下马克思主义中国化的完整进程，他所开创的马克思主义传入中国的路径，所阐明的马克思主义文化魅力，已经因其在文化传播和文化选择

① 瞿秋白:《瞿秋白文集（政治理论编）》第2卷，人民出版社2013年版，第278页。

环节的突出贡献而成为推动其同中国传统文化结合的历史丰碑，他所依循的与中国传统文化融合的文化发展规律，所构建的中国化的马克思主义文化体系，对当前继续在文化视域下推进马克思主义中国化更具有重要的现实启示。

三　研究的范畴

文化是本书研究的基本范畴。然而这一自人类社会产生即产生，伴随人类社会发展而普遍应用的范畴，却至今未能获得统一的稳定的概括。本书试图通过简要的理论和历史梳理，明晰瞿秋白对于文化范畴的理解和界定，从而全面阐述他的文化思想。

首先有必要区分一下范畴、概念和词语的异同。我们都明白，思维是人类大脑所特有的机能，语言则是思维的表达工具。范畴、概念都是人脑反映客观事物的基本思维形式，遵守的是逻辑规律，概念反映事物的本质属性，范畴除了反映事物的本质属性，还反映事物的普遍联系，通过这些联系，可以在逻辑上将概念归于不同的类，因而可以说范畴是概念的高度概括，是一类的概念，同一范畴包含着不同的概念和概念的不同方面；词语则是语言的基本形式，是思维获得外在表现的单位形态，遵循的是语法规律，同样的概念会因为语言的不同而具备不同的表现形式，同样也会随语言的发展变化而改变自身的表现形式。

具体到文化这一范畴，由于其既是人脑对客观事物的反映及人脑的主观创造的综合体，又获得了语言以外包括艺术、行动等的表现形式，因而在界定其本质属性及其普遍联系上迄今没有形成统一的概括。但人类对文化的认识和探索却经历了漫长的历程，并且随语言的发展形成了相对统一的不同认知成果体系，本书也以此为着手点，逆向由最为外化和相对统一的词语开始，从欧美文化语境、中国文化语境、马克思主义文化语境（虽产生于西方，但因其理论体系的独特性单独论述）等不同方面进行考察，进而阐述各自不同的概念，最终力图勾勒出完整范畴。

在欧美文化语境中，文化这一词语源自拉丁文“Cultura”，最初仅仅指的是与耕作所得相关的物质成果，古罗马哲学家西塞罗（Marcus Tullius Cicero）通过对哲学的界定——“哲学是心灵中的 Cultura”将这一词语的含义拓展到精神世界。此后很长一段时间内人们从各自不同的视角观察和思考文化现象，阐述和表达文化本质，中世纪时期人们将文化视为以基督教为具体表现形式的宗教神学的代名词，文艺复兴时期人们出于对人的强烈意识转而将人文主义视为文化的核心，以文化来说明和表现人，至17—18世纪的资产阶级启蒙运动，与封建迷信和愚昧水火不容的人类理性成为文化的灵魂。截至这一时期，人们对文化的认知还处于自发阶段，对文化的认识是对人类历史认知的附属品，文化没有获得任何意义上独立的认知地位，文化的本质随人类历史的发展变迁而表现为不同主题的更迭，文化的界定基本涵盖了人类物质财富和精神财富的总和。

大致始于19世纪中叶，西方社会人文学科的发展，促使人们对文化的认知进入到自觉阶段，文化首先被作为某一具体学科研究对象的一部分，进而成为独立而完整的研究对象进入人们理性研究和逻辑概括的视野，逐渐形成概念，构建范畴。最早在社会学领域，文化被作为社会生活的组成部分，人们对其起源和发展进行了实证研究，例如迪尔凯姆（Durkheion）的文化社会学理论，将非物质性社会事实如道德、集体意识等文化现象视为社会的核心，它们通过规范人们的行为从而建立社会秩序，实质上揭示了文化与社会的渊源及对社会的深刻影响；六七十年代的民族学研究，从不同民族的文化史材料中抽取出对文化特点的不同认识，形成了一系列文化的理论概念：其中古典进化学派在文化形态与人类社会一样遵循单线进化规律观点基础上，立足文化的整体性特征，以描述文化现象的范式界定文化概念，最著名的当属英国文化人类学创始人泰勒（Edward Teller）在他的《原始文化》一书中的经典界定，他认为文化是“包括全部的知识、信仰、艺术、道德、法律、风俗以及作为社会成员的人所掌握和接受的任何其他的才能和习惯的复合体"①。文化传播学派坚持文化存在单一的或多个特殊的起源的观点，用传播来解释文化的历史进程，创造了诸如"文化圈""文化层"等概念。文化历史学派主张对文化类型以及文化发展变迁进行历史的研究，其代表人物博厄斯（Franz Boaz）认为，文化应包含一区域内的习惯，人们对这种习惯的反映，以及由此所决定的人类行动，这样的界定凸显了文化的历史特殊性、文化决定性及价值相对性特征等；差不多与民族学研究中出现对人类文化现象的突出关注几乎同时，哲学研究也开始由侧重逻辑思辨向关注文化生活转变，致力于对精神文化进行价值意义层次的探讨，新康德主义学派李凯尔特（Rickert）继老师文德尔班（Windelband）将哲学从自然科学的研究范式中区分出来后，明确指出"在一切文化现象中都体现出某种为人所承认的价值"②，也奠定了文化哲学的基础；20 世纪以来，在其他学科针对文化特征进行经验描述或理论探讨的基础上，对文化进行系统研究旨在揭示文化本质属性及发展规律的独立的文化学逐渐建立起来。德国化学家奥茨瓦尔德（Ostwald）最早提出"文化学"一词，并认为文化学应位于各门学科顶端。美国文化学家克鲁伯（Kroeber）对文化结构、文化功能，尤其是对文化概念的研究获得了广泛接受和认同，他和他的同事一同撰写的《文化：概念和定义的批判性回顾》一书全面分析研究了当时已知的一百六十多种文化概念，提出他们自己的概念要素，认为文化的实质是价值体系，它决定了人类不同的行为模式，并通过符号加以传承。被誉为"文化学之父"的美国学者怀特（Leslie White）在他的《文化的科学》论著中系统论述了文化理论范畴，他认为从概念界定的角度看，文化是人类所特有的表征能力和结果的总和，从发展规律的角度看，文化是人类在资源利用、科技进步、制度发展等方面综合进

① ［英］爱德华·泰勒：《原始文化：神话、哲学、宗教、语言、艺术和习俗发展之研究》（重译本），连树声译，广西师范大学出版社 2005 年版，第 1 页。

② ［德］H. 李凯尔特：《文化科学和自然科学》，涂纪亮译，商务印书馆 1991 年版，第 21 页。

化的结果，从研究方法的角度看，文化是不同时空的具体产物等。

在中国文化语境中，文化两字最初是分开使用的，各自有不同的含义。文在最早的甲骨文和金文这种象形文字中，表示的是一个人的胸前文有图案或者挂有贝壳等装饰物，有对人的身体进行修饰的含义，此后进一步抽象出对符号、行为、思想的修饰的含义：《礼记·乐记》中记载“五色成文而不乱”，《尚书·序》载伏羲绘八卦，造书契，“由是文籍生焉”，即是对由颜色进而文字这些符号进行修饰，《论语·子罕》记载的“文王既没，文不在兹乎”即指修饰行为的礼乐制度，有与粗俗相对的文雅含义，《礼记·乐记》中所谓“礼减两进，以进为文”，郑玄注“文犹美也，善也”，即是指思想上的美、善、德；化字在最早的甲骨文中还没有偏旁，仅用一个像倒立的人的“匕”表示在母体中孕育着的人，《说文解字》中记载了化字的演化，在原有字形字义基础上增加单立人作为偏旁表示站立的人，在含义上也增加了抽象的变化、培育、教化的内容，如《庄子·逍遥游》中有“化而为鸟，其名曰鹏”的说法，《易·系辞（下）》中记载“男女构精，万物化生”，《礼记·中庸》有“可以赞天地之化育”，等等。文化两个字同时使用最早见于战国末年儒生编撰的《易·贲卦·象传》中“观乎天文以察时变，观乎人文以化成天下”一句，此时已经明显含有“以文教化”的含义。西汉刘向的《说苑·指武》首次将文化作为一个完整的词汇加以运用，“圣人之治天下也，先文德而后武力。凡武之兴，为不服也。文化不改，然后加诛”，这里的文化被作为动词使用，指的就是对人思想和精神的教养和培育。至此，汉语中的“文化”一词同时具备了“人化”“化人”双重含义，并一直延续至近代中国。

20 世纪二三十年代，传统的中国社会经历西方文化的强烈冲击，促使中国的知识分子们开始了对文化问题的认真反思，掀起了近代以来中国的第一次文化热潮，具体表现为五四新文化运动前后历时十余年的“中西文化论战”，众多学者在对中西、古今文化的比较中，阐明了各自对于文化的认识和理解。梁漱溟在《东西文化及其哲学》一书中，在分析了一个民族所囊括的精神生活、社会生活和物质生活等方面的文化现象后，界定了文化的概念，他认为“文化并非别的，乃是人类生活的样法”[①]。并据此区分了文明与文化，认为文明是生活中具象的成品，文化则是生活中抽象的样法。梁启超在《什么是文化》这一演讲词中，借佛教用语明确了自己对于文化的认识：“文化者，人类心能所开积出来之有价值的共业也。”[②] 即人类有意识地选择后进行活动的成果，并强调了其中物质和精神两方面的内容。胡适在《我们对于西洋近代文明的态度》一文中，从文明与文化的关系角度阐述了自己的文化概念，他指出：“第一，文明（Civilization）是一个民族应付他的环境的总成绩。第二，文化（Culture）是一种文明所形成的生活的方式。第三，凡一种文明的造成，必有两个因子：一是物质的（Material），包括种种自然界的势力与质料；一是精神的（Spiritual），包括一个民族的聪明才智，感情和理想。”[③] 陈独秀在《新文化运动是什么》一文中列举了“科学、宗教、道德、美术、文学、音乐这几样”[④] 来说明文化的具体内容，反对对文化做过于宽泛的解释等。概括起来看，这一时期学者们都看到了文化与人类社会生活的紧密关联，看到了物质和精神两方面的内容，在此基础上，《辞海》给出了代表性的界定：文化“广义指人类在社会实践过程中所获得的物质、精神的生产能力和创造的物质、精神财富的总和。狭义指精神生产能力和精神产品，包括一切社会意识形式：自然科学、技术科学、社会意识形态”[⑤]。在20世纪80年代的中国第二次文化热潮之中，学者们对于文化问题的探讨总体上没有超出上述范围。

马克思主义文化语境中，其创始人并没有给出专门的文化概念界定，也没有形成完整的探讨文化的理论体系，但正如德国哲学家伽达默尔

---

① 中国文化书院学术委员会编：《梁漱溟全集》第1卷，山东人民出版社1989年版，第380页。

② 梁启超著：《梁启超讲文化》，冯志阳编，天津古籍出版社2005年版，第133页。

③ 胡明编选：《胡适选集》，天津人民出版社1991年版，第188—189页。

④ 陈独秀：《陈独秀文集》第2卷，人民出版社2013年版，第1页。

⑤ 夏征农、陈至立主编：《辞海》第六版缩印本，上海辞书出版社2010年版，第1975页。

(Hans - Georg Gadamer) 说过的，“一个人需学会超出近在咫尺的东西去视看——不是为了离开它去视看，而是为了在一更大的整体中按照更真实的比例更清楚地看它”[①]。马克思和恩格斯正是这样界定文化范畴的，他们没有就文化论文化，而是紧紧围绕作为文化主体的人，以人的存在方式和人的社会属性两个不同角度揭示了文化的起源和本质，从而超越了以往文化研究的旨趣，在更科学、更深刻的意义上构建出马克思主义文化范畴。无论是欧美文化还是中国传统文化，都较早地阐明了人对于文化的核心价值，但由于始终不能科学地认识人的本质，也就无法真正认识文化的本质，而要明确人的本质，需要讲清楚人与动物的区别和人与人的区别两个方面：马克思、恩格斯从人的生物属性着手，指明单纯作为生命存在形式的人与自然之间的关系不足以形成文化，这一时期的人与动物无异。而随着人们为满足自身需要而开始有意识的物质生产活动时，即人们以获得物质生产活动的结果为目的，并且这一目的在开始物质生产之前就是为生产者“所知道的，是作为规律决定着他的活动的方式和方法的”[②]，人开始能动地改造自然，这种人所特有的对象化活动，即实践，既是将人与动物彻底区分开的人的存在方式，也是文化产生的根源；在实践活动中，人与人之间因为必需的互换等活动而结成一定的社会关系，马克思指出：“人的本质并不是单个人所固有的抽象物，实际上，它是一切社会关系的总和。”[③] 这就要求从人的社会属性，即在特定的社会关系中去考察人的本质问题，进一步阐明人与人的区别。而人的社会关系包括血缘、地缘、业缘、政治、经济、思想等多个方面，其中的经济关系起着支配性作用，社会的经济基础决定建立其上的政治法律制度和思想意识形态，同时，作为社会上层建筑的文化不仅对于经济基础具有能动的反作用，并且具有自身独特的生产和发展规律，这就在人类社会的场域从功能和作用的角度揭示了文化的本质。

---

① 洪晓楠：《文化哲学思潮简论》，上海三联书店2000年版，第1页。

② 《马克思恩格斯全集》第23卷，人民出版社1972年版，第202页。

③ 《马克思恩格斯全集》第3卷，人民出版社1960年版，第5页。

列宁在俄国无产阶级文化革命和社会主义文化建设的过程中继承并发展了马克思主义文化范畴。在列宁的理论视野中，他首先继承了马克思、恩格斯关于人的对象化活动是构成文化的必然要素的观点，也正是因此，文化的内容自然涵盖了“作为主体的内在性的人的主观心态的领域、作为过程的对象化活动的领域、作为结果的对象化活动之产物的领域”①。具体而言，包括价值观念、意识形态等主观精神领域，文学、教育、宣传、科学等活动过程领域，以及艺术、语言文字等表达结果产物的领域，都成为列宁眼中的文化表现形式，他为在这一完整体系意义上建立无产阶级新型文化而构建起自己整个的文化革命理论；此外，列宁在苏联社会主义革命和建设的实践中，在承认物质基础对于上层建筑的决定性和限制性作用的同时，突出强调了作为上层建筑的文化对于社会物质基础的能动作用及其独立性特征。经济基础对上层建筑的决定作用，在以物的依赖关系为主的社会形态中表现得尤为突出，而随着人类精神文化活动的自觉性的提升，作为上层建筑的文化对于社会发展的引领作用会不断增强，这也是人类社会发展进步的具体表现。正是在这一意义上，列宁明确了建立苏维埃政权后文化建设的重要地位：“我们不得不承认我们对社会主义的整个看法根本改变了。这种根本的改变表现在：从前我们是把重心放在而且也应该放在政治斗争、革命、夺取政权等等方面，而现在重心改变了，转到和平的‘文化’组织工作上去了。”② 在此基础上，列宁阐明了社会主义文化建设的内涵和途径以及其与政治经济建设的辩证关系，这不仅为在中国新民主主义革命中，毛泽东明确界定观念形态的文化概念，“一定的文化（当作观念形态的文化）是一定社会的政治和经济的反映，又给予伟大影响和作用于一定社会的政治和经济”③ 奠定了基础，也成为西方马克思主义文化批判理论的重要理论来源。

① 许苏民：《文化哲学》，上海人民出版社 1990 年版，第 43 页。

② 《列宁选集》第 4 卷，人民出版社 2012 年版，第 773 页。

③ 《毛泽东选集》第 2 卷，人民出版社 1991 年版，第 663—664 页。

综观欧美、中国、马克思主义三大文化语境，不管是“Culture”还是“文化”这样根本不同的语言体系，也无论是知识型、价值型，还是历史型等千差万别的概念界定方向，在一点上三方总能汇聚到一起——文化是人的文化。马克思说过“一个种的全部特性、种的类特性就在于生命活动的性质”①，人与动物的区别，就在于人所特有的意识活动。因此，人也具有了独特的存在方式，即作为一种对象化活动的实践，正是在实践中，“人的目的、知识、能力等本质力量对象化为客观实在，创造出一个属人的对象世界”②。文化的本质属性也正是在人的对象化进程中得以形成：对象化主体的思想观念，经对象化的活动转换，由对象化的结果呈现。概念是对事物本质属性的概括，从文化的本质属性角度界定文化的概念，进而把握其普遍联系、明确文化的范畴是我们的基本思路，因此我们认为：从本质上讲，文化就是人的对象化，它是将价值观念等主体本质力量经实践的对象化活动以符号化的结果形式展现出整个人的对象化进程。

在这里，我们有必要区分一下文化与文化形式：如上所述，从本质上讲，文化是人的对象化，它依循对象化的进程内在地包含了价值意蕴（对象化主体的本质力量）、实践形态（对象化的过程）、符号表征（对象化的结果表达）这一完整的体系，是文化建设必须要考虑的课题；文化形式则是文化的表现形式，包含物质和精神构成的整个体系，对于研究文化现象具有重要意义。具体如图 1 所示。

作为 20 世纪的文化先锋，瞿秋白内心始终坚持着“文化是人的对象化”这一马克思主义对于文化的本质理解，而在具体处理中国文化问题时，则分别强调了不同的侧重点：他在批判东方文化派唯心地理解文化时，侧重从“人”的本质角度进行论证，指明人是一切社会关系的总和，其中经济关系决定支配着思想关系等其他社会关系，在探讨文化问题时，

---

① 《马克思恩格斯全集》第 42 卷，人民出版社 1979 年版，第 96 页。

② 陈先达、杨耕编著：《马克思主义哲学原理》，中国人民大学出版社 2010 年版，第 68 页。

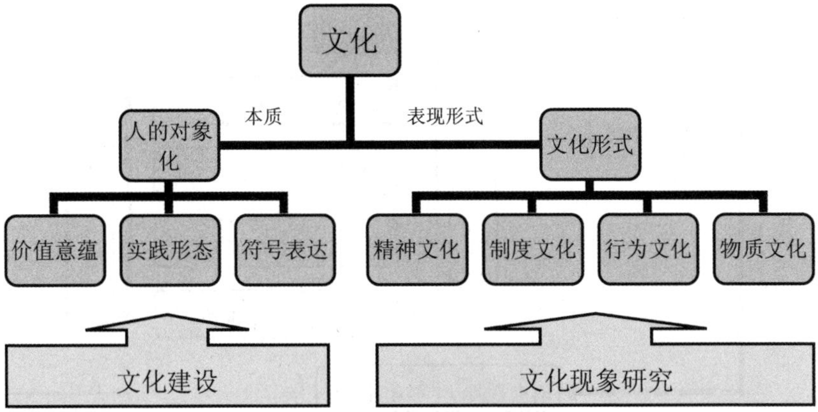

图1　文化的本质与文化形式

不从基础性、决定性的生产力及建立之上的生产关系（即经济关系）着手，“只知道高尚玄妙的思想，无异乎‘竖蜻蜓’之首足倒置的姿势，必定弄得头晕眼暗”①。从这样的论战目的出发，他做出了文化“是人类之一切‘所作’：一、生产力之状态，二、根据于此状态而成就的经济关系，三、就此经济关系而形成的社会政治组织，四、依此经济及社会政治组织而定的社会心理，反映此种社会心理的各种思想系统”② 的概念表述。他在全局性思考无产阶级新文化建设问题时，侧重从“对象化”角度进行系统考量，着眼于实现“对象化”所必需的价值意蕴、实践形态、符号表征各个领域，自觉地将承载着无产阶级文化价值意蕴的文化理论、价值观念和精神风貌，创造和传播着无产阶级文化的文学、教育、新闻编辑等实践活动，表达着无产阶级文化的语言文字、艺术形式等符号表征都纳入创建范围，并以“创建无产阶级新文化”这一主线贯穿三大领域，避免在任何领域中因有失偏颇而影响建设无产阶级新文化这一整个“对象化”进程的实现，从而构建了完整的“文化体系”理论，进行了创造性地建设中国现代文化体系的实践探索。具体如图 2 所示。

① 瞿秋白：《瞿秋白文集（政治理论编）》第 2 卷，人民出版社 2013 年版，第 20 页。
② 瞿秋白：《瞿秋白文集（政治理论编）》第 2 卷，人民出版社 2013 年版，第 20 页。

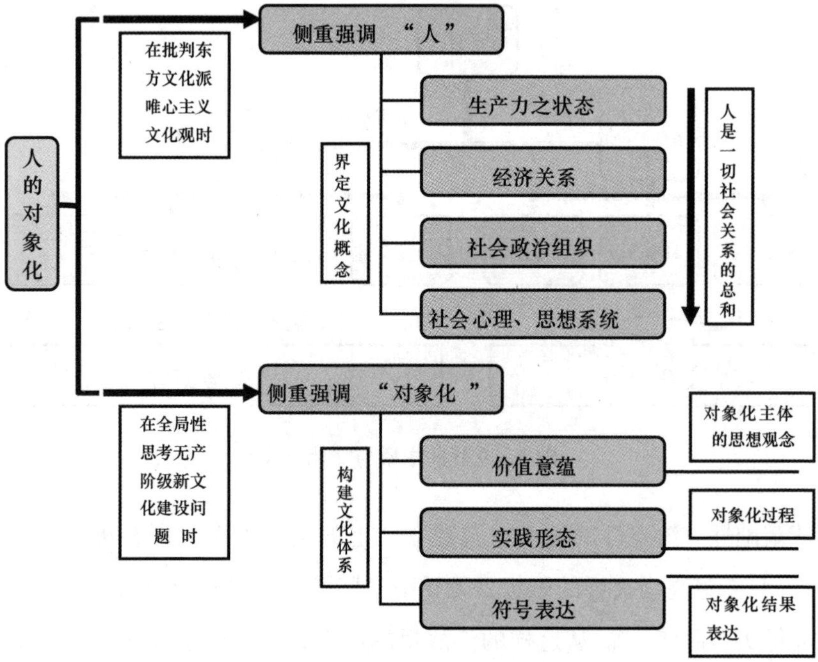

图2 瞿秋白关于文化的理解与运用

本书是在瞿秋白关于文化范畴的理解和运用基础上，全面系统研究其文化思想理论的。

第二节 研究概况

学术界、理论界围绕瞿秋白的文化思想这一主题进行了不懈的探索，取得了较为丰富的研究成果。概括来讲，学者们一致肯定了瞿秋白文化思想对中国文化发展的意义，在这一前提条件下的研究成果主要集中于梳理瞿秋白文化思想发展历程，探讨瞿秋白文化思想的具体内涵，把握主线勾勒瞿秋白文化思想基本框架等方面，具体而言，学者们或者依循瞿秋白生平经历的文化事件和文化活动轨迹探讨瞿秋白文化思想要素，或者关注瞿秋白在推进中国现代文化发展的过程中所表现出来的各个不同领域内的文化思想内容，又或者抓住“文化革命”主线还原瞿秋白文化思想建构过程等。这些成果从不同侧面展示了瞿秋白文化思想的基本面貌，在真实再现中国共产党早期革命领袖观察处理当时中国文化问题的历史画卷的同时，深刻挖掘瞿秋白文化思想中对于先进文化的描述和预想，以观照当代中国社会文化生活，构筑了瞿秋白文化思想研究的基础。但同时也应注意到，当前的研究仍存在研究方法相对集中，没有充分运用相关学科理论成果以拓展深入研究的问题，特别是在借鉴文化学已相对成熟的关于文化融合、文化结构等理论，探讨瞿秋白对于中国现代文化的体系性思考，瞿秋白将马克思主义这一外来文化同中国传统文化相融合创新而形成的中国化马克思主义文化思想及其和意义等方面至今留有空白，也限制了马克思主义中国化视域下瞿秋白文化思想研究的进一步发展。

详细梳理考察瞿秋白文化思想研究的发展轨迹、理论成果以及存在问题，对于深入推进这一研究尤为重要。当前，瞿秋白文化思想的研究综述如下。

一　瞿秋白文化思想研究的历史与现状

（一）国内情况

国内的瞿秋白文化思想研究起步于文学方面，从目前可考的资料看，最早的研究是 1922 年王统照（署名剑三）在《晨光》杂志第一卷第三期上发表的评瞿秋白散文集《新俄国游记》的文章，距今已经九十多年了，这段研究历程大致可分为三个阶段。

第一阶段：20 世纪 20 年代至中华人民共和国成立后十七年。

这一阶段对瞿秋白文化思想的研究，以四次重大事件为节点，掀起了四次高潮，但总体上没有超出纪念、评论、研究瞿秋白文艺理论、实践及其贡献的范围。

1935 年 6 月 18 日，瞿秋白被俘后英勇就义，他的亲密战友鲁迅得知消息的悲痛欲绝，即着手准备并于次年重病期间将瞿秋白翻译的文学方面文章编为《海上述林》上下两卷，以“诸夏怀霜社”的名义出版发行，用鲁迅自己的话讲："我把他的作品出版，是一个纪念，也是一个抗议，一个示威！"[①] 1938年谢澹如又将瞿秋白自己编就而未出版的杂文集《乱弹》连同未收入的其他一些杂文，定名《乱弹及其他》以上海霞社名义出版，这均为研究瞿秋白文艺思想提供了宝贵资料；钱杏邨还在1939年《文献》第六卷刊登了发行《瞿秋白全集》的预告，拟将《海上述林》《乱弹及其他》中未收录的五四运动期间早期的文章、赴苏俄的通信、后期的政论文章及秘密刊物上发表的文艺文字等补全一并付印，但终因出版社遭查封而未果。在瞿秋白殉难前后数年，国内社会各界包括世界各国共产党都发表了大量纪念性文章和专章专节评论瞿秋白的思想史、专题史性质的著作，其中多数文章高度评价了他在左翼文艺运动[②]、文学著译[③]、文艺批评[④]、汉字改革[⑤]等方面作出的开拓性奠基性的贡献。

1945年党中央《关于若干历史问题的决议》对瞿秋白做出了公正客观的评价，强调了他在文化领域作出的贡献，决议指出瞿秋白在党内的领导地位，肯定了他在中国革命过程中的贡献，特别是在文化领域的贡献，这一评价为其后瞿秋白文化思想研究确定了基调：1946年新华书店晋察分店据上海霞社版本印行了解放区第一个印本《乱弹及其他》并附了《出版者后记》，高度评价了瞿秋白在文艺领域的贡献和地位，文章指出瞿秋白在上海时期为左翼文化运动作出了突出贡献，并将他与鲁迅并

---

① 冯雪峰：《回忆鲁迅》，人民文学出版社1957年版，第133页。

② 参见《上海鲁迅研究》1981年第1期《介绍〈悼瞿秋白同志〉》一文关于左联机关刊物《文艺群众》创刊号上以"本社同人"名义发表的文章《悼瞿秋白同志》。文中指出："他的名字将是中华民族万古不灭的光辉，将是中国左翼文化运动中烛照长空的火焰。"

③ 参见鲁迅《关于翻译的通信》《〈铁流〉编校后记》《〈解放了的堂·吉诃德〉后记》等文章，在他与曹靖华、矛盾、郑振铎等人的书简信件中，也都对瞿秋白的著译活动表示了怀念，给予了赞誉。

④ 参见生活·读书·新知三联书店出版的李何林编著《近二十年中国文艺思潮论》一文序言，作者认为瞿秋白"在现代中国的文化批评，社会批评和文艺批评上，和鲁迅站着同等重要的地位。他的文章风格虽有一部分和鲁迅不同，但他二人的学识、思想、文章，在现代的中国实在可称'双璧'"！

⑤ 参见知识出版社出版的倪海曙编著《拉丁化新文字运动的始末和编年纪事》，作者系统记录并肯定了瞿秋白在中国汉字改革工作中的创始性的功绩。

提，对他们的马克思主义文艺评论进行了至高评价。1947 年上海的《新文化》杂志发表了朱年的《关于瞿秋白二三事》一文，作者认为瞿秋白是与鲁迅齐名的中国近代大思想家，并特别强调了瞿秋白在文艺大众化、新文学运动等方面独特的历史贡献；同年，冯乃超将瞿秋白关于文艺大众化及部分文艺批评的文章以《论中国文学革命》为名整理成集，交香港海洋书屋出版发行，并在后记中对瞿秋白的文艺理论给予了高度评价，认为他为中国的新文学运动找准了方向，同时“他又是最先用马列的方法来处理中国文艺问题的人”①。这本书中收录了瞿秋白为《鲁迅杂感选集》所写的序言，冯乃超高度重视这篇文章，认为它忠实地见证了中国知识分子的发展进步历程，明确了鲁迅在中国思想史上的独特地位，同时还对思想斗争的历史经验进行了概括，因而意义重大。

1949 年中华人民共和国成立前后，党和人民怀念为实现共产主义建立中华人民共和国而献出宝贵生命的革命英烈，更是在国家各项事业百废待兴的历史关头，出于激励我们推进新中国建设，特别是在文化方面不断奋勇前进的考虑，再次掀起瞿秋白文化思想研究高潮：1949 年 6 月 18 日瞿秋白逝世十四周年纪念期间，《人民日报》《光明日报》《新民报晚刊》《文汇报》等各大主流媒体相继发表了吴玉章、茅盾、杨之华等中央、亲属及文艺界关于纪念、回忆、评论瞿秋白文学活动及其贡献的文章；1950 年李伯钊发表在《人民日报》上的《回忆瞿秋白同志》一文，详细回忆记叙了瞿秋白在苏区领导群众开展戏剧活动的事迹，同年陈定明在北京《文艺报》上发表《瞿秋白对中国文字改革的贡献》一文，认为瞿秋白倡导的汉字拉丁化运动对中国文字改革具有重要的推动和促进作用；1951 年曾与瞿秋白同赴苏俄采访的曹靖华，在《人民日报》上发表回忆与瞿秋白交往过程的文章《罗汉岭前吊秋白并忆鲁迅先生》，披露了瞿秋白在京翻译《国际歌》、强调要重视译介苏俄文艺作品及文艺理论工作等的珍贵史料。1951 年九月，王瑶将自己在清华大学和北京大学讲

① 瞿秋白：《论中国文学革命》，生活 · 读书 · 新知三联书店 2014 年版，第 169 页。

授“中国新文学史”这门课程的讲稿整理编订为《中国新文学史稿》（上册），由上海新文艺出版社出版，从文学史专著的角度肯定了瞿秋白在文学创作、文学评论等多方面对中国新文学作出的突出贡献；20 世纪 50 年代，人民文学出版社编印出版了八卷本的文集，收录了瞿秋白文学方面的著译，毛泽东特地为其题词，指出了文集的出版对于中国年轻一代、中国的社会主义，特别是在文化事业方面具有的积极意义。

1955 年 6 月 18 日瞿秋白英勇就义二十周年纪念日，党中央将烈士遗骨由福建长汀迁至北京八宝山革命公墓安葬，国务院总理周恩来主持安葬仪式，时任宣传部长的陆定一代表中央对烈士生平进行了总结和评价，他在肯定了瞿秋白一生为党的革命事业作出突出贡献的同时，也着重指出 20 世纪 30 年代初，瞿秋白与最亲密的战友一起，在翻译和介绍经典作家文艺理论和苏俄进步文艺作品等左翼文艺领域作出的突出贡献。这也将瞿秋白文化思想研究推向了新的高潮。首先是出现了大量曾与瞿秋白并肩作战的挚友及亲属撰写或口述的回忆、纪念性的文章，为相关研究提供了难得的史料资源，例如郑振铎的《记瞿秋白同志早年的二三事》，杨之华陆续发表的《忆秋白》《〈鲁迅杂感选集·序言〉是怎样产生的?》等。其次，出现了一些考证、评论类的文章，为进一步推动研究奠定了基础，如丁景唐的《关于〈乱弹及其他〉的出版》《从〈鲁迅日记〉看鲁迅和瞿秋白的友谊》及 1959 年丁景唐和文操合著的《瞿秋白著译系年目录》，《光明日报》刊载的瞿秋白起草的《文件处置办法》是中共最早发布的档案管理文件等。再次，出现了一批关于瞿秋白文学活动及其文艺思想的专著和高水平学术论文，以及专论瞿秋白章节的文学史论著。如 1958 年由上海文艺出版社出版的曹子西编著的《瞿秋白的文学活动》，着重介绍了瞿秋白对于经典文艺理论的译介及运用实践活动，1959 年江苏文艺出版社出版了上官艾明编写的《瞿秋白与文学》侧重于瞿秋白的文学创作活动，1958 年丁景唐还出版了《学习鲁迅和瞿秋白作品札记》，通过对两人日记、著作等一手资料的研究开创了瞿秋白与鲁迅关系研究的新途径。还有 1955 年 6 月《人民日报》上刊载的刘长恒的《学习瞿秋白同志在文艺批评方面的战斗精神》，同年温济泽在《人民文学》第七期上发表的《瞿秋白同志在文学上的贡献——纪念瞿秋白同志殉难二十周年》，1960年上官艾明在《江海学刊》上发表的《“左联”时期瞿秋白在文学上的贡献》等。此外，当时国内开设现代文学史及相关课程的高等院校基本都系统地介绍、评价了瞿秋白在文艺理论、文学创作、文学批评、翻译等方面的成就，部分讲义文稿也整理出版，其中包含了专论瞿秋白的章节，如1955年出版的丁易的《中国现代文学史略》、张华来的《新文学史纲》、1959年中国青年出版社出版的《“五四”散文选讲》等。最后，这一时期对瞿秋白文化思想的研究范围稍有拓展，出现了对瞿秋白的报刊宣传活动、艺术活动、同时代文化人物关系等方面的研究，如1958年李苹在《新民报晚刊》上发表的《瞿秋白和〈热血日报〉》，顾家熙在《学术月刊》上发表的《五卅运动中的〈热血日报〉和〈上大五卅特刊〉》，1961年洪久存在《新闻界》上发表的《瞿秋白同志在报刊工作方面的活动》，1959年周国伟、刘祥发在上海《文汇报》上发表的《秋白三访城隍庙》，1962年刘逸生在《羊城晚报》上发表的《瞿秋白的平津会杂剧》，1965年王尔龄在《羊城晚报》上发表的《瞿秋白和茶馆这个阵地》，1964年澄碧在《新民晚报》上发表的《瞿秋白的画》，1959年蔡铁民在厦门大学《论坛》上发表的《瞿秋白论民间文学》，同年勿浑在《北京晚报》上发表的《瞿秋白同志和音乐》，1963年澄碧在《羊城晚报》上发表的《瞿秋白治印的故事》等。

总体上看，瞿秋白文化思想研究第一阶段的特点在于以下三点：第一，将“文化”片面理解为“文艺”，以对瞿秋白文艺思想和活动的研究代替了对其整个文化思想的研究，甚至更进一步片面认识瞿秋白的文艺思想和活动范围，以至于出现了仅仅围绕1931年至1933年瞿秋白在上海时期展开研究的现象，因而无法形成全面而客观的研究成果。第二，就瞿秋白的文艺思想研究而言，一方面相继出版的大量原始资料性质的文献，奠定了瞿秋白文艺思想研究的基础，研究者敏锐地注意到了瞿秋白在中国现代文学史上作出的多方面开创性贡献，构建起瞿秋白文艺思想研究的基本框架。另一方面由于多数研究侧重纪念、评论性质，研究的理论深度还有待深化。第三，学术研究受政治因素影响较大，这一阶段出现的四次研究高潮基本起源于政治纪念活动，对于瞿秋白的政治评价明显制约着学术研究的发展，不利于研究的深入。

第二阶段："文化大革命"十年。

这一阶段的瞿秋白文化思想研究遭受到了严重的干扰和破坏。

1966年"文化大革命"爆发不久，瞿秋白就被扣上了"机会主义路线的头子"和"叛徒"两顶帽子遭受了各种无端的批判和污蔑。

1967年红卫兵"造反队"接连砸毁了常州瞿秋白母亲金衡玉的墓和北京八宝山瞿秋白的墓，还相继出版《讨瞿专号》（后经出版者北京师范大学"造反队"补充整理成《瞿秋白批判集》出版）、《讨瞿战报》（半月刊共出二十期，流毒甚广）对瞿秋白进行歪曲和攻击。其中将《多余的话》说成是"叛徒的自白书"，将《赤都心史》说成是"叛徒嘴脸的自我写照"，将《中国革命中之争论问题》说成是"投降主义的宣言书"，将《〈鲁迅杂感选集〉序言》说成是"修正主义的大毒草"，并宣扬瞿秋白贬低、欺骗鲁迅等，这些无谓的污蔑甚至谩骂，没有任何依据和实际内容，对学术研究没有丝毫的价值。

第三阶段：党的十一届三中全会以来。

党的十一届三中全会恢复了实事求是的思想路线，大量冤假错案得以平反，1979年初李洪林通过对党史研究若干长期不能涉足的领域的反思，率先明确提出了重新评价瞿秋白的问题。同年三月在《历史研究》上，陈铁健发表了《重评〈多余的话〉》一文，以坚定的政治立场、严谨的治学态度和确凿的历史事实得出客观而中肯的结论："光辉是主要的，灰暗是次要的。"[①] 1983年李维汉在《中国社会科学》上发表了长达四万多字的《对瞿秋白"左"倾盲动主义的回顾和研究》，他在系统梳理瞿秋白"左"倾盲动主义形成过程基础上，深入分析了产生原因和客观条件，

① 陈铁健：《重评〈多余的话〉》，《历史研究》1979年第3期。

得出结论认为这主要是认识上的问题，而共产国际及其代表罗米纳兹则是“‘左’倾政策的创造者和强迫推行者”[1]。这两篇文章实质上是针对“文化大革命”期间瞿秋白被扣上的两顶帽子重新做出的实事求是的思考，文章客观公正的结论及其引发的学术争论，冲破了长期禁锢瞿秋白研究的藩篱，也将瞿秋白文化思想研究推向蓬勃发展的新阶段。

这一阶段的瞿秋白文化思想研究进入繁荣发展时期，其间的1999年是瞿秋白诞辰100周年纪念，同时也是中国共产党面临世纪之交的国际竞争压力，提出始终代表“先进文化”发展方向要求的酝酿期，因此大致以此为节点，瞿秋白文化思想研究也纵深走向更为广阔的空间。整体来看，这一阶段的瞿秋白文化思想研究得到了长足发展，成果比较丰富，基本涵盖了如下几种类型。

1. 文集、选集

瞿秋白的文集因为历史原因一直未能出版，客观上限制了研究的深入发展，“文化大革命”结束后学术界恢复民主之风，对原始资料的迫切需求推动了出版工作的进程，1985年人民出版社先行出版了《瞿秋白选集》，同时中共中央文献研究室又牵头对瞿秋白的遗著进行了收集整理和编辑工作，分政治理论编八卷和文学编六卷，分别由人民出版社于1987年至1998年间和人民文学出版社于1985年至1988年间完成了《瞿秋白文集》的出版工作，其中文学编六卷是在1953年版《瞿秋白文集》基础上重新整理编辑的。文集、选集的出版为整体观照瞿秋白文化思想提供了必需的材料。

2. 传记

1986年上海人民出版社出版了陈铁健所著的《瞿秋白传》（1995年再版时改名为《从书生到领袖》），这是瞿秋白传记中最具影响力的代表作，作者在全面展现瞿秋白生平、思想的同时，突出了作为书生领袖的

---

① 李维汉：《对瞿秋白“左”倾盲动主义的回忆与研究》，《中国社会科学》1983年第3期。

文化情结，也奠定了这部著作在瞿秋白文化思想研究中的地位。1987 年天津百花文艺出版社出版了王铁仙编著的《瞿秋白文学评传》，作者寻觅瞿秋白在文学领域中的足迹，勾画出一个具有文艺特殊禀赋和突出贡献的无产阶级革命文学家的光辉形象。1989 年天津人民出版社出版了王观泉的《一个人和一个时代》，作者不仅创造性地提出“红色丝绸之路”是瞿秋白文化思想研究的时代背景要素，对于作为文学家的瞿秋白也不吝笔墨进行了生动阐述。1991 年河海大学出版社和四川文艺出版社分别出版了由叶楠和鲁云涛编著的同名传记《瞿秋白评传》，虽然书名相同，两本著作从体例到内容却毫无雷同并各有千秋，叶楠的《瞿秋白评传》分专题论述了瞿秋白生平在文化领域作出的各个重要贡献，涉及诗歌、散文、语言、杂文、精神文明和审美、文学运动，以及与鲁迅、毛泽东文艺观的比较等方面，更确切地说是一部文人评传。而鲁云涛则按照时间顺序全面展现了瞿秋白整个生平，其中不乏对其文化思想和活动方面的述评。2000 年中央文献出版社出版了韩斌生的《文人瞿秋白》，作者着重论述了瞿秋白人生各个阶段的文化成就，以及他与同时代文化名人的关系，描绘出一个文人的完整形象。

传记类作品对瞿秋白文化思想研究的意义在于，以瞿秋白生平为背景，将其文化思想的研究建立在完整的基础上。但缺陷也很明显，局限于文体，这类作品基本都是以瞿秋白文化活动或者文化贡献作为线索，缺乏对其文化思想内在逻辑结构的把握。

3. 专题论著

据不完全统计，截至目前，公开出版的针对瞿秋白文化思想进行专门考察和充分论述的著作并不多。最早的当属 1989 年江苏人民出版社出版的韩斌生所著的《瞿秋白与中国现代文化》一书，作者不仅逐一论述了瞿秋白与中国传统文化、五四新文化、苏俄文化、五四文化名人的关系，以及瞿秋白在社会学和哲学、现代语言文字、翻译、文化教育等领域的理论和贡献，还创造性地专设一章探讨瞿秋白深层文化心态问题，在前人研究成果基础上更进了一层，力图从更深入的角度更完整地展现瞿秋白与中国现代文化间纵横交错关系，但也存在偏重对具体内容的考证研究，对瞿秋白文化思想整体研究不足等缺陷。2005 年中央文献出版社出版了梁化奎所著的《文化伟人瞿秋白》一书，作者视五四新文化运动为中国共产党及其代表人物建立中国先进文化的实践，在这一宏观的社会文化背景中，系统而深入地探讨瞿秋白在这一历史时期的文化思想观点，从而有效地将历史与现实紧密联系起来，在为现实先进文化建设提供历史参考中凸显了瞿秋白文化思想研究的现实意义，这也是本书的最显著特色之一；此外，作者理论功底扎实，观点深刻而具有一定新意，但仅仅探讨了“五四”前后这一时间段，忽略了对后期瞿秋白在革命过程中，对中国建设无产阶级新文化的理论和实践的考察，不得不说是该书的一大遗憾。2006 年中央文献出版社出版了汪诚国教授主编的《瞿秋白与先进文化》一书，编者们试图以“三个代表”重要思想中的“先进文化”来诠释瞿秋白文化思想，对瞿秋白的文化思想进行了动静结合的整体解读，在动态上梳理了瞿秋白先进文化思想的具体历史轨迹，静态上逐一研究了瞿秋白在推进中国现代文化思想发展中的杰出贡献，而且剖析了瞿秋白文化思想的个性色彩等。作品给人以内容丰富、视野开阔的印象，但在瞿秋白的文化思想与中国文化的辩证联系方面，编者们并未给予应有的观照。2010 年中央文献出版社出版了陆克寒著《“文人”：启蒙与革命——瞿秋白的思想个案》一书，作者在中国现代文化史的大背景下，20 世纪中国知识分子精神史的视域内，对瞿秋白进行了纵横两个向度的解读，纵向上按照瞿秋白的生命历程考察了他的个体精神史，横向上选取了他精神史的要素逐一进行探讨，力图在瞿秋白关于启蒙思想和革命理念的精神史考察中，将其革命家和文艺家的身份合二为一，还原一个集启蒙和革命于一体的文人形象。整部作品视角新颖，见解独到，但启蒙与革命似乎并不能完整呈现瞿秋白文化思想的全貌，仍存在继续完善的空间。

这些针对瞿秋白文化思想做专题研究的著述，都自觉地意识到了文化与文艺的区别，敏锐地发现了瞿秋白文化思想与中国“现代文化”“先进文化”的渊源关系，力图完整地展现、深入地解读瞿秋白的文化思想。但整体看来，还存在着研究成果数量匮乏（与瞿秋白的文艺思想、哲学思想等研究成果相比，数量上的差距还相当悬殊），研究系统性、深入性不足（多数文章侧重具体内容的罗列，缺乏将瞿秋白文化思想作为一个整体进行系统深入的理论探讨），研究理论工具单一（马克思主义、文化学相关理论成果的运用还很有限），研究队伍亟需扩大（研究人员专业背景偏向文学、历史学方向，马克思主义理论专业背景的力量比较欠缺）等问题。

与文化相关的专题也出现了大批高水平代表性的著述，特别是在瞿秋白的文学文艺思想领域，如1984年华东师范大学出版社出版的王铁仙著《瞿秋白论稿》，1998年华东师范大学出版社出版的王文强撰写的《瞿秋白杂文研究》，2001年南京大学出版社出版的程民著《瞿秋白写作艺术论》，2002年南京大学出版社出版的刘小中著《瞿秋白与中国现代文学运动》，2004年中央文献出版社出版的杨建生著《瞿秋白政论文研究》，2005年中国文联出版社出版的季世昌、朱净之合著的《瞿秋白诗歌鉴赏》，2008年新华出版社出版的彭维锋著《在文学与政治之间——瞿秋白左翼时期的文艺思想研究》，2011年中国社会科学出版社出版的傅修海著《时代觅渡的丰富与痛苦——瞿秋白文艺思想研究》，2011年中国社会科学出版社出版的陈春生著《瞿秋白与俄苏文学》，2012年商务印书馆出版的杨慧著《思想的行走：瞿秋白“文化革命”思想研究》，2013年中国社会科学出版社出版的胡明著《瞿秋白的文学世界——马克思主义文艺的理论与实践》等。此外，在瞿秋白的哲学思想研究方面，如1992年中国文史出版社出版的邓中好著《瞿秋白哲学研究》，1998年华东师范大学出版社出版的季甄馥著《瞿秋白哲学思想评析》等，在其他相关领域如1999年北京图书馆出版社出版的余玉花著《瞿秋白学术思想评传》，2001年南京大学出版社出版的由朱钧侃、汪诚国、王崇英、刘洪英主编的《高山仰止——瞿秋白的崇高精神和高贵品质》，2005年中共党史出版社出版的龙德成著《马克思主义者瞿秋白》等。

4. 学位论文

根据知网数据统计，以“瞿秋白”合并“文化”为关键词搜索硕博论文，截至2019年11月，仅有两篇博士论文，除了本书之外，另外一篇是苏州大学张亚骥的《瞿秋白的文艺思想与文化领导权》，这篇博士论文主要探讨瞿秋白的文艺思想及其对中国共产党获取文化领导权的意义。其余16篇硕士论文中，安徽大学许为的《瞿秋白文化思想》仅选取了瞿秋白文化思想中的部分内容如文化的定义、分类，文化与政治的关系，对旧文化的态度、文化革命思想进行论述，缺乏系统观照。辽宁师范大学宋晓敏的《瞿秋白文化思想与中国先进文化建设》全面论述了瞿秋白文化思想的渊源、哲学基础、基本内容和主要贡献，并概括出其对建设中国先进文化的启示意义，理论分析略显薄弱。广西师范学院董静的《论瞿秋白的文化观》和太原科技大学杨学渊的《论瞿秋白马克思主义文化观》都着重研究了瞿秋白对文化观念的理解，没有涉及其整个文化思想。漳州师范学院欧桂花的《瞿秋白文化选择探析》着眼于文化选择的视角，具体探讨了瞿秋白从二元文化思想到最终选择马克思主义文化思想的心路历程，借鉴了文化学相关理论成果。哈尔滨工业大学张露露的《瞿秋白与马克思主义文化理论中国化》着重分析了瞿秋白对马克思主义文化理论同中国革命过程中文化现实相结合所作出的重要贡献。湘潭大学杨秀春的《中国共产党对“五四”新文化前进方向的探索——以瞿秋白为例》以“五四”新文学运动为线索，论述了瞿秋白对新民主主义文化的探索和贡献。南京师范大学梁化奎的《论“五四”前后瞿秋白关于发展先进文化的思考和实践》是其《文化文人瞿秋白》一书的基础。浙江师范大学姜调调的《论传统文化对瞿秋白转向马克思主义的影响》着重探讨了传统文化在理论基础、价值取向、思维范式等方面对瞿秋白转向马克思主义的积极作用。其余7篇文章则涉及瞿秋白的文化领导权、文化哲学以及文化人格主题。

硕博论文代表了研究瞿秋白文化思想的新生力量，不仅作者的专业背景突破了局限于文学专业的现象，出现了党史、哲学、马克思主义理论等多样化的趋势，并且研究视角也随之多样化，出现了从文化选择、马克思主义中国化等角度切入的研究，研究者也注重借鉴相关学科理论成果，为瞿秋白文化思想研究注入了新鲜的活力。但受理论修养、文字功底等多方面限制，研究成果理论水平仍有待进一步提升。

5. 学术论文

笔者在中国知网以“瞿秋白”合并“文化”为关键词搜索期刊，截至2019 年 11 月，共有学术论文一百篇左右，其中 2003 年至 2005 年是高峰期，共有 18 篇学术论文探讨瞿秋白与文化主题，主要因为“三个代表”重要思想对于“先进文化”的自觉和强调。另外 1999 年和 2009 年瞿秋白诞辰纪念前后又形成两次高峰期，分别有 7 篇和 14 篇瞿秋白与文化主题论文发表。从这些学术论文关注的具体内容看，五四新文化运动前后，瞿秋白对中西文化的认识和对中国新文化发展道路的思考是众多研究者最为关注的热点问题，围绕这一核心，形成了一批代表性的理论成果，如《复旦学报》（社会科学版）1979 年第 3 期发表的王永生的《瞿秋白与五四新文化运动》，《湖南师范大学社会科学学报》1988 年第 4 期发表的何一成的《瞿秋白的中西文化观》，《厦门大学学报》（哲学社会科学版）1989 年第 2 期发表的洪峻峰的《瞿秋白与五四中西文化论争》，杜文君和许华剑合写的发表在《江苏社联通讯》1990 年第 3 期上的《五四前后瞿秋白中西文化观之历史考察》，《党史研究与教学》1991 年第 4 期转发了张岱年等在中国人民大学出版社出版的《中国文化与文化论争》一书中的《瞿秋白的中西文化观的缺陷》一段，郭若平在《中共福建省委党校学报》1992 年第 10 期上发表的《瞿秋白对五四新文化的省思》，蔡四桂在《探索》1993 年第 3 期上发表的《瞿秋白的中西文化观》，洪峻峰在《东南学术》1999 年第 2 期上发表的《瞿秋白与五四新文化运动》，王先俊在《中州学刊》1999 年第 3 期上发表的《五四时期瞿秋白对中国文化发展道路的选择》，周建超和赵国琴合写的发表在《宁夏社会科学》2004 年第 3 期上的《论瞿秋白的中西文化观》，胡明发表在《社会科学辑刊》2008 年第 3 期上的《从“五四”到

“无产阶级新五四”——瞿秋白“文化革命”情结剖析》，杨秀春和刘松茂合写的发表在《求索》2009 年第 6 期上的《瞿秋白反思“五四”新文化运动的足迹》，李菲云发表在《党史文苑》2017 年第 6 期上的《刍议瞿秋白的文化创新精神》等。

随着 21 世纪的来临，国人对于文化的自觉，体现为明确意识到日益复杂化的文化竞争逐渐成为国际竞争的主题，中国共产党适时地提出“始终代表先进文化的发展方向”的要求，瞿秋白文化思想研究的学术论文随之出现了另外两个热点。其一即瞿秋白的文化领导权思想，最早从余信红在《延边大学学报》（哲学社会科学版）1996 年第 1 期上发表的《论瞿秋白的文化战线领导权思想》起，随后王铁仙在《华东师范大学学报》（哲学社会科学版）2005 年第 5 期上发表了《瞿秋白的大众文艺论与葛兰西的文化霸权思想》，张亚骥的《瞿秋白到毛泽东：文化领导权思想的成型》和《瞿秋白的文化领导权思想》，周龙燕的《瞿秋白文化领导权思想研究》，陈朗在的《瞿秋白的知识分子论与“文化领导权”》，刘宣如和江茹的《瞿秋白文化领导权阐释逻辑研究》等，围绕这一热点的研究成果呈逐年上升的趋势。其二是瞿秋白的先进文化思想，上海师范大学王关兴教授在《上海党史与党建》2002 年第 11 期上率先发表了《试析瞿秋白推动中国文化转型和建设先进文化的十大理念》一文，何振东随后发表《瞿秋白发展中国先进文化的功绩》，王文强发表了《瞿秋白先进文化观探因》，卢再彬发表了《论瞿秋白的先进文化观》，杨成敏发表了《试论瞿秋白在中国先进文化前进过程中的地位》，叶栋和易难合写并发表了《瞿秋白、陈独秀与中国先进文化》等，但这一热点在 2008 年之后逐渐转变为瞿秋白与中国现代文化的研究。

围绕瞿秋白文化思想形成的学术研究，总体来看取得了一定的成果，研究者挖掘了瞿秋白文化思想的现实价值，通过热点问题不断将研究推向深入，同时也注意拓展新的研究视角，但总体来说成果数量仍然非常有限。

（二）中国港台地区及国外情况

中国港台地区的瞿秋白研究，以人物传记为主要形式，以其政治思想史考察为侧重点，以意识形态的差异而否定评价和扭曲事实为主要特点，对瞿秋白文化思想的研究亦甚少涉及。在中国香港，最早也是最具影响力的是司马璐 1962 年在香港自联出版社出版的《瞿秋白传》一书，作者以反共的立场和失实的史料作传，虽欲细腻地描写瞿秋白的心路历程，但终究无法得出客观的结论。此后还有任博 1965 年 1 月在中国香港《春秋》杂志第 180 期上发表的《瞿秋白躲在上海紫霞路的时候》，梳理了他在上海的文化活动，但却在缺乏史实考察的基础上主观论断瞿秋白是“渗透”入“左联”的中共主持人，奉中共中央之命从事左翼文学事业并“统战”鲁迅。老记 1966 年 9 月在《春秋》第 220 期上发表的《忆当年与瞿秋白在狱中一段问答》以亲访瞿秋白的记者身份记录了谈话内容，其中涉及“左联”与中共关系，杨之华、项英行踪，瞿秋白有问必答，真实性待考证。王宏志 1998 年在《中国比较文学》上发表《论瞿秋白翻译理论的中心思想》，认为一切为革命服务是其中心思想。中国台湾的夏济安 1968 年在西雅图华盛顿大学出版了《黑暗之门》，专设一章《瞿秋白——一个软弱的共产党人的毁灭》，发展了司马璐的观点，以精神心理分析的方法指出情感和理智的矛盾是拥护马克思主义的知识分子无法超越的困境。此后郑家稼分别于 1973 年 1 月和 4 月在台湾政治大学东亚研究所出版的《东亚季刊》第 4 卷第 3 期和第 4 期上连续发表两篇瞿秋白研究文章——《二十年代初瞿秋白理论》和《瞿秋白的一生》，中国台湾吴重昆 1977 年在中国台北新万象月刊社出版的《新万象》第 15 期上发表回忆性文章《生擒匪酋瞿秋白始末》，1978 年国民党内担任反共理论工作的姜新立发表了由台湾政治大学东亚研究所出版的《瞿秋白的悲剧》一书，后来又收入了胡秋原的《瞿秋白论》为其序，此外还有台湾政治大学简金生 1988 年硕士论文《瞿秋白与中国马克思主义》、研究中国近现代史的蔡国裕的《瞿秋白政治思想之研究》等，这些成果普遍弊于政见而具有片面性。

从地域上看，国外针对瞿秋白文化思想的研究除了与国内有着共同共产主义理想的苏俄地区，还在日本、美国等地取得了丰硕的成果，在内容上主要侧重其文艺活动实践和文艺思想理论的研究。苏联的施奈德（Schneider）在《瞿秋白——革命家、作家和战士》《瞿秋白的创作道路》和《鲁迅、瞿秋白与文学的人民性》等文章中全面介绍了瞿秋白的文学活动和创作经历，以及他的基本文论观点。彼得罗夫（Peter Thomas）1975 年发表在《远东问题》杂志上的《鲁迅与瞿秋白》着重探讨了瞿秋白与鲁迅的交往。1979 年《远东问题》杂志第 4 期刊登了施普林钦的《瞿秋白与中国拼音文字》，回顾了瞿秋白倡导并参与汉字拉丁化运动的历程，将其文化思想研究的目光拓展到语言文字领域。日本的瞿秋白文化思想研究受鲁迅在日本的影响起步较早且偏重于文艺理论，进士桢一郎早在 1936 年就出版了《瞿秋白传》，对瞿秋白生平包括文化文学活动进行了概括，1964 年高田昭二发表了《论 1932 年瞿秋白与茅盾有关文艺大众化问题之论争》，突出了瞿秋白的大众语言观点，1967 年新岛淳良发表的《瞿秋白文艺理论之特色——〈鲁迅杂感选集·序〉》一文，明确了瞿秋白以马克思主义文艺理论解释鲁迅思想的思路，还有植田渥雄的《瞿秋白的知识分子观点》，阪口直树的《瞿秋白的“文艺大众化”之论及推广》，姬田光义的《论瞿秋白理论体系的形成》，陈正醍的《关于瞿秋白〈多余的话〉：围绕“给郭沫若的信”》等，对涉及文艺大众化、语言文字改革、知识分子、《多余的话》等瞿秋白文艺思想理论进行了深入研究。美国的保罗·皮科威兹（Paul Picowit）是研究瞿秋白文艺思想的代表人物，他的《中国马克思主义文艺思想——瞿秋白的影响》《瞿秋白眼中的鲁迅》《瞿秋白和中国马克思主义的革命通俗文艺观》等著述对中国无产阶级的新文学，包括瞿秋白与中国共产党其他领袖的文化思想的关系等问题均提出自己的观点，但对《多余的话》的价值估计不足。威德默·艾伦（Ellen Widmer）的《瞿秋白与俄国文学》深入解析了瞿秋白的文艺思想与其俄国文艺体验的关系。此外，澳大利亚奈克·怀特（Naik White）的《马克思主义哲学在中国：从瞿秋白到毛泽东 1923—1945》讨论了瞿秋白对于唯物主义和辩证法中国化的特殊作用。斯洛伐克马立安·高利克（Marián Gálik）的《瞿秋白向俄国文学之借鉴及其文艺之现实主义观念》梳理了瞿秋白形成现实主义文学概念的历程。德国田辰山的《瞿秋白对马克思主义辩证法的研究与解读》着重探讨了瞿秋白的辩证法思想。韩国的赵显国对瞿秋白受佛教影响下的文艺思想进行了研究，李贞娇则从欧化现象着手探讨了瞿秋白的文艺思想，沈揆昊关注了瞿秋白与“左联”的关系等。

二　瞿秋白文化思想研究的主要内容

学者们对瞿秋白文化思想的研究，主要集中在以下几个方面。

（一）瞿秋白的文化观

瞿秋白的文化观是其文化思想的有机组成部分，因其针对的是瞿秋白到底怎样认识文化这一基础性问题，也是学者们深入探讨瞿秋白文化思想必须首先解决的问题，因而成为研究热点之一。

首先，学者们普遍注意到了瞿秋白文化观所经历的转变。杜文君、许华剑认为瞿秋白的文化观念随同他的世界观的转变，经历了“‘混洽’东西文化时期、‘爱’的文化观时期和马克思主义文化观时期”①。王文强也有三阶段之说，即“青少年时代的‘厌世复古’阶段，五四运动时期的革命民主主义文化观阶段，以及五四后旅俄考察期间开始形成并历经20年代前期、30年代前期共三个步骤的马克思主义文化观或曰无产阶级革命文化观阶段”②。汪诚国提出了类似但更具体的观点：“从早年因家庭变故、社会黑暗而产生厌世人生观的文化情绪，到‘五四’时代生成‘爱’的文化观，并走向具有社会主义倾向的文化理想，再至20年代初的唯物主义文化观、30年代前期形成较成熟的阶级论文化观。”③ 表述虽不尽一致，但学者们在这一问题及其相关问题上基本达成了共识，包括瞿秋白早期文化观由于社会、家庭原因包含“厌世复古”情绪，瞿秋白

① 杜文君、许华剑：《五四前后瞿秋白中西文化观之历史考察》，《江苏社会科学》1990年第3期。

② 王文强：《瞿秋白文化思想发展论略》，《龙城春秋》2000年第2期。

③ 汪诚国主编：《瞿秋白与先进文化》，中央文献出版社2006年版，第72页。

经革命民主主义文化观最终建立起马克思主义的文化观，瞿秋白马克思主义文化观形成的时间段正是五四新文化运动期间，形成的标志是《东方文化与世界革命》和《现代文明的问题与社会主义》等文章中对于文化做出的唯物主义解读等。

其次，研究者们着重探讨了瞿秋白的马克思主义文化观，认为瞿秋白是在五四新文化运动中西文化论战的背景下阐明自己的马克思主义文化观的，他运用马克思主义唯物史观作为思想基础和理论方法界定文化的内涵，进而分析批判了东方文化和西方文化的本质，指明了通过革命建立无产阶级新文化的方向。王文强指出在中西文化论战的第一阶段，瞿秋白仍不具备参与论战的能力，他初步的马克思主义文化观“在国际上是以俄为师，在国内最初是师承李大钊的”①，至第二阶段他则运用唯物史观基本原理简洁地界定了文化的内涵，阐明了文化的时代性和地域性（民族性），以及研究文化的科学方法，成为文化论战中的一名主将。周建超、赵国琴认为瞿秋白以文化内涵揭示了东西文化差异的根源，在东西文化比较中阐明了对待文化遗产的正确态度，并指明了“只有革命，才能摧毁旧文化，开拓新文化发展的道路”②。张岱年、程宜山将瞿秋白关于中西文化属于时代差异的观点概括为“有古今无中外论”③，作者引用恩格斯的话分析指出这种观点存在着对历史唯物主义理解不够深刻的缺陷，并认为这种片面的观点，在幼年时期党的广大党员及其他先进分子中普遍存在。

（二）瞿秋白与中国传统文化

学者们从瞿秋白所接受的全面系统的传统文化教育、家庭传统文化熏陶、宗教传统文化洗礼等方面，具体研究了中国传统文化对瞿秋白文化思想产生的重要影响。韩斌生认为中国传统文化在给瞿秋白带来文弱

---

① 王文强：《瞿秋白革命文化观的特色和地位》，《江苏石油化工学院学报》（社会科学版）2002 年第 3 期。

② 周建超、赵国琴：《论瞿秋白的中西文化观》，《宁夏社会科学》2004 年第 3 期。

③ 张岱年、程宜山：《中国文化与文化论争》，中国人民大学出版社 1990 年版，第 115 页。

气质和矛盾情感的同时，也“使秋白日后能从较高的层次上去借鉴外域文化，从更科学的层次上去接受马克思主义，蕴育了他的理论兴趣和理论才华，它积淀于瞿秋白文化心理结构的深层，对其一生都发挥着这样或那样的深刻影响和作用”①。汪诚国等总结了瞿秋白获得传统文化的渠道，包括“家庭氛围”“学校环境”“古代典籍”“地域文化”“社会思潮”② 等，分析了以儒释道为主体的中国传统文化对瞿秋白的具体影响，指明了瞿秋白对传统文化批判的继承态度。程民按照瞿秋白生平分阶段考察了传统文化对其的影响，指出“从少年到青年，从常州到北京，秋白自幼受熏陶的儒道思想，今文经学派的‘经世’‘维新’主张及佛家的‘自度度他’的‘救世’精神一直在不断地冲撞、消解和滋长，最终与他关注社会问题的忧患意识完全融合，于是他义无反顾地投身于五四运动，去找寻新的人生坐标”③。张华、禹青认为传统文化培育了瞿秋白“文学的才能、‘名士’的气质和敏感多思的个性”④，而瞿秋白本人对传统文化采取了批判其中旧观念，同时汲取其与共产主义理想契合的积极理念的态度。哈迎飞分别探讨了道教、佛教对于瞿秋白的思维方式、宇宙观、人格构建、生命意识、审美情趣等方面的深刻影响。⑤

3. 瞿秋白与苏俄文化

苏俄文化对瞿秋白文化思想的影响是巨大的，研究者们注意到了瞿秋白接触苏俄文化的不同途径，详细考察了瞿秋白在报道译介苏俄历史文化、文学创作方面的贡献，进一步研究了这些异质思想资源对于瞿秋白自身文化思想产生的具体影响。韩斌生以瞿秋白的作品为切入点进行研究，他指出《饿乡纪程》和《赤都心史》两本散文集反映出瞿秋白向马克思主义转变的心路历程与苏俄文化现实的联系，《晨报》上发表的瞿

① 韩斌生：《瞿秋白与中国现代文化》，江苏人民出版社 1989 年版，第 14 页。

② 汪诚国主编：《瞿秋白与先进文化》，中央文献出版社 2006 年版，第 34—36 页。

③ 程民：《瞿秋白写作艺术论》，南京大学出版社 2001 年版，第 225 页。

④ 张华、禹青：《瞿秋白与中国传统文化》，《唯实》1999 年第 1 期。

⑤ 参见哈迎飞《瞿秋白与道家文化》，《东南学术》1999 年第 3 期；哈迎飞《论瞿秋白与佛教文化的关系》，《人文杂志》2001 年第 3 期。

秋白的文章体现出他对苏俄文化宣传报道的贡献，《俄罗斯革命论》和《俄国文学史》两部著作则是他研究苏俄革命与文学，在中国宣传和借鉴苏俄文学思想的重要成果。[①] 陆克寒将瞿秋白以新闻记者身份考察苏俄之行视为“两种异质文化实际交流之历史个例”[②]，认为“东方稚儿”瞿秋白建构出的同时包含真实与想象特质在内的“苏俄形象”，是他寻求中国现代化路径的文化表达。余玉花认为普希金（Alexander Pushkin）笔下“多余的人”的特征，即异己的知识分子找不到自身和社会发展的出路时的矛盾心理，对瞿秋白自我剖析和认识产生了重要影响；托尔斯泰式博爱的、非暴力的无政府主义思想对瞿秋白早期民主主义思想的形成产生了重要影响；普希金、果戈里、车尔尼雪夫斯基、高尔基等现实主义文学创作方法对瞿秋白形成并传播马克思主义文艺思想理论产生了重要影响。[③] 梁化奎着重研究了瞿秋白考察苏俄时对其无产阶级新文化建设经验和存在问题的思想认识成果，包括马克思主义理论的指导意义，俄国无产阶级的创造精神，创建过程中正确处理与旧文化、西方文化、经济社会现实的关系，建设的主体力量等内容。[④]

（四）瞿秋白与中国现代文化

瞿秋白对中国现代文化的探寻及贡献，是凸显瞿秋白文化思想研究现实意义的重要领域，因而成为学者们研究瞿秋白文化思想的热点之一。韩斌生在20世纪80年代的文化热潮中就以《瞿秋白与中国现代文化》为名撰写了专题著作，对传统文化、五四新文化、苏俄文化对瞿秋白的影响，瞿秋白关于社会学、哲学、语言文字、翻译文学等领域的思想贡献，瞿秋白的文化教育实践，瞿秋白的深层文化心态，瞿秋白与五四文化名人的关系等进行了逐一探讨，建立起瞿秋白与中国现代文化

---

① 参见韩斌生《瞿秋白与中国现代文化》，江苏人民出版社1989年版。

② 陆克寒：《“文人”：启蒙与革命——瞿秋白的思想个案》，中央文献出版社2010年版，第30页。

③ 参见余玉花《瞿秋白学术思想评传》，北京图书馆出版社1999年版。

④ 参见梁化奎《文化伟人瞿秋白》，中央文献出版社2005年版。

研究的基本框架，但存在着缺乏整体观照的缺陷。汪诚国等认为瞿秋白是中国近现代文化史上“全面、系统论述中国现代新文化的发展方向、深刻内涵、实现途径、光辉前途的第一人”①。梁化奎着眼于五四新文化运动时期瞿秋白的文化贡献，认为新文化运动揭开了中国现代文化建设发展史上由传统向现代转型的序幕，瞿秋白在这一过程中“明确提出了建设新的‘革命文化’的奋斗目标，并积极探索了实现中国文化由传统向现代转型的途径。他握住了中国现代文化的发展趋势和要求，倡导以开放的心态吸纳外国文化。他为文化的研究引入了新的概念和范畴，以及科学的研究方法。他引导促进了中国文化在变革发展模式上的创新，以及在两大新的文化生长点方面的发展，引导促进了中国文化由被动应变向积极应对方面的转换。他为中国文化的发展注入了一些新的品格和精神。循着‘五四’前后瞿秋白的先进文化探索创造之路，我们可以清楚地看到，中国文化的现代性是怎样发轫的，又被最早禀赋了哪些新的品格和精神。这也就使瞿秋白成为中国现代文化的奠基人之一”②。

其他方面，关于瞿秋白与五四新文化运动的研究，实质上包含在上述瞿秋白的文化观研究之内，关于瞿秋白与左翼文学运动、瞿秋白与马克思主义文艺理论的研究并非本书研究的直接对象，故不赘述。

三 瞿秋白文化思想研究存在的问题

通过对于上述研究成果的梳理，可以看出当前关于瞿秋白文化思想的研究还存在以下薄弱环节。

（一）关注其文艺思想及实践的较多，对其文化思想及实践研究的较少

文艺是文化内容体系的重要组成部分，当前围绕瞿秋白与文化的研

---

① 汪诚国主编：《瞿秋白与先进文化》，中央文献出版社2006年版，第9页。

② 梁化奎：《文化伟人瞿秋白》，中央文献出版社2005年版，第216—217页。

究，无论从成果的数量还是从研究的水平来分析，主要还是集中在文艺领域。据不完全统计，自 1956 年至 2014 年出版的瞿秋白研究相关论著共计约 200 多册，其中研究其文艺思想及活动的有 20 册，而研究其文化思想与实践的仅有 6 册；2003 年至 2015 年有关瞿秋白研究的学位论文共计 71 篇，其中研究其文艺思想的有 14 篇，研究其文化思想的仅有 8 篇，且全部是硕士学位论文。与众多文学专业背景的学者对其文艺思想进行深入分析的现状相比较，瞿秋白的文化思想研究还处于起步阶段，不但成果相当匮乏，而且研究队伍也需要补充更多相关专业背景的新鲜血液。

（二）平面研究其文化实践的较多，系统研究其文化思想的较少

近些年来随着文化地位的日益凸显和世界范围内的文化自觉，关于瞿秋白与文化主题的研究摆脱了狭隘的以文艺替代文化的现象，研究成果的数量和质量都呈上升趋势。但就目前取得的相关研究成果看，仍存在着侧重平面的外化的瞿秋白文化实践等研究，缺乏立体系统的内在的瞿秋白文化思想研究的问题。截至 2015 年底，仅有汪诚国主编的《瞿秋白与先进文化》一本书以瞿秋白整体的文化思想为研究对象，系统探讨了瞿秋白文化思想的产生、内涵、地位、贡献等内容，但也存在内容过于庞杂，体系间逻辑联系不清晰的问题。

（三）把瞿秋白的文化思想视为文化视域下马克思主义中国化进程的个案，系统研究他作为政治领袖和知识精英，如何将马克思主义理论与中国传统文化融会贯通，从而构建中国现代文化体系，目前学术界还鲜有涉及

从文化角度审视马克思主义中国化，正日益成为马克思主义理论研究的热点，部分学者以高度的历史使命感，宏观整体地探讨了马克思主义与中国传统文化的融合创新这一宏大课题，为今天我们在思想上增强文化认同，实践上推进社会主义文化建设奠定了理论基础。但是相关研究仍留有很大空间，比如马克思主义与中国传统文化的融合具体是如何实现的？马克思主义与中国传统文化融合后产生怎样的中国化马克思主

义文化体系？这些有待进一步开拓的课题，不仅制约着理论研究的深入，而且影响着中国化马克思主义文化建设实践的发展。系统研究瞿秋白完整的文化思想，不仅为上述研究的突破提供了可能，而且因此开创了瞿秋白文化思想研究的新角度，也构成了本书选题旨趣之所在，即通过对瞿秋白文化思想的个案考察，微观地展现马克思主义理论与中国传统文化融合创新的整个过程，并以此着重探讨其中对于今天推进马克思主义中国化进程和社会主义文化建设意义重大的两个问题：马克思主义与中国传统文化怎样融合？融合之后产生怎样的中国化马克思主义文化体系？

第三节　研究意义

以文化视域下马克思主义中国化研究作为问题域，系统研究瞿秋白的文化思想，就是考察瞿秋白怎样在自身实现马克思主义与中国传统文化的结合，就是分析瞿秋白运用马克思主义观点观察和解决了哪些中国文化问题从而形成的自己独特的文化思想理论，就是探讨瞿秋白心目中适应中国社会文化需要的文化思想的当代价值，具有重要的学术和现实意义。

一　学术意义

（一）有助于开拓瞿秋白文化思想研究的新视角，丰富瞿秋白文化思想研究的理论成果

瞿秋白是20世纪的文化伟人，但他首先是一位伟大的马克思主义者，他的文化建树归根结底源自他对于马克思主义的追求、服膺和运用。他受“共产主义人间化”① 的感召赴苏俄系统研究苏俄文化，他在著名的“饿乡”加入中国共产党并热情讴歌苏俄文化以为中国文化“辟一条光明的路”②，他运用马克思主义原理指明了革命解放发展生产力是建立无产

① 瞿秋白：《瞿秋白文集（政治理论编）》第1卷，人民出版社2013年版，第180页。
② 瞿秋白：《瞿秋白文集（文学编）》第1卷，人民文学出版社1985年版，第5页。

阶级新文化的根本途径，他凭借对人的实践存在方式的领悟自觉地着眼价值、活动、符号各个领域进行系统的文化建设等。但是目前学界对于瞿秋白文化思想的研究，在数量极其匮乏的基础上，视角也相对单一，还没有对“文化视域下马克思主义中国化研究”这一对瞿秋白文化思想研究至关重要的视角给予应有的重视和整体的观照，因而以文化视域下马克思主义中国化作为问题域，系统研究瞿秋白的文化思想，有助于开拓瞿秋白文化思想研究的视域，丰富瞿秋白文化思想研究的理论成果。

（二）有助于拓展马克思主义中国化研究的理论视野，深化对中国化马克思主义文化理论的研究

从理论上讲，对瞿秋白文化思想进行研究，就是要考察具有政治领袖和知识精英双重身份的瞿秋白是如何运用马克思主义理论观察、解决中国文化问题，创建中国化的马克思主义文化理论的。对这一问题进行研究，必然要厘清在瞿秋白身上，马克思主义理论是如何与中国传统文化融会贯通的，并创建出怎样的中国化马克思主义文化理论。这一方面对于目前众多学者从宏观角度论述马克思主义与中国传统文化的融合创新，是有益的补充和完善，有助于以重要个体的成功经验拓展马克思主义中国化文化维度研究的理论视野。另一方面也是更为重要的，瞿秋白文化思想中关于文化、文化体系的创造性理解认识，对于改善西方马克思主义理论研究实现文化转向后蓬勃发展，而中国化马克思主义文化理论仍缺乏突破性进展的现状，对于充分发挥这一理论对社会主义文化建设的指导作用都具有重要意义。

二 现实意义

（一）对于构建中国现代文化体系，建设社会主义文化强国具有重要的现实意义

瞿秋白文化思想的目标指向，是建立无产阶级的新文化，这样的新文化，首先是坚持马克思主义的指导地位的，代表先进文化发展方向的，其次还是分层次成体系的，构成中国现代文化体系的。他以马克思主义

经典作家的文化理论为基础，结合中国的文化实际，针对建立中国现代文化体系需要解决的问题，形成了包括符号、活动和意义三个层面系统的文化体系思想，这在马克思主义中国化的历史上具有首创性，直接指导了新民主主义文化体系的早期创建实践，在社会主义文化建设时期，他的这些文化思想仍不乏真知灼见，其分层次系统研究文化建设的方法论，对构建当代中国文化体系，推进文化的繁荣和发展，建设社会主义文化强国具有重要的现实意义。

（二）对于中国共产党人凭借高度的文化自觉，推进马克思主义中国化进程有着较强的现实意义

瞿秋白的文化思想是在中国的现代化进程中形成的，是早期的中国共产党领袖关于中国传统文化的现代转型问题的马克思主义解决方案，把马克思主义与中国实际结合起来是其前提条件，马克思主义与中国传统文化的融合创新是其实现过程，形成马克思主义指导的现代文化体系是其最终结果。以瞿秋白为代表的早期中国共产党人，以高度的文化自觉，在推动中国传统文化现代转型的同时，也推进了马克思主义中国化的实践进程。当前系统研究瞿秋白的文化思想，正是中国共产党在新的历史条件下秉承高度的文化自觉的具体体现，对推进马克思主义中国化进程有着较强的现实意义。

第四节　研究思路、方法、重点、难点和可能的创新点

瞿秋白是中国共产党早期的革命领袖和文化巨匠，也是马克思主义与中国实际相结合的开拓者，其短暂的一生留下了500余万字的著作和译述，其中包含着丰富的文化思想内容，以文化视域下马克思主义中国化为问题域，系统研究瞿秋白的文化思想，不仅意义重大，亦具有相当大难度，需要清晰的研究思路和可行的研究方法，这是顺利完成本书研究的前提保障。

一　研究思路

本书的主题为瞿秋白文化思想研究，整个研究是以文化视域下马克思主义中国化作为问题域的，即将瞿秋白的文化思想视为文化视域下马克思主义中国化进程的个案进行考察，纵向探讨在文化视域下研究马克思主义中国化需着重关注的环节，是如何在瞿秋白的文化思想这样的个案层面上得以实现的；横向探讨瞿秋白完成了自身向马克思主义者的转变后，以马克思主义的观点观察和解决了中国的哪些文化问题，并形成了怎样的中国化马克思主义文化思想理论。

本书共设六个章节。绪论部分首先阐明研究的问题、研究的对象和研究的核心范畴，并详细梳理研究现状、选题意义、研究思路和方法、研究重点和难点等关键问题，是本书核心内容得以展开的前提和基础；第一章整体考察瞿秋白文化思想形成和发展的历程。马克思主义与中国传统文化的结合所依循的传播、选择、融合、创新路径，在瞿秋白个体的身上得到了完整的体现，也构成了瞿秋白中国化马克思主义文化思想形成和发展的逻辑理路，本章依据这一顺序分四节探讨各个环节的具体问题；第二、三、四章分别研究瞿秋白文化思想的具体内涵。文化是人的本质的对象化，内在地包含了作为主体内在本质力量的主观心态领域、作为过程的活动领域和作为结果表征的符号领域，在瞿秋白的身上，马克思主义与中国传统文化相结合产生的中国化的马克思主义文化思想，其内涵即是按照符号表征、实践形态、价值意蕴三个层面系统展开的，其中第二章梳理了瞿秋白关于作为符号表征的语言文字和艺术的思想理论，第三章论述了瞿秋白关于作为实践形态的文学、教育和新闻报刊编辑的思想理论，第四章概括了价值意蕴层面的瞿秋白的文化哲学思想和价值观念；第五章对瞿秋白文化思想进行了整体性评析，分析了瞿秋白中国化马克思主义文化思想的特点和局限性，阐明了其对于新民主主义文化、马克思主义中国化和中国特色社会主义文化建设方面的重要意义和现实启示。

二　研究方法

文献研究法。首先本书的研究依据就是历史文献，包括《瞿秋白文集》（文学编和政治理论编），《建党以来重要文献选编（1921—1949）》等历史资料，对其中相关材料进行选择、梳理，在史料基础上进行逻辑分析和推理，进而结合实际进行解读。其次还要横向阅读同时期其他重要领导人的著作，提炼其文化思想和理论，对两者之间的相互影响进行客观研究，以期以严谨的态度还原瞿秋白文化思想原貌，探究马克思主义中国化的早期历史。

历史与逻辑统一的方法。历史是逻辑的起点，对瞿秋白文化思想的逻辑探索坚持来源于历史原貌，注重对史料进行严肃的提炼和抽象，避免研究者的主观臆断。历史同时体现着逻辑的演进，历史的发展过程本身就遵循着思维逻辑的脉络，对瞿秋白文化思想的研究，还要合乎逻辑演绎的过程，对其再现的马克思主义中国化过程进行整体观照，不仅考察马克思主义中国化的早期历史过程，还要联系实际，对当今和将来的发展进行逻辑思考。

宏观和微观相结合的方法。本书的研究是通过对瞿秋白的文化思想的个案研究，还原马克思主义中国化进程的早期阶段，探寻马克思主义中国化发展过程中的规律性启示；还原中国现代文化建设和发展的早期历程，探寻建设中国现代文化的规律和启示，因而属于通过微观解读宏观的研究。在论证过程中，要合理把握微观考察与宏观论述的笔墨分量，实现宏观和微观相结合，推动研究走向深入。

学科交叉法。本书的研究，首先涉及马克思主义理论一级学科，包括马克思主义基本原理、马克思主义中国化、中共党史等相关学科的知识及研究方法。其次本研究还涉及文化学、哲学、历史学、社会学、新闻传播学、语言文字学、教育学、政治学、伦理学等多学科理论知识，试图从不同侧面对瞿秋白文化思想进行立体审视。综合运用多学科相关知识理论及研究方法，是提升本书研究的理论性和学术性的重要途径。

三　重点、难点和可能的创新之处

（一）研究重点

1. 瞿秋白的文化思想，微观地展现了马克思主义作为一种文化现象与中国传统文化在近现代中国社会条件下实现融会贯通的整个过程，这种融合“为什么能够实现，到底如何实现”是宏观研究中关注的理论重点，也自然成为微观研究瞿秋白文化思想力图予以解答的理论重点。

2. 马克思主义与中国传统文化融会贯通的过程不断地发展着，当两种异质文化的融合实现后，势必会以创新的形式产生中国化的马克思主义文化理论以指导中国的文化实践。瞿秋白的文化思想正是这种中国化的马克思主义文化理论的组成部分，而且是非常重要的组成部分。瞿秋白的文化思想到底有着怎样的内涵，哪些部分是其中意义重大但长期以来被学界所忽视的，这是研究瞿秋白文化思想所力图予以回答的更为重要的理论重点。

（二）研究难点

1. 文化现象自人类社会产生而产生，至19世纪中叶才开始进入人类自觉的理性的研究视野，迄今仍是一个众说纷纭的范畴。研究瞿秋白的文化思想，第一个难点就是清晰界定本书使用的文化范畴，即讲清楚瞿秋白所理解和应用的文化到底是怎样一个范畴，这是全书研究其文化思想的基础，此外还要进一步讲清楚瞿秋白文化思想的内涵体系与文化本身内涵体系的关系问题，这是全书谋篇布局及挖掘其文化思想意义的基本依据。

2. 瞿秋白的文化思想研究不同于对他的文化实践活动的史料梳理，具有体系性、理论性和个体特殊性等特征，这都需要在研究的过程中，在史料整理的基础上做客观的提炼和概括，特别是针对他的一些前人研究中很少涉及的创造性的思想贡献，比如他关于马克思主义话语体系的思想、他的文化哲学思想等的研究，更需要在历史与现实、思想与实践中把握，这是本书的又一难点。

3. 瞿秋白文化思想形成于中国新民主主义革命早期，随着革命实践的深入，马克思主义理论与中国实际进一步结合起来，瞿秋白文化思想与新民主主义文化理论的关系是怎样的？进而瞿秋白文化思想与当前社会主义文化建设又有着怎样的关系？这些问题是本书研究的深层次核心问题，也是最具现实意义的问题，因而也是本书的难点之一。

（三）可能的创新之处

1. 研究观点部分，关于“文化体系”的理论及其马克思主义解释，以往学界鲜有涉及，本书分析了瞿秋白对于文化范畴的理解，力图从他的著述、行动轨迹中提炼出他对于“文化体系”的思想认识；关于瞿秋白文化思想与马克思主义中国化结合的研究，目前相对薄弱，本书力图在系统研究瞿秋白文化思想的基础上对此进行探索。

2. 研究视角部分，将瞿秋白的文化思想作为个案进行系统分析，以解答文化视域下马克思主义中国化研究中的具体问题，这对于瞿秋白的文化思想研究是一个全新的视角。本书视瞿秋白的文化思想为马克思主义这样一种外来文化同中国传统文化结合的代表，在其形成过程研究中逐一探讨了从传播至创新的两种文化结合的必需环节如何在个体身上得以实现，在形成成果即瞿秋白的中国化马克思主义文化思想的具体内涵研究中考察了其从符号至价值层面的文化体系思想。

3. 研究方法部分，借鉴文化学关于文化传播、选择、融合、变迁等理论，从领袖人物思想这一微观层面切入，研究探讨宏观层面上马克思主义与中国传统文化结合，即马克思主义中国化的理论问题，是综合运用宏观与微观相结合、多学科理论方法交叉等研究方法的尝试。

第一章

瞿秋白文化思想的逻辑进路

瞿秋白的文化思想，是在20世纪前期中国文化转型大背景下其自身传统文化基础与马克思主义文化理论实现有机结合的产物，它孕育于马克思主义在中国传统社会的早期传播背景，萌芽于瞿秋白对马克思主义的认同和选择，成型于瞿秋白运用马克思主义原理应对和解决中国现实文化问题的过程中，成熟于瞿秋白创造中国化马克思主义文化思想理论和创建中国现代文化体系的实践。文化视域下马克思主义中国化进程的各个主要节点贯穿这一历史过程始终，为我们全面认识瞿秋白文化思想的形成和发展过程，深入探讨瞿秋白文化思想内涵及其影响启示开辟了一条特殊的逻辑进路。

第一节　文化传播：中国传统文化氛围里初遇马克思主义

生长在中国传统文化氛围中的瞿秋白，是在马克思主义在中国社会的早期传播历史背景下，通过自己接触马克思主义的独特途径，孕育了自己的文化思想。

一　瞿秋白的传统文化渊源

幼年时期的瞿秋白在家庭、学校和故乡潜移默化地接受着中国传统文化全方位的浸润，这对他的影响是深刻复杂且贯穿始终的，他的文化思想与中国传统文化有着千丝万缕的关联，本书试图对此进行系统考察论述。

（一）官宦世家、书香门第之启蒙

家庭对一个人的影响是重大而深远的。瞿秋白出生于一个“世代读书，也世代做官”① 的中国传统社会大家族，据《瞿氏宗谱》记载，“晋陵瞿氏明季巨富，号瞿半城”②。晋陵瞿氏第十四世瞿廷韶，字庚甫，是瞿秋白的叔祖父，凭借辅佐张之洞办理新政的功绩和三次面见皇上的殊荣，在湖北为官三十多年，历任按察使、布政使职务，创造了清朝瞿氏家族鼎盛的业绩。也正是这位瞿廷韶，像其他每一位封建官员一样，为暮年告老还乡后能够颐养天年福荫后代，在任期间就在故乡常州建造了八桂堂和瞿氏宗祠。瞿秋白作为晋陵瞿氏第十六世子弟，因祖父和父亲两代皆托庇于叔伯门下不能独立门户，故出生地就在八桂堂天香楼上，后家道中落举家搬进了瞿氏宗祠度日，这一渊源也使作为家庭长子的瞿秋白，自出生即肩负着重振家族本支的厚望。在“八股取士”的封建社会，官宦世家为承续家业，家风传统中最为重视的就是读书，瞿氏大家族留给了瞿秋白一笔受用终身的遗产——好学，这在当时传统文化居社会主流地位的历史条件下，奠定了瞿秋白精通中国传统文化的主观基础。

小家庭中的传统文化氛围对瞿秋白的影响是潜移默化、细致入微的。父亲瞿世玮，字稚彬，精通绘画，师承清初江南“四王”，以擅长山水画著称中国美术史，名录《中国字画全史·现代画家传略》和《中国美术家人名词典》，画作多以冷峻清逸的秋景展现归隐淡泊的心境。从目前留存的瞿秋白1916年赠表妹金君怡的《江声云树图》、1919年赠友人李子宽的《松风琴韵图》两幅画作分析，瞿秋白完全承袭了父亲的画风，并因减少了颓唐之气似乎在格调上还有所超越，这种源自内在文化素养的

---

① 瞿秋白：《瞿秋白文集（政治理论编）》第7卷，人民出版社2013年版，第699页。

② 陈铁健：《瞿秋白传》，红旗出版社2009年版，第5页。

艺术造诣，也反映在他的散文作品中，使之具备了一种如绘画般唯美的意境；瞿父还信奉道教，好与名士交游，习剑懂医，这些在瞿秋白身上一一得以呈现，郑振铎说他“对于‘老’‘庄’特殊有研究”①，他与同学结诗社游山水“不期然而然同时‘名士化’”②，他在被捕后乔装成医生娴熟运用医理药道等。母亲金璇，字衡玉，旧学根底深厚，尤擅诗词古文，她在操持繁重家务的同时，也承担起了长子瞿秋白文学发蒙的重任，从教他简单的汉字书写，到口授历史典故和孔孟之道，再到着重教授瞿秋白背诵“广收在《千家诗》《唐人万首绝句》一类浅易上口的短诗句”③，可以说母亲是瞿秋白与文学结下不解之缘最为重要的引路人。

（二）旧式私塾新式学堂中培育

新式学堂，是近代中国先进知识分子们为实现“师夷长技以制夷”的目的，提出“中学为体，西学为用”观点从而改变以往私塾以儒学为中心的传统教育模式的产物，但作为本体的国学，在新式学堂的教育目标中仍占据相当地位。瞿秋白系统获取基本学识素养的基础教育，即是在这样两种性质不同的学校中完成的，中国传统文化因之成为其“自幼混洽世界史上几种文化的色彩”④ 中奠基性的也是最为浓墨重彩的一笔。在湖北做官的叔祖父病故后，瞿秋白一家由八桂堂辗转搬回了祖母娘家的星聚堂，适值瞿秋白就学年龄，即入星聚堂堂舅父庄怡亭坐馆的私塾学习。庄氏塾馆像其他所有私塾一样由浅至深地进行以儒学为重点的传统文化教育，从最简单认识汉字开始，逐渐学习了一些传统的开蒙读本如“《百家姓》《千字文》《神童诗》等”⑤，不同之处在于庄怡亭时年二十岁，是第一年坐馆，同时受新学堂不断出现的冲击，他在严厉管教学生的同时略兼顾孩子们的心理，因此瞿秋白是在比较开明的环境中，愉

① 郑振铎：《郑振铎自述》，安徽文艺出版社 2013 年版，第 246 页。
② 瞿秋白：《瞿秋白文集（文学编）》第 1 卷，人民文学出版社 1985 年版，第 24 页。
③ 王观泉：《一个人和一个时代——瞿秋白传》，天津人民出版社 1989 年版，第 31 页。
④ 瞿秋白：《瞿秋白文集（文学编）》第 1 卷，人民文学出版社 1985 年版，第 212 页。
⑤ 陈铁健：《瞿秋白传》，红旗出版社 2009 年版，第 5 页。

快地系统接受中国传统文化开蒙教育的，为他之后如饥似渴地学习国学奠定了坚实的基础。

曾列名公车上书的星聚堂族人庄鼎彝，于1905年在原庄氏义塾基础上创办了实行新式教育的冠英两级小学堂，瞿秋白插入初等班就学。新式学堂采用的启发式教学方法进一步激发了瞿秋白的学习热情，功课成绩门门皆优，特别是国文课，当时仍使用文言作成的文章被作为范文传阅，还有校长亲批一百零五分的佳话，这与瞿秋白的国学根底不无关系；而注重科学实验的新式教育，不仅大大开拓了瞿秋白的视野，更重要的是使自幼聪颖好思的瞿秋白自觉建立起广义的科学观，一直偏好文科的他开始了寻求科学解释人文社会的崭新历程，对传统文化中如封建迷信等不符合科学规律的部分，已然能够清晰鉴别并予以摒弃，初步掌握了准确评判中国传统文化的标准。初等小学毕业后，瞿秋白经预科进入当时常州唯一一所新式中学——常州府中学堂就读，良好的教育条件和注重学生全面教育的理念，使得瞿秋白在篆刻、绘画、音乐等方面的传统艺术造诣有了进一步的提升，此外校领导的同盟会背景亦影响了学生的政治倾向，瞿秋白开始站在国家民族的立场上思考中国传统文化问题，他认为作为中华民族的一员，特别是掌握文化知识的代表，对中国传统的文学如诗词曲赋，史学含正史野史，哲学似诸子、经学、佛学等都要有最为基础的掌握，这也是最低的要求。

（三）历史名城文化摇篮内熏陶

瞿秋白出生于江南有“中华龙城”之称的常州，这里物华天宝、历史悠久，素以“人文渊薮”而著称。早在春秋时期，就有四贤之首的吴国季札三让王位，松枝挂剑的故事广为流传，这也构成了常州人贤德礼让、重信讲义的人文传统；魏晋之际又产生了如萧统、刘勰等一批文学家理论家，奠定了常州人崇文尚学的基础；唐宋时杨时、张栻等一众鸿儒在常州教学授课开启了常州人兴教重才之风；至明清则渐成各种影响全国的学术流派，如庄存与、刘逢禄倡导经世致用的今文经学派，恽敬、张惠言等倡立的阳湖文派和常州词派，恽南田创立的常州画派，以及以马培之、巢崇山、费伯雄、丁甘仁等为代表的孟河医派，赵翼、黄仲则等创立的毗陵诗派等，无怪乎瞿秋白在赴苏俄采访途中目睹了沿路的枯瘠和没落后，亦不禁感慨江南的赋，在这样的历史文化摇篮中成长起来的瞿秋白，其思想性格、价值取向、学识素养等均深受影响，他在由山东北上的火车上看到路旁一家人团聚吃饭的场景，联想到自己家人星散的经历，随即想起常州诗人黄仲则“惨惨柴门风雪夜，此时有子不如无”[①]的名句，就足以说明这一点。更为深层的，如他“文人”的自我定位和气质形象，博采好学和务实自强的秉性追求，至诚至义和贤良忘我的精神境界等，可以说均以生动的形象诠释着常州历史文化传统的精华。

常州还是佛道盛行之地，千百年来流传下来许多极负盛名的寺庙道观，如天宁寺、红梅阁等，云集了大批善男信女名流雅士，景象蔚为壮观。天宁寺始建于唐朝，经历代增建翻修修行膜拜，规模宏伟名僧辈出，被称为“东南第一丛林”，常州被称为“龙城”也起源于这座古刹。红梅阁系西晋建成的玄妙观后进，有紫阳真人于此植红梅而得道升天的传说，因此是常州名士吟诗弄墨的重要场所，观中栢屋里悬挂着的《玄妙观图》正是信奉道教的瞿父所作。瞿秋白的家就在这两处宗教圣地附近，因而这里也是他年少时期常去游玩的地方，在晨钟暮鼓清茶逸景中所受的熏陶自是不言而喻的。家乡天宁寺佛教氛围对他的影响，是在他赴武汉黄陂受表兄周均量进一步启发下表现出来的，他投身社会后所作的政论文章中经常使用“屈维它”“韦护”（韦护是疾恶如仇的菩萨名，瞿秋白最为看重的是其为人间鸣不平之处）等笔名，《圆觉经》等佛教经名和“人我见”“六尘”“涅槃”等佛教用语，他在思想上也深受佛教入世普度众生的影响，由避世厌世一转而成“就菩萨行”[②]以“为大家辟一条光明的路”[③]的观念，也因此走上了革命的道路。红梅阁道教文化对瞿秋白的

① 瞿秋白：《瞿秋白文集（文学编）》第1卷，人民文学出版社1985年版，第10页。
② 瞿秋白：《瞿秋白文集（文学编）》第1卷，人民文学出版社1985年版，第25页。
③ 瞿秋白：《瞿秋白文集（文学编）》第1卷，人民文学出版社1985年版，第5页。

影响则表现得较早，幼年瞿秋白崇尚道法自然的理念，以敏锐的内心体味着自然界呈现出来的社会人文规律，对梅花傲霜斗雪、淡泊脱俗的形象情有独钟，不仅常常吟诵创作咏梅的诗句，他就义前的词作就是《卜算子·咏梅》，他还以“铁梅”“涤梅”作为自己的别号与同学以“岁寒三友”结义等。

二 瞿秋白与中国近代文化嬗变

传统的中国社会文化受近代欧洲资本主义文明的冲击，再也没有办法独善其身，缓慢前行了，觉醒了的知识分子们为挽救国家民族危机，创造了中国文化发展史上海量引进异质文化的盛况，引发了近代中国社会文化和国民思想观念上的广泛变革，瞿秋白正是在这一背景下接触马克思主义理论的。

（一）社会危机与家庭变故

人总是生活在一定的社会当中，个人的生活经历以及由此而形成的思想认识一定程度上取决于并反映着其所处社会、所属阶级的发展状况，正如瞿秋白所说：“人生都是社会现象的痕迹，社会现象都是人生反映的蜃楼。”① 他把汇聚个体生命的社会现象称为“生命的大流”，认为身居其中的人随之不断流转因而不能认识他的本质规律，更无法把握作为个体的自我命运，只有站出来“取第三者的地位”②，截取川流不息的社会现象的横截面仔细观察，以个体现象管见整体社会，以外在现象洞悉内在心理，才能看得明白。赴苏俄采访给了瞿秋白这样一个“取第三者的地位”的机会，他脱离了传统中国社会环境，截取横断面分析了当时中国传统社会的发展阶段，并由此反思了自己的人生经历和思想转变的社会根源。

瞿秋白出生在内忧外患、危机四伏的封建传统社会末期。所谓内忧

① 瞿秋白：《瞿秋白文集（文学编）》第1卷，人民文学出版社1985年版，第13页。

② 瞿秋白：《瞿秋白文集（文学编）》第1卷，人民文学出版社1985年版，第13页。

是指，建立在小农经济基础之上的封建政治制度发展到清王朝末期，在这一制度下根本无法克服的统治阶级的腐败积弊已经危及整个社会的稳定，贪赃枉法、中饱私囊的官员比比皆是，幕僚们则终日游手好闲、投机钻营，统治阶级的腐败已经致使清王朝空剩一副皮囊，到道光年间，“帝国国库的白银储备已经枯竭”[①]，整个社会风气随之腐化，骄奢淫逸、懒散堕落之风横行，加之自然灾害发生时政府根本无法组织应对，底层人民的生活苦不堪言，推翻封建农业生产经济基础的力量在传统的封建社会内部不断地孕育成长。所谓外患是指，自鸦片战争帝国主义的坚船利炮打开了封闭落后的中国国门以来，列强们侵略瓜分中国的野心不断扩张，本以执掌着泱泱大国而不可一世的清王朝统治者们在战争中不堪一击、战后又卖国求荣，相继与列强签订一系列不平等条约，不仅背负了根本无力偿还的巨额赔款，还划割了大片土地，丧失了关税、法律等独立权益，封建农业生产力在与资本主义工业生产力的对决中一败涂地，建立之上的封建统治随着日益严重的民族危机风雨飘摇。此时的中国传统社会正如瞿秋白所说，因为小农经济的破产、帝国主义的侵略，建立之上的社会制度以致变形，亦是“颠危簸荡紊乱不堪”[②]。

瞿秋白就出生在这风雨飘摇的社会中，出生在濒临破产的“士”的阶级的家族之中，作为封建统治者的“士”的阶级，在近代中国社会危机中无可避免地走上了破产的道路，瞿秋白的家庭变故真实地展示了这一过程。一直托庇于亲属的瞿秋白一家，在大家族随封建社会开始衰败、亲属们难于自保的时候失去了所有的经济来源，母亲被迫自杀，一家人分崩离析，寄人篱下，在家庭变故中尝尽人间苦楚的瞿秋白开始对封建社会制度下畸形的人际关系产生了疑问。他在赴苏俄途中回忆了自己年幼时的生活环境，通过亲身经历对此进行了详细阐述，他指出在当时中国社会当中家族制度垂死挣扎，造成人与人之间关系的畸形，冷淡枯寂

① ［美］费正清、刘广京编：《剑桥中国晚清史1800—1911年（上卷）》，中国社会科学院历史研究所编译室译，中国社会科学出版社1985年版，第155页。

② 瞿秋白：《瞿秋白文集（文学编）》第1卷，人民文学出版社1985年版，第14页。

的关系还属上乘，而更多的则是在表面亲属的宗法关系下相互“嫉恨怨悱诅咒毒害”①，瞿秋白因此感叹“人与人的关系”之畸形。

（二）救亡图存与文化嬗变

黑暗的迷蒙中总有早醒的人寻觅着灯火，正是这些人的努力创造了“阴沉沉，黑魆魆，寒风刺骨，腥秽污湿的所在”② 见到光明的机会。自19世纪50年代起，太平天国运动、洋务运动、戊戌变法、义和团运动直到辛亥革命，农民阶级、地主阶级、资产阶级先后尝试了建立农民政权、学习西方技术、资产阶级改良、社会大众直接反帝、资产阶级革命等各种方案以挽救危机，最终以推翻封建王朝的果实被军阀窃取而告终，正如瞿秋白所分析的，辛亥革命推翻了中国封建社会制度，社会思想亦激荡变化，但中国的资产阶级因为帝国主义的入侵没有得到充分发展，其建立民主国家的革命也以“奴婢匪徒寇盗的独裁制”③ 告终，先进知识分子们由此认识到——“共和立宪而不出于多数国民之自觉与自动，皆伪共和也，伪立宪也”④。

陈独秀、李大钊等以革除旧观念旧道德从而改造国民性为初衷，于1915年前后掀起了一场提倡科学民主的新文化运动，从出发点上看，这是在思想文化领域为在中国建立西方资产阶级政治制度奠定基础的选择，结果却激化了近代中国的文化危机，促使以儒家文化为主体的中国传统文化完成了近代转型。1840年鸦片战争造成的近代中国民族危机，不同于中国封建社会历史上任何一次外族入侵所形成的民族危机，它不仅因为传统冷兵器在坚船利炮面前不堪一击，而使之成为国民所受民族危机程度最为深重的一次，还因为建立在机器大生产经济基础上的资本主义文明入侵彻底动摇了中国封建社会的小农经济基础，而使之上升为以儒家文化为主体的中国传统文化的危机，因而近代中国社会危机兼具民族

① 瞿秋白：《瞿秋白文集（文学编）》第1卷，人民文学出版社1985年版，第15页。
② 瞿秋白：《瞿秋白文集（文学编）》第1卷，人民文学出版社1985年版，第3页。
③ 瞿秋白：《瞿秋白文集（文学编）》第1卷，人民文学出版社1985年版，第23页。
④ 陈独秀：《陈独秀文集》第1卷，人民出版社2013年版，第139页。

危机和文化危机的双重性质。新文化运动前期以提倡新道德反对旧道德，提倡新文学反对旧文学为重点，对封建思想文化进行了猛烈抨击和近乎全盘的否定，这种文化主体自发地借鉴异质文化否定传统文化的行为，激化了源自异族入侵经济基础动摇而产生的文化危机，也促进了中国传统文化的近代转型，表现为儒家思想丧失了一元主体地位，代表新兴资产阶级利益的思想文化以各种学说和主义的形式广泛传入中国社会。瞿秋白是这样形容的："中国一九一一年以来，万里长城为怒潮所冲破，依稀的晓梦'初'回。漫天飞舞的'新''主义''哲学''论'……无限，无限。"①

绵延几千年的中国传统文化在不到一百年的时间内实现了近代转型，并非如一些西方学者所强调的完全是西方文化冲击的结果，这一点瞿秋白早就通过回忆自身经历予以了说明，他指出，西方思想文化中的价值观念在当时的国内或者引发对当世不满的厌世复古之潮，或者萌生逃避之心"成绮语淫话的烂小说生涯"②。这种广泛存在于当时社会的应对西方文化冲击的结果，反映在瞿秋白身上则表现为他在家庭变故前后出现"思想复古，人生观只在于'避世'"③ 的状态。事实上，西方文化的传播与冲击对于打破中国传统文化的封闭发展环境，促进其发展进步是具有一定积极作用的，同时还有中国传统文化内在活力的影响，这一点在瞿秋白身上体现得比较明显。他在谈到自己从入北京到五四运动之前的三年内，人生观由"避世"向"厌世"的心理变化时指出，因受当时对广大青年影响巨大的整理国故运动的影响，他也怀揣着复兴今文经学以挽救民族危亡的梦想，与此同时，佛教思想理念亦促使他产生"就菩萨行"④ 的愿望，这实质上是今文经学经世致用思想和佛教入世以普度众生等思想在当时历史条件下积极作用的体现。当然，中国社会发展的现实

① 瞿秋白：《瞿秋白文集（文学编）》第1卷，人民文学出版社1985年版，第246页。

② 瞿秋白：《瞿秋白文集（文学编）》第1卷，人民文学出版社1985年版，第23页。

③ 瞿秋白：《瞿秋白文集（文学编）》第1卷，人民文学出版社1985年版，第24页。

④ 瞿秋白：《瞿秋白文集（文学编）》第1卷，人民文学出版社1985年版，第25页。

需要才是中国传统文化实现近代转型最为根本的原因，瞿秋白的思想转变说到底也是对由社会危机、家庭变故产生的“人与人之关系的疑问”[①]的不断求解的必然结果。

三 瞿秋白在文化话语条件下接触马克思主义

文化哲学理论认为，文化危机通常在两个层次表征着自己，最为基层的是社会生活中个体或集体的观念意识的“冲突”和“变革”，在这之上的精英阶层对此进行的反思则是另一个不可或缺的层面。五四新文化运动即是在后一层面上中国近代文化危机的具体体现，大批知识精英、政治精英通过对文化的反思和批判，创造了近代中国历史上独特而壮观的文化话语现象，在这一语境中，马克思主义作为一种文化救国的方案随俄国十月革命的胜利广泛传入中国，瞿秋白更因自身特殊经历获得了一条不同于他人的独特接触马克思主义的道路。

（一）五四时期文化话语语境

20 世纪七八十年代西方语言学界掀起了一场话语分析的浪潮，为我们研究马克思主义在中国的早期传播历史创造了一种全新的视角和范式。这种话语分析不再局限于语法、词法、句法等语言形式层面的表面研究，而是将语篇与语境结合起来对其背后的深层背景进行研究探讨，正是因此，作为代表人物的法国哲学家、语言学家米歇尔·福柯（Michel Foucault）强调他的知识考古学理论“不把话语当做符号的总体来研究（把能指成分归结于内容或者表达），而是把话语作为系统地形成这些话语或言及的对象的实践来研究”[②]，即考察特定历史语境中的话语实践。

五四新文化运动时期中国精英阶层凭借救亡图存过程中的文化自觉，为马克思主义传入中国营造了全新的话语语境。近代中国民族危机深重，先进的知识分子们先后在器物、制度上学习西方以图救亡，然而推翻了

---

① 瞿秋白：《瞿秋白文集（文学编）》第 1 卷，人民文学出版社 1985 年版，第 25 页。

② ［法］米歇尔·福柯：《知识考古学》，谢强、马月译，生活·读书·新知三联书店 2003 年版，第 28 页。

数千年封建王朝统治的辛亥革命果实却被封建军阀所窃取，“成立了一个括弧内的‘民国’”①，他们意识到了完成思想文化上的革新才是问题的关键，正如梁启超在20世纪20年代初所言：“革命成功将近十年，所希望的件件都落空，渐渐有点废然思返，觉得社会文化是整套的，要拿旧心理运用新制度，决计不可能，渐渐要求全人格的觉醒。”② 陈独秀率先在1915年举起民主与科学的旗帜，掀起了否定中国传统文化、广泛传播引进借鉴西方资产阶级思想文化的新文化运动。以儒家思想为主体的中国传统文化在中国社会中的主流文化地位在这场运动中被彻底颠覆，同时形成了一个多元主体的文化话语语境，各种文化思潮以解决中国文化危机的姿态充斥于当时的政治学术领域，并不断地碰撞创新。1914—1918年间发生在欧洲列强间的战争对西方文明的沉重打击和俄国十月革命的胜利在中国思想文化领域产生了连锁反应，至1919年五四运动中国的无产阶级登上历史舞台，马克思主义理论即作为传入中国的众多挽救危机的文化方案中的一种脱颖而出，成了新文化中最具活力的思想理论受到寻求救国救民道路的中国先进的知识分子的青睐，迅速发展为当时进步思想中的主流。因此五四新文化运动时期文化话语语境经历了一个由一元主体到多元主体再到一元主体的过程，马克思主义是作为最切合中国社会时代发展需要的文化理论在中国得以广泛传播的。

瞿秋白受五四新文化时期文化话语语境的影响，是抱着“做以文化救中国的功夫”③ 的目的接触马克思主义理论的。幼年瞿秋白成长于中国封建传统社会“士的阶级”的大家族并接受系统的启蒙教育，他的中国传统文化根底深厚，但目睹了阶级家庭破碎的他迅速明白，以儒家学说为主体的中国传统文化根本无法解决当时中国的社会发展问题，于是他在经历了自己独特身世导致的由“避世”而“厌世”的人生观的转变后，像当时所有的有志青年一样，对于社会生活的不安骤然爆发，随即卷入

① 瞿秋白：《瞿秋白文集（文学编）》第1卷，人民文学出版社1985年版，第29页。

② 梁启超：《梁启超文选（下）》，中国广播电视大学出版社1992年版，第554页。

③ 瞿秋白：《瞿秋白文集（文学编）》第1卷，人民文学出版社1985年版，第25页。

了思潮涌动的巨浪之中。像他自己分析的，当时的中国社会思想激荡，思维活跃的青年群体在这样的背景下普遍出现了焦虑不安的情绪，究其原因，还是对社会变动的心理反映，集中表现为对各种旧思想学术的批评。但自幼聪颖好思的瞿秋白在当时众多批判旧思想文化的思潮理论中，始终抓住符合中国社会文化实际特点和需要的着重点，逐渐地形成了唯物唯实的马克思主义才是挽救近代中国文化危机的唯一道路的思想认识。他指出旧思想文化在各种新的思潮和理论的联合批判中败下阵来，丧失了原有统治地位，而新思想新文化的联盟亦不复稳定，各自不同的思想渊源、理论原则等矛盾逐渐显现，发展的方向亦“不象当初那样简单了”①。政治上托尔斯泰式的无政府主义、经济上带有欺骗性质的所谓“振兴实业”的资产阶级改良主义，以及学术上主张复古的印度文化、东方文化派等都与马克思主义交织在一起，他也像其他先进知识分子一样漂流辗转于各种思想理论之中。当然，瞿秋白也有自己的独特之处，深厚的哲学素养和中国传统文化朴素唯物主义的影响，使得当时的他已经初步掌握“唯实的人生观及宇宙观”②，因此决定赴当时世界上唯一的社会主义国家考察他的思想文化，“担一份中国再生时代思想发展的责任”③。

（二）瞿秋白接触马克思主义的独特途径

瞿秋白在《多余的话》中辟专门章节探讨他与马克思主义的关系，除却其中因侧重于自我批判导致言辞之间有过于苛责自己之处，这份全面回顾他生平的遗著为我们研究他接触马克思主义的特殊途径提供了珍贵的一手资料。他记述了自己初入社会正值中国思想文化领域风起云涌的“新文化”运动之时，此时的他已经有了俄文专修馆学习的基础，对俄国文学充满兴趣，而报社正好需要懂俄语的人赴苏俄采访考察，各种机缘赋予了他亲身体验马克思主义指导建立的国家政治文化的机会。但

① 瞿秋白：《瞿秋白文集（文学编）》第1卷，人民文学出版社1985年版，第29页。
② 瞿秋白：《瞿秋白文集（文学编）》第1卷，人民文学出版社1985年版，第30页。
③ 瞿秋白：《瞿秋白文集（文学编）》第1卷，人民文学出版社1985年版，第31页。

在此时，他还没有确立马克思主义的信仰，而是各种思想混洽状态，不仅有自幼接受的子书、佛经等传统文化的积淀，胡适、梁漱溟引入并广为传播的东西方哲学思想理论的浸染，还有各种社会科学、文化文艺理论，当然还有《共产党宣言》等马克思主义经典的影响。这里明确了决定他与马克思主义产生渊源关系的三条重要因素，即当时中国社会思想文化发展的大势所趋，研究俄文和俄国文学的兴趣，以及赴苏俄采访的契机。当时中国社会思想文化发展的趋势要求在前面对五四新文化时期文化话语语境的分析中已经详细论述，此处我们着重分析后两点。

研究俄文和俄国文学是决定瞿秋白获得不同于他人接触马克思主义特殊途径的关键一步，瞿秋白自己也意识到了这一点，他在《多余的话》《历史的误会》一篇中用了大量篇幅详细陈述了这一过程，他记叙了家庭变故迫使他只身前往北京投奔亲属的经历，指出最初的目的只是想根据自己的兴趣担任教师糊口度日，但对书本文艺的热爱注定他不能平庸度日，而现实生活经济压力亦使其无法像其他学生一样自己选择，"既不要学费又有'出身'的"① 专修学校成了他的必然之选。也正是在俄文专修馆的时间内，瞿秋白接触到大量俄罗斯思想家的理论，也是受当时新文化运动的影响，他最初接受了托尔斯泰无政府主义主张，随后的思想和实践发展变动据他自己记述，自五四学生运动爆发开始，他即以专修馆的代表身份投身政治运动，同时也因为对"社会主义的最终理想"② 的强烈兴趣，与当时的先进知识分子一起参加了研究马克思主义的进步学会，当实际运动有空闲时即增加了他理论学习的机会。俄文专修馆学习的经历至少在参与并领导五四学生运动、研读马克思主义俄文经典著作、着迷于苏俄文学文化、结交受俄国十月革命胜利影响而着重研究马克思主义的社会精英，以及获得赴苏俄采访机会等方面对瞿秋白最终选择接受马克思主义产生了积极影响。

---

① 瞿秋白：《瞿秋白文集（政治理论编）》第7卷，人民出版社2013年版，第694页。

② 瞿秋白：《瞿秋白文集（政治理论编）》第7卷，人民出版社2013年版，第695页。

1920年10月，瞿秋白以《晨报》特派记者身份赴苏俄实地考察当时世界上第一个也是唯一一个实践马克思主义的国家，途中瞿秋白就不忘初衷地明确了自己此行的目的——“研究共产主义，俄共产党，俄罗斯文化”[①]。他是这么说的，也是这么做的，一路上他从不同侧面努力完成自己的使命：“哈尔滨得空气，满洲里得事实，赤塔得理论，再往前去，感受其实际生活。”[②] 在记载他在莫斯科一年生活的杂记《赤都心史》中，瞿秋白对无产阶级新生政权下的艺术、教育、宗教、经济、军事、知识分子政策，甚至于小农经济封建残弊各个方面都进行了详细考察，他将自己也将中国比作“东方稚儿”，视当时的苏俄为“新文化的参谋处”[③]，而这样新文化的模范，是在同时应对东西方文化的挑战过程中获得自身发展空间的，尤其值得面临同样挑战的中国仔细思考借鉴。正是基于对苏俄践行马克思主义理论的社会文化生活的全面考察和分析，促使瞿秋白在苏俄期间选择接受了马克思主义，并将其作为自己的终身信仰，并开辟了马克思主义传入中国的苏俄路径。

第二节 文化选择：文化环境中个体主体的价值认同

五四新文化运动彻底改变了中国文化环境，新的文化环境的建立则需要主体基于价值判断进行文化选择。在传入中国的种种外来文化中，马克思主义体现出了与本土的中国传统文化的价值契合，因而得以被主体选择并在中国扎根发芽，创建了马克思主义逐渐成为主流的新型文化环境。中国传统文化已沁入骨髓的瞿秋白接受认同马克思主义、运用马克思主义理论观察思考中国文化问题，亦是基于他自身价值判断的结果。

---

① 瞿秋白：《瞿秋白文集（文学编）》第1卷，人民文学出版社1985年版，第65页。
② 瞿秋白：《瞿秋白文集（文学编）》第1卷，人民文学出版社1985年版，第82页。
③ 瞿秋白：《瞿秋白文集（文学编）》第1卷，人民文学出版社1985年版，第84页。

一　中国传统文化的精神实质

中国传统文化是指鸦片战争之前，在中华民族地域范围内创造传承发展着的文化，其实质是以儒、释、道、墨、法等不同派别思想观点的形式，集中展现的围绕人与自然的关系（天人关系）、人与人的关系（义利关系、理欲关系、群己关系）、人与自己的关系（人格理想）等以人为中心的核心问题的基本价值理念。

（一）人与自然的关系

中国传统文化中围绕人与自然关系的论争历史最久、范围最广，以“天人关系”为基本论题，这里所谓的“天”，即是自然，其内涵除了一般所理解的自然界，还包括本体、规律等具有本然、必然性质的事物。相对应地，这里所谓的“人”，也并非简单地指代人类，还含有人类社会、人的行为、人的智慧努力等意义。在中国历史上，各个学说派别基于各自不同的理解，针对“天人关系”形成了不同的观点，其中以宣扬天人本质合一，凸显人文精神，肯定基本天命范围内的人力自由的儒家为代表的价值取向占据了主导地位。

关于“天人合一”。儒家侧重于从封建社会人伦心性与天命天道关系的角度理解天人关系，得出了二者统一的结论。例如孔子在论述封建社会统治阶级效法天道建立礼乐制度的观点时，表达了对于“天人合一”观点的认同，他评价尧的统治时说“唯天为大，唯尧则之”[①] 即是如此。孟子则将其人性善与天命论的观点贯通，以“尽其心者，知其性也。知其性，则知天矣”[②] 的推理阐明了“天人合一”的理念。汉儒董仲舒更是将“天人合一”作为了自己哲学体系的核心观点，形成了“天人感应”“天人同类”“天人同形”“天人一体”等一系列相辅相成的理念。至北

① （春秋）孔子等编撰：《论语·中庸·大学》（精装典藏本），中国画报出版社 2013 年版，第 80 页。

② （战国）孟轲：《孟子》（古典名著标准读本），杨伯峻、杨逢彬注译，岳麓书社 2000 年版，第 59 页。

宋时期大儒张载直接使用了“天人合一”的命题，并经后世不断传承发展。道家创始人老子在论述天地万物根源及其运动规律时明确了“天人合一”的观点，他指出“人法地，地法天，天法道，道法自然”①，庄子则有“天地与我并生，而万物与我为一”② 的名句，视天地万物于同一等。这种普遍认同的“天人合一”的观点应用于思考国家社会的发展，就有了“大道之行也，天下为公”③ 的大同理想的共识。

关于强调人文精神，肯定基本天命范围内的人力自由。孔子在《论语》中首先阐述了正是人与鸟兽等其他自然产物的不同之处，才将人与自然划分为不同社群的观点，从侧面表达了对不同于自然的人化、人文的认同，他说：“鸟兽不可与同群，吾非斯人之徒与而谁与?”④ 荀子继之更清楚直接地阐明了人类生于自然并超越自然的独特属性，认为这种人文属性成就了人在自然界的至上地位，他指出“水火有气而无生，草木有生而无知，禽兽有知而无义。人有气、有生、有知亦且有义，故最为天下贵也”⑤。而人对于自然的超越是凭借作为主体的人的能力得以实现的，这种化自然为人文的能力即所谓的“人力”越强，则人受制于自然、天命的范围越小，人越自由。基于这样的认识，儒家从强调人文精神进而肯定基本天命范围内发挥人力的作用，维系这种最基本的天命范围源自本质上“天人合一”的判断，因此在这一基本大前提下，儒家表现出积极的救世态度，主张实践道德的行为以提升主体能力，肯定作为主体的人的自由，因此孔子上述人与鸟兽之分的完整表述是“鸟兽不可与同群，吾非斯人之徒与而谁与？天下有道，丘不与易也”⑥。释家以“苦集

① （春秋）李耳：《道德经》，顾悦译注，世界图书出版公司1997年版，第35页。

② （战国）庄周：《庄子》，王岩峻、吉云译注，山西古籍出版社2003年版，第19页。

③ 林语堂：《孔子的智慧》，江苏文艺出版社2009年版，第171页。

④ （春秋）孔子等编撰：《论语·中庸·大学》（精装典藏本），中国画报出版社2013年版，第182页。

⑤ （战国）荀况：《荀子》，王学典编译，中国纺织出版社2007年版，第123页。

⑥ （春秋）孔子等编撰：《论语·中庸·大学》（精装典藏本），中国画报出版社2013年版，第182页。

灭道”四圣谛的逻辑体系阐明了个人乃至普度世人脱离苦海抵达常乐彼岸的修行之道，这是在“立地成佛”这一“天人合一”观点基础上强调人力自由的宗教表述。墨家对人力自由的推崇突破了儒家的天命条件限定，直接提出了“非命”的观点，在墨子的观念中，“赖其力者生”[①] 是当时社会的基本原则，并非虚幻的天命。法家对君主治术强调的理论依据就是对人力自由的肯定。道家“无为”的思想最易让人产生“安于天命，放弃人力”的误解，但事实上行为上的“无为”正是顺应天道以达“有为”，是在其博大精深的辩证思维下肯定人力自由的独特阐释。

（二）人与人的关系

中国传统文化中没有“社会”的概念，在肯定人有别于自然的人文价值基础之上，人际关系、个人与群体的关系这样的人与人的关系问题进入了各个思想派别的视野之内，他们进而积极地思考人际之间的义利关系、理欲关系，以及个人在群己关系中到底应该尊崇怎样的价值准则的问题，其中儒家倡导的重义轻利、存理灭欲、修己安人的价值标准占据了支配性的地位。

关于重义轻利、存理灭欲。关于义利关系的探讨，贯穿中国思想史的整个过程，各个思想派别将其作为调整人际关系所依据的基本价值标准进行了大量的思考和论述。孔子在《论语》中首先从道义和功利的意义上区分了义利的高下，他说“君子喻于义，小人喻于利”[②] “君子义以为上”[③]，这是在肯定功利价值的基础上强调功利从属于道义的观点，实质是重义轻利的表达而并非彻底否定功利。荀子继承并发展了他的观点，在探讨勇敢问题时以生命作为个人利益与道义进行权重，他说“义之所在，不倾于权，不顾其力，举国而与之不为改视，重死、持义而不挠，

① 夏传才：《中国古代文学理论名篇今译》，南开大学出版社 1985 年版，第 42 页。

② （春秋）孔子等编撰：《论语·中庸·大学》（精装典藏本），中国画报出版社 2013 年版，第 35 页。

③ （春秋）孔子等编撰：《论语·中庸·大学》（精装典藏本），中国画报出版社 2013 年版，第 178 页。

是士君子之勇也"[①]，也正是在这种义利观影响下，中华民族历史上出现了众多舍生取义的英雄志士。至宋明前后，儒家逐渐以天理、公义和私利、私欲的内涵理解义利关系，把义利对立起来，并将传统的重义思想强化为片面地绝对地强调天理、公义，形成了"存理灭欲"的观点。程颢认为"大凡出义则入利，出利则入义"[②]。这就将义与利作为水火不容的对立面进行了彻底划分，朱熹则明确指出"人欲者，此心之疾疢，循之则其心私且邪"[③]，故"是以圣人之教，必欲其尽去人欲而复全天理"[④]。应当看到，强调人文、注重人道的儒家思想发展至宋明理学阶段，之所以会提出偏激的"存理灭欲"观点，事实上是建立在对公私价值判断的基础之上的，这也是注重整体利益彰显责任精神的中国文化精神传统在理欲关系上的变相表达。墨家亦非常重视义，墨子专门撰文指出"万事莫贵于义"[⑤]，但墨家并未将义与利分割开来，而是相反，将利作为义的基础看待，甚至直接将利等同于义，因而持合理追求功利的观点，与之相关，墨家在理欲关系上重义的同时，也由合理的功利追求满足主体一定程度上的感性要求。法家则表现出赤裸裸的功利至上价值取向，韩非子明确表示"夫言行者，以功用为之的彀也"[⑥]。

关于修己安人。人与人的关系除了个体之间的人际关系，还包括人与群体之间的群己关系，调整这一关系时秉持的价值标准亦是各思想学派关注的焦点问题。儒家对于个体主体的价值是持肯定态度的，正如孟子明确说过"人人有贵于己者"[⑦]，因此不断地提高自我涵养，一方面有助于实现自我价值，另一方面也有助于成就群体发展壮大的目标。

① （战国）荀况：《荀子》，王学典编译，中国纺织出版社2007年版，第38页。

② 中国历史大辞典编纂委员会编：《中国历史大辞典》，上海辞书出版社2000年版，第199页。

③ 张岱年、方克力主编：《中国文化概论》，北京师范大学出版社2004年版，第321页。

④ 张岱年、方克力主编：《中国文化概论》，北京师范大学出版社2004年版，第321页。

⑤ （战国）墨翟：《墨子》，武振玉、彭飞注评，凤凰出版社2009年版，第140页。

⑥ （战国）韩非：《韩非子》，唐敬杲选注，商务印书馆1935年版，第76页。

⑦ （战国）孟轲：《孟子》（古典名著标准读本），杨伯峻、杨逢彬注译，岳麓书社2000年版，第204页。

基于这样的逻辑关系，儒家在群己关系上一开始就秉持着“修己安人”的标准，即以“修己”作为“安人”的前提和方法，以“安人”作为“修己”的目的和结果，这里的“修己”指的是自我修养，“安人”则指群体意义上的他人能够和谐发展。至宋明理学时期，群体价值在与个体价值相比较的过程中被提升到至上地位，甚至提出了“无我”的观点，强调了个体对作为“大我”的群体的绝对责任。墨家由“兼爱”的基本原则出发，在群己关系上要求作为下层的个体放弃独立人格服从作为群体意志代表的上层统治阶级的意志，以达到和谐同一的目标。法家将君主视为群体的象征，他们赋予君权以至高无上性，因而个体的一切言行都由作为统一意志的法进行严格规范，这是群体至上原则的体现。释家则通过普度众生的要求体现了对群体的关怀。上述各家在群己关系上不同程度地凸显了对群体价值的认同，而道家则相反，庄子的“为善无近名，为恶无近刑。缘督以为经，可以保身，可以全生，可以养亲，可以尽年”①，以及魏晋时期大批名士的逍遥追求，都凸显了道家在对待群己关系上注重个体生命和个性自由的价值取向。

（三）人与自己的关系

人作为独特的生命存在，不仅与自然界、他人、社群发生各种关系，还面临着自我的心性、行为上的一系列问题，即人与自己的关系，人文、人道都是基于人格发挥作用，换句话说人与自己的关系影响和制约着人处理与他人社群、与自然的关系，因而人需要不断地修养自身心性，提升自我人格，实现自我价值。各个思想学派对此都进行了深入的思考，确立了以内圣外王的人生理想为代表的价值取向。

道家庄子最早提出“内圣外王”的命题，他在《天下》中指出“是故内圣外王之道，闇而不明，郁而不发，天下之人各为其所欲焉

① （战国）庄周：《庄子》，王岩峻、吉云译注，山西古籍出版社2003年版，第29页。

以自为方"[①]。这里的内圣外王清晰地遵循着道家无为而治的思路，饱含着只要内在合于道而至圣，外在即使不明不发亦能自然而王的含义，正如老子所言，"我无为，而民自化，我好静，而民自正；我无事，而民自富，我无欲，而民自朴"[②]。道家这种充满辩证思维的表述与儒家对人生理想的追求交织在一起，使得产生于道家的"内圣外王"这一概念逐渐转变为儒家对于人生理想的经典表述。

儒家最早在思考天人关系时就已经凸显了对人文精神的肯定态度，因而也一再强调个体通过修养自觉地提升自己的自然天性至人文德性的重要性，那么什么样的人文德性是个体修养的目标呢？作为儒家学说创始人的孔子在《论语》中对于具有完美人格的君子有过"三达德"的概括，即"仁""知""勇"，这可以视为个体人格的内在修养目标。其中"仁"是儒家的核心价值观念，孔子在很多场合从不同侧面对其进行过阐释，据《论语》记述，"樊迟问仁。子曰：'爱人'"[③]。孔子进一步在"仁"的内涵和如何践行"仁"两个意义上对仁进行了阐释，首先"仁"的具体内涵是怎样的，或者说"爱人"达到什么样的程度才能称之为"仁"？孔子说"恭、宽、信、敏、惠。恭则不侮，宽则得众，信则人任焉，敏则有功，惠则足以使人"[④]。其次怎样才能实践"仁"？孔子在回答颜渊关于践行"仁"的疑问时给出了"克己复礼为仁"[⑤] 的答案，即克制自己，依照礼的要求规范自己的言行。"知"含有智慧、明智的含义，儒家视其为修养至圣的基本条件，在《大学》中有"欲修其身者，先正其心；欲正其心者，必诚其意；欲诚其意

---

① （战国）庄周：《庄子》（国学新读本），曹础基注说，河南大学出版社 2008 年版，第 428 页。

② （春秋）李耳：《道德经》，顾悦译注，世界图书出版公司 1997 年版，第 80 页。

③ （春秋）孔子等编撰：《论语·中庸·大学》（精装典藏本），中国画报出版社 2013 年版，第 123 页。

④ （春秋）孔子等编撰：《论语·中庸·大学》（精装典藏本），中国画报出版社 2013 年版，第 172 页。

⑤ （春秋）孔子等编撰：《论语·中庸·大学》（精装典藏本），中国画报出版社 2013 年版，第 116 页。

者，先致其知”① 的说法，可见“知”在人格修养过程中的基础作用。“知”还是作为圣人不可或缺的条件之一，儒家弟子就是这样评价孔子的，“仁且智，夫子既圣矣”②。这里的“智”即是因“学不厌”而实现明智、智慧的意思。儒家对“勇”的阐释，始终是将其与“仁”“知”等规范联系在一起的，表现出有指导、有节制的义勇、智勇，重点在于突出“勇”中“无惧”的含义，史书记载宋国司马桓魋欲谋害孔子，孔子无惧无畏处之泰然，则是对“勇”最好的诠释，此外，这种“无惧”还含有问心无愧、君子坦荡的含义。拥有了“仁、智、勇”的德性，个体内在人格可称之为“圣”，但要想具备完善的人格还需要掌握对外事功的能力，《大学》中对于修身、齐家、治国、平天下的逻辑表述，就清晰地表达了由“内圣”而“外王”的思路，荀子明确提出了个体掌握运筹治理天下能力的必要性等，但是在儒家的发展历程中，“外王”的思想理念始终处于从属于“内圣”理念的地位。

二 马克思主义的文化精髓

马克思主义是马克思和恩格斯创立的内涵丰富的科学理论，在其中处于基础地位的哲学理论当中，贯穿着一条人的自我意识、人的社会本质、人的解放和发展的逻辑线索，这种凸显人的主体性地位，具有理性批判和反思性质的学术思想，从本质上讲就是一种活生生的文化精神，其精髓就在于对文化具有决定性作用的人的理论。

（一）人与自然的关系

作为个体存在的人，首先是以同自然界中其他生物共同具有的属性而得以存在的，即先有猿再有人，这就决定了对于人与自然关系的探讨必然成为作为“人化”的文化研究得以展开的基本前提，正如马克思主

① （战国）曾参：《大学》（国学今读大书院），刘强编译，中国纺织出版社 2007 年版，第 14 页。

② （战国）孟轲：《孟子》（古典名著标准读本），杨伯峻、杨逢彬注译，岳麓书社 2000 年版，第 48 页。

义创始人所说，整个人类历史的形成发展乃至分析研究，都以“有生命的个人的存在”① 为基础条件，正是这一原因促使研究人类历史必然是以人的自然属性决定的人与自然的关系为着手点的。

在《1844 年经济学哲学手稿》中，马克思首先指明，作为与动物无差别的肉体方面的类存在物的人，是自然界的一部分，受自然规律的规范，人与自然和谐共生；同时，“有意识的生命活动把人同动物的生命活动直接区别开来”②，马克思对此进行了具体而精彩的分析，从任何物种和内在自由两个方面的超越，证明了人的意识将人从动物界划分出来的事实，他先详细分析了动物的特征，指出动物生产的目标无法超越满足自己物种需求的高度，特别是肉体需求，因而生产的结果无法超越自然的限制，总之生产的尺度存在各种制约。而人则不同，人可以自由地生产，不仅可以按照任何物种的要求生产，而且可以通过生产将内在的力量外化在各种对象上，从而产生自然中从未存在过的事物，即可以按照“美的规律来建造”③，这是对生产尺度制约的超越。作为有意识的类存在，人不再像动物一样自发地从事生命活动，而是自觉自由地从事各种生产，当然也包括延续自己种的生产，这种生命活动自然承载并显示着人所特有的意识，人将自己的目的、要求即内在的尺度不断运用于生命生产活动，以这种对象化的活动即实践的形式，创造出人化的自然。因此，作为有别于动物的有意识的自由活动的类存在物，人与自然之间建立起实践的中介，人通过实践活动创造出人化的自然，从而生活于文化的世界，从这一意义上讲，人与自然的关系还是人与人化自然的关系，人具有主体性。人对于自然的主体性并没有将人与自然对立起来，相反，是从人的独特的类存在物的角度阐明了人与自然的共生关系，在这种关系中，人与自然之间进行合理的物质交换，只有在马克思阐明的“异化”现象条件下，人才逐渐丧失了这种主体性，人与自然变成了纯粹的物与

① 《马克思恩格斯全集》第 3 卷，人民出版社 1960 年版，第 23 页。
② 《马克思恩格斯全集》第 42 卷，人民出版社 1979 年版，第 96 页。
③ 《马克思恩格斯全集》第 42 卷，人民出版社 1979 年版，第 97 页。

物的关系时，对立产生，自然仅仅作为人的工具和掠夺的对象而存在，人与自然间和谐共生关系亦由此被破坏。

（二）人与人的关系

人与人的关系是马克思阐明人与自然关系的前提条件和现实基础，他明确指出“自然界的人的本质只有对社会的人说来才是存在的；因为只有在社会中，自然界对人说来才是人与人联系的纽带”①。也正是在这样的认识基础上，马克思超越了以往所有对人的本质进行探讨的哲学家们，从人与动物的区别角度以实践的观点揭示了人的类本质之后，又从人与人的关系角度深刻阐明了人的社会本质，科学阐明了在差异基础上统一的人与人的关系。

人与人首先具有类的同一性，也就是说，所有的人都属于同一种类，这是在以意识有无区分人与动物的基础上思考人与人关系的结论，是建立在对人的类本质的科学认识基础之上的结论。但是与此同时，我们也发现，属于相同种类的人与人之间，还会有经济、地位、思想等方面的巨大差异，以往的研究在解释这样的差异时仍是围绕人的类本质盘旋，因而无法予以科学回应。马克思抓住了社会这一关键概念，指出要揭示人这一范畴，就不能在个体差异间寻觅，亦不能做抽象的文字概念游戏，除了“社会的概念”②，都不足以揭示人的本质。从而将对人的本质的研究由针对类本质研究推向了针对社会本质研究的领域，他在批判像费尔巴哈（Ludwlg Andreas Feuerbach）一样抽象地、孤立地理解人的本质的现象时深刻提出“一切社会关系的总和”③ 的科学阐释，这就将对人的本质的研究展开于现实的社会关系之中，这种现实的社会关系决定了人与人之间在差别基础上的统一关系。

马克思是从社会关系的角度去理解人与人的差异的，这就克服了拘泥于对人的意识研究无法自拔而陷入唯心主义泥沼的危机，他在作为人

① 《马克思恩格斯全集》第 42 卷，人民出版社 1979 年版，第 122 页。

② 《马克思恩格斯全集》第 27 卷，人民出版社 1972 年版，第 450 页。

③ 《马克思恩格斯全集》第 3 卷，人民出版社 1956 年版，第 5 页。

的本质的“社会关系的总和”中，突出强调了其中的经济关系，即生产关系的决定性支配作用，这就将解决人与人之间矛盾的理性文化方案置于坚实的唯物主义基础之上，继在自然领域强调了人的主体性之后，在社会领域凸显了人的主体性，并指明了强化人的主体地位的科学路径。

（三）人的自由解放

人自觉自由地创造文化，即人的自由而全面的发展，是作为主体的人实现自身价值的终极目标，也是人与自然、社会和谐发展的必然要求。马克思对主体自由问题进行了长期而深入的研究，早在他的博士论文中就隐晦地表达了他对主体自由的初步思考，他在论文中针对伊壁鸠鲁（Epicurus）对于偶然性的强调予以了充分肯定，而充满偶然性的感性生活世界，恰恰正是作为主体的人自由创造的结果，这也为其创立历史唯物主义理论埋下了伏笔。在《1844年经济学哲学手稿》中，马克思基于人的实践活动，从人与动物的区别的角度揭示了作为类的存在物，人的生命活动的本质是“有意识的自由的活动”，正式从主体意义上阐明了人的自由的内涵，他从人有别于其他物种的特征着手，指出人类意识活动的特殊性，正是这种特殊的意识活动，使人具有了以自己的生命历程为映域主宰自己的身份。从这个角度看，人的“活动才是自由的活动”①。马克思后来在《经济学手稿》中还更加明确地指出，人类所特有的能够体现人的主体性自由性的“对象化”活动，“恰恰就是劳动”②，并以此批评了亚当·斯密（Adam Smith）将不克服强制劳动障碍的不劳动状态作为自由的认识。

马克思在明确人的类本质，阐明人的主体性的同时，分析了在资本主义社会当中劳动的异化导致的人的本质的异化现象及原因，即人的主体性地位的消失，进而指明了实现人的自由解放的途径。他认为，作为类的存在物的人，其生命活动是有意识的自由的活动，作为主体的人自

① 《马克思恩格斯全集》第42卷，人民出版社1979年版，第96页。
② 《马克思恩格斯全集》第46卷（下册），人民出版社1980年版，第112页。

觉自由地将自己的内在尺度运用于对象，这是人与自然、与社会和谐共生的基本形态。在此基础上，马克思强调了作为主体实践活动的劳动的对象化过程，他指出劳动能够将自己以可感知的形态寄寓于某个对象中，“这就是劳动的对象化”①。而在财产私有的资本主义制度下，这种对象化的过程产生了变化，“对象的丧失和被对象奴役”② 成了普遍现象，以对象化作为自己独特存在方式的人的本质，亦变成“异己的本质”③。也就是说人不再自由地从事劳动，人不再是物化的自然的主体，反而受其支配限制。丧失了主体性地位的人，也彻底丧失了自由，归根结底还在于财产私有的社会制度，也正是因此，马克思指明了推翻资本主义制度，建立共产主义社会以恢复人的主体性地位，实现人的全面而自由的发展的道路。

三 瞿秋白的文化选择

瞿秋白对马克思主义的接受和认同，从根本上讲，是作为根基的本土传统文化的精神实质、传入中国解决中国近代文化危机的马克思主义的文化精髓，以及瞿秋白自身价值取向三者实现了共通、契合的结果，这一价值选择也贯穿于他由避世厌世的破产的“士”的家族之后代，转变为激进的民主主义者，进而成为马克思主义者的轨迹全程。

（一）伦理型文化氛围中萌生“人与人之关系的疑问”

中国传统文化是建立在小农经济和封建宗法社会制度基础之上的伦理类型文化，从本质上讲是调整以人为中心的各种关系的规范，绵延数千年的稳固的宗法社会基础，使得建立之上的中国传统文化具备了偏重于人际伦常的特点，即使在探讨人与自然、人与自我的关系时亦携带着人伦化的痕迹。

瞿秋白在这样的文化氛围当中长大，自幼接受中国传统文化的价值浸染，在他的心理和言行中亦体现着这种深刻影响。在人与自然的关系

---

① 《马克思恩格斯全集》第 42 卷，人民出版社 1979 年版，第 91 页。
② 《马克思恩格斯全集》第 42 卷，人民出版社 1979 年版，第 91 页。
③ 《马克思恩格斯全集》第 42 卷，人民出版社 1979 年版，第 97 页。

中，瞿秋白受传统的“天人合一”思想影响，向往自然和谐，基于上述中国传统文化偏重人际伦常的特点，瞿秋白所崇尚的这种自然和谐，不仅仅是人与自然界的和谐统一，而更是如道家所阐述的人伦效法自然的道理，期望人类世界能够实现如自然界一样的和谐自然，这种认识体现在他对大同世界、共产主义社会的孜孜追求之中；在人与他人社群的关系中，瞿秋白将个人道义、社会责任置于至高无上的地位，孔子有“不义而富且贵，于我如浮云”① 的豪言，有“修己以安人”② 的训育，瞿秋白亦不畏严寒饥馑，以孱弱病体放弃国内安逸生活奔赴“饿乡”，“担一份中国再生时代思想发展的责任”③。此时的他“位卑未敢忘国忧”，完全不计个人得失祸福；在人与自己的关系中，瞿秋白继承了传统文化“内圣外王”的理想模式，重视完善自身道德人格，在通往“内圣”的道路上，他不仅培养践行自身仁义的德行、无惧无畏智勇双全的品性，而且勤思好学，在校学习期间就以勤奋刻苦、博学多才而著称，进入社会后更是勤于思考、笔耕不辍，他将这样的修养努力视为实现自己理想的必要前提，事实上也确实为他成为早期中国共产党领袖，肩负历史重任奠定了坚实的基础。

瞿秋白的家庭随着中国传统社会“士”的阶级的破产而彻底破碎了，传统文化中宣扬的人际伦常在规范当时的社会人际关系方面已经无能为力，亲身经历这一过程的瞿秋白目睹了当时的社会状况，并由之产生了当时的他无法解答的问题，即人际关系问题，特别是亲人之间，冷漠疏远还不算最严重的问题，更有甚著是表面仁义道德，“背地里嫉恨怨悱诅咒毒害”④，带着这最初的疑问，瞿秋白在母亲去世后，初涉社会营生，

① （春秋）孔子等编撰：《论语·中庸·大学》（精装典藏本），中国画报出版社 2013 年版，第 60 页。

② （春秋）孔子等编撰：《论语·中庸·大学》（精装典藏本），中国画报出版社 2013 年版，第 149 页。

③ 瞿秋白：《瞿秋白文集（文学编）》第 1 卷，人民文学出版社 1985 年版，第 31 页。

④ 瞿秋白：《瞿秋白文集（文学编）》第 1 卷，人民文学出版社 1985 年版，第 15 页。

“更发见了无量无数的‘?’”①，亲人朋友都星散四方，瞿秋白在亲戚介绍下以乡村教师工作糊口，因为无法解答人与人关系的难题，所以将自我隔绝于政治生活以外。

（二）“内的要求”促其决意“做以文化救中国的功夫”

瞿秋白在确立马克思主义信仰以前，他的价值理想到底是怎样的？这一问题对于我们探讨瞿秋白选择接受马克思主义的原因具有直接的重要意义。通观瞿秋白的全部作品，我们发现瞿秋白本人对此曾进行过概述，他用了“内的要求”指代他在这一时期的价值理想追求，在回忆总结自己出生的时代和社会背景时，他具体指明了自己的家庭背景，即风雨缥缈的封建社会制度中即将破产的“士的阶级”家族。这种行将泯灭的状态与瞿秋白追求和谐的理想有着天壤之别，与其“心灵的‘内的要求’相矛盾”②。在这里，瞿秋白虽然没有清楚指明“内的要求”到底指的是什么，但是通过上下文我们可以看出，这必然是与主体在不受控制的社会环境中僵化垂死的状态相反的，加上在同一篇文章中瞿秋白对个体与作为整体的社会有过一段精彩的描述，认为个体的人在社会之中不再能够凸显，社会就像“洪炉大冶”和“长江大河”，个体或杰出聪慧或愚昧无知，都无法摆脱社会的束缚，只能顺应社会发展的大趋势。他将社会现象比作“生命的大流”，指出此大流川流不息，个人身处其中，无法奢望“个性的自觉”③，只有站出来对社会取科学研究的姿态，才能洞悉最为深刻的规律，这种规律表现为适用万事万物的真理和人类内在的和谐，这已经再清楚不过了，瞿秋白的“内的要求”就是主体的自由、心灵的和谐。

瞿秋白对于主体自由、心灵和谐的“内的要求”，是他的文化基础的价值取向的反映。瞿秋白有着深厚的中国传统文化根基，作为传统文化基本价值理念的“天人合一”观念深深地根植于他的内心，人与自然、

---

① 瞿秋白：《瞿秋白文集（文学编）》第1卷，人民文学出版社1985年版，第24页。
② 瞿秋白：《瞿秋白文集（文学编）》第1卷，人民文学出版社1985年版，第14页。
③ 瞿秋白：《瞿秋白文集（文学编）》第1卷，人民文学出版社1985年版，第12页。

人与人的和谐共生是他与生俱来最为基本的价值追求，传统文化还基于对人的权能的认知，形成了在天命范围内对人力自由的崇尚理念，正是在这样的价值导向下，瞿秋白“内的要求”还体现出对主体自由的追求。当然，瞿秋白并非单纯在的中国传统文化氛围中长大，他自己也说“自幼混洽世界史上几种文化的色彩”[①]，少年时期所接受的新式学堂教育就被其称为“欧化教育”，所接触到的西方资产阶级建立在对于个性自由价值追求基础上的民主共和思想亦对其产生了深刻影响，瞿秋白“内的要求”当中对主体自由的向往不得不说也有这一方面的原因。

瞿秋白在武汉短暂居住，由于说到底还是寄人篱下，并未独立营生，所以经济状况并未改善，但内心却逐渐“得一安顿的‘境界’”[②]，究其主要原因，还在于他在周均量影响下对佛学的研究。此前的瞿秋白尝尽世间各种苦难，佛教人生即“苦海”的教义对此时的瞿秋白有着强烈的吸引，小乘佛教宣扬依据佛法修行至涅槃彼岸以实现个人解脱，大乘佛教进而要求布施以普度众生脱离苦海，这正应和了瞿秋白“内的要求”，也成为他实现人生观转变的重要原因。不久瞿秋白随堂兄入京，考入俄文专修馆就读，此时“北京城里新官僚‘民国’的生活使我受一重大的痛苦激刺”[③]。这种“民国不民主”的价值乱象带给瞿秋白心灵极大震撼，是对其“内的要求”的又一次打击，也是基于此，瞿秋白的人生观由“避世”转而“厌世”，这里的“厌”，包含着积极谋求变革的含义，在这一意义上，瞿秋白明确了“做以文化救中国的功夫”[④] 的志愿。

（三）“我总想为大家辟一条光明的路”

新文化运动树起的民主与科学的旗帜与瞿秋白“内的要求”在追求主体自由方面具有共通性，但中华民国空悬着的“民主”招牌、第一次世界大战对资本主义民主自由的诘问，使得瞿秋白对于前一阶段的新文

---

① 瞿秋白:《瞿秋白文集（文学编）》第1卷，人民文学出版社1985年版，第212页。

② 瞿秋白:《瞿秋白文集（文学编）》第1卷，人民文学出版社1985年版，第24页。

③ 瞿秋白:《瞿秋白文集（文学编）》第1卷，人民文学出版社1985年版，第25页。

④ 瞿秋白:《瞿秋白文集（文学编）》第1卷，人民文学出版社1985年版，第25页。

化运动保持了谨慎的接受态度，即认同追求主体自由的价值理想，但同时努力思考如何在中国文化氛围中实现这一目标，这也是他受胡适影响为中国传统文化令文学再生而整理国故的原因，是他“做以文化救中国的功夫”的具体内涵，这里的文化更侧重于价值的判断选择。基于这样的思想认识，五四运动之前的瞿秋白在北京密切关注着新文化运动的发展，接受着这一时期传入中国的各种思想理论，思考着自己的价值追求如何实现的问题，但“当时一切社会生活都在我心灵之外”①。

“五四运动陡然爆发，我于是卷入旋涡。”② 瞿秋白原本孤寂的生活状态完全被打破，他积极地投身社会，从参与领导学生运动，到组织进步青年创办刊物，再到以记者身份赴苏俄采访等。通观瞿秋白短暂的人生，这是他倾向社会主义，选择马克思主义的重要环节，那么为什么会突然有这样的变化？瞿秋白首先总结了当时学生运动思想依据的转变这一原因，他指出殖民统治使得还在做着学习西方迷梦的知识分子们得以觉醒，看到了资本主义制度对外扩张的现实对民主的践踏，痛悟到西方民主的虚伪，引发了学生运动的转向，开始“倾向于社会主义”③。可见，此时的瞿秋白同学生运动一起，因其克服了资本主义民主矛盾而倾向社会主义，资本主义民主在本国内遇到了世界大战剥夺国民基本生存权利的挑战，在国外又制造了剥夺殖民地人民自由的矛盾，这样的民主自由必然只能是“噩梦”，也必然被包含着自由真理的新型民主所替代。瞿秋白进一步分析了当时中国思想界接受社会主义的原因及主要流派，指出中国割据分裂的历史和军阀混战的现实都促成了民众对追求真正民主自由的社会主义思潮的认同和接受，但在没有真正理解和辨别的阶段，往往对带有“无政府主义的色彩”④ 的类似理论学说产生兴趣。这一次他强调了中国宗法社会历史和“民国不民主”的社会现实对主体自由的追求和渴

---

① 瞿秋白：《瞿秋白文集（文学编）》第 1 卷，人民文学出版社 1985 年版，第 25 页。
② 瞿秋白：《瞿秋白文集（文学编）》第 1 卷，人民文学出版社 1985 年版，第 25 页。
③ 瞿秋白：《瞿秋白文集（文学编）》第 1 卷，人民文学出版社 1985 年版，第 26 页。
④ 瞿秋白：《瞿秋白文集（文学编）》第 1 卷，人民文学出版社 1985 年版，第 29 页。

望，但正是由于中国历史现实缺乏民主社会制度的经验，在当时混杂的各种所谓社会主义流派中更青睐于无政府主义。总之，瞿秋白在五四运动时期投身社会运动，最主要的原因在于社会主义理论相对于民主主义而言，与他内在的对主体自由的价值追求更为契合。

瞿秋白也经历了由托尔斯泰派的无政府主义向马克思主义的转变过程，促使其完成这一转变的主要原因还在于马克思主义科学的价值理想。瞿秋白在《多余的话》中对这一过程依据的价值标准进行了详细说明，他回忆了自己转变的过程，突出了共产主义社会民主自由的吸引、暴力革命的现实手段和要消灭国家先建立新型国家的“辩证法”[①] 逻辑，正是这些价值促使他实现了自己世界观的转变。马克思主义从本质上讲即是追求主体自由、心灵和谐的学说，他不仅阐明了实现人的自由而全面发展的共产主义社会的目标，还科学地指明了实现这一目标的社会途径，即建立无产阶级的民权社会，代替以往旧式国家，最终实现无所谓民权的自由社会，这就科学而明确地解答了瞿秋白最初的“人与人的关系”的疑问，回应了他的“内的要求”，为他指明了一条光明的路。“就菩萨行而为佛教人间化”[②] 的瞿秋白，怀揣着“总想为大家辟一条光明的路”[③] 的愿望赴世界上第一个实行马克思主义的国家进行考察，这一科学理论给苏俄带来的翻天覆地的变化，特别是民众心理社会文化的进步与瞿秋白的理想目标价值追求的契合，使之真正确立了崭新的世界观，并为实现这一价值理想而终身奋斗，直至献出宝贵生命。

第三节　文化融合：运用马克思主义应对理论冲击和实践挑战

价值理念的共通契合，并不意味着实现了不同特质文化的融合，这

① 瞿秋白：《瞿秋白文集（政治理论编）》第7卷，人民出版社2013年版，第703页。
② 瞿秋白：《瞿秋白文集（文学编）》第1卷，人民文学出版社1985年版，第25页。
③ 瞿秋白：《瞿秋白文集（文学编）》第1卷，人民文学出版社1985年版，第5页。

一目标的最终完成，还在于具体的文化实践活动中，异质文化之间进行双向的调整和适应。瞿秋白在考察学习了“俄国人的路”后归国，运用马克思主义于中国特殊的文化实践，应对以论战形式出现的文化冲突和碰撞，研究中国文化现实，探索在中国建设无产阶级新文化的特殊道路等，在全面解决中国文化问题的实践中推动了马克思主义与中国传统文化的融合。

一　擎起“批判的武器”投身文化论战

新文化运动在中国创造了多元文化并存的文化环境，围绕中国的出路问题，各种文化猛烈碰撞，集中地表现为本土的中国传统文化同西方资本主义文化的冲突矛盾。五四运动之后，马克思主义作为新生力量亦加入论战，越来越多的先进知识分子开始掌握并运用这一科学的社会理论，瞿秋白是其中的代表人物。从世界上第一个实行马克思主义的国家考察归来，他衷心地希望在中国建立起崭新的无产阶级的马克思主义，以解决中国现实中的文化难题。他面临的第一个挑战就是应对包括中国传统文化和资本主义文化在内的各个派别关于中国文化问题挑起的以论战形式出现的文化冲突碰撞。

（一）与中国传统文化碰撞之东西文化论战

自从先进的知识分子们意识到近代中国社会问题根源在于当时的思想文化并欲进行文化改造与重建时起，中国当时的思想文化领域即展开了一场旷日持久的东西文化论战。这里的“东”得名于论战开始时主张维护传统文化主体地位的《东方杂志》，后来持类似主张的人被瞿秋白概括为“东方文化派”，这里的“西”，指的是西方的资产阶级文化。这场论战实质上是本土的传统文化与外来进步文化之间激烈碰撞的具体表现。

东西文化论战以五四运动为界划分为前后两个阶段，第一阶段肇始于陈独秀创办《新青年》杂志并以此为阵地聚集了一批新文化的拥护者，他们极力倡导学习西方文化，对中国传统文化进行了彻底的批判，激起了杜亚泉等拥护中体西用的学者的强烈反驳，他们认为东方文化主静，属于精神文明，西方文化主动，属于物质文明，从本质上讲东方文化优越于西方文化，应当调和东西、中体西用。双方围绕中国文化发展、对待中西文化的态度等焦点问题争执不下，但值得注意的是，在这第一阶段的论战中，李大钊率先在他主张的综合运用两种文化观点之上提出了东西以外新的文明的理念，“由今言之，东洋文明既衰颓于静止之中，而西洋文明又疲命于物质之下，为救世界之危机，非有第三新文明之崛起，不足以渡此危崖”①。这在当时不能不说极具预见性和科学性。瞿秋白在这一阶段还不具备参与论战的能力，但他对待中西文化的观点却深受李大钊的影响，他在苏俄期间论述个人处于文化冲突时的责任和表现时表述了类似的观点，他说“‘我将成什么?’盼望‘我’成一人类新文化的胚胎。新文化的基础，本当联合历史上相对待的而现今时代之初又相补助的两种文化：东方与西方。现时两种文化，代表过去时代的，都有危害的病状，一病资产阶级的市侩主义，一病‘东方式’的死寂”②。

1920年初，梁启超游历欧洲回国后即发表了《欧游心影录》一书，就自己的见闻断定西方文明的破产，鼓吹只有靠古老的东方文明才能挽救世界文化，拉开了中西文化论战第二阶段的序幕，章士钊继而鼓吹农业立国以避免中国重蹈西方国家覆辙，由此宣扬工业化、代议制都不适宜中国国情，梁漱溟的系列讲演《东方文化及其哲学》，则成为“东方文化派”集大成之作，影响深远。他认为当时世界三种主要文化“意欲”不同，其中的西方文化“意欲向前”，关注人与自然问题，因而在物质文化领域最先取得了丰硕成果，印度文化“意欲反身向后”，着重于解决自己与自己的问题，中国文化意欲“调和持中”，西方文化逐渐衰落，主张“批评的把中国原来态度重新拿出来”③。这一阶段的东方文化派尽管论点各有侧重，但总体上都宣扬通过复兴旧有文化来重建中国文化，挽救世界文化。针对这种空泛的谈论文化的观点，回国后的瞿秋白运用掌握的

---

① 李大钊：《李大钊全集》第2卷，人民出版社2013年版，第311页。

② 瞿秋白：《瞿秋白文集（文学编）》第1卷，人民文学出版社1985年版，第212页。

③ 张岱年、程宜山：《中国文化与文化论争》，中国人民大学出版社1990年版，第48页。

马克思主义的科学理论对其进行了彻底的批判。他一针见血地指出，探讨文化问题必须从建立之上的物质基础着手，他借用“竖蜻蜓”的比喻形象地说明了不依据科学规律，仅在玄虚的思想意识领域探寻文化问题的结果，“必定弄得头晕眼暗”①。他具体分析了“东方文化派”所谓的“东方文化”的实质，从根本上看，是建立在东方社会基础之上的，这样的社会普遍处于小农经济基础和封建社会制度发展阶段，从世界角度看，西方发达国家为争夺资源和市场，往往还会对落后于自己的东方社会进行殖民统治，建立在这样综合基础之上的文化“早已处于崩坏状态之中”②，不触及根本的复兴实质就是开历史倒车。瞿秋白以建立在唯物史观基础之上的科学文化观，将论战提升到一个全新的阶段，也决定了马克思主义文化观在这场论战中完胜的结局，对于众多关注论战的青年接受马克思主义并以之看待处理中国文化问题，实现马克思主义与中国文化实践的结合具有重要意义。

（二）与中国传统文化碰撞之科玄论战

在东西文化论战正着力于探讨国家民族层面整体宏观文化出路问题的同时，东方文化派成员之一的张君劢于 1923 年春在清华大学的一场《人生观》的演讲，则拉开了另一场在个体微观层面上探讨文化建设与发展问题的论战序幕。张君劢在演讲中指出，人生观与科学是两类性质不同的事物，它不像科学一样具有因果规律，它是主观意志自由的产物，这样的问题只能靠中国历史上的宋明理学加以调整。与胡适共同创办《努力周报》的于文江随即撰文称张君劢为“玄学鬼”，并表达了具有普遍适用性质的科学，同样可以解决人生观问题的主张。随着投入论战人数的不断增加，围绕人生观问题形成了科学派和玄学派两大阵营，代表双方不同意见的论战文章也几乎同时结集出版，其中的科学派取得了“形式上”的胜利。所谓“形式上”的胜利，指的是科学派以对规律的掌

① 瞿秋白:《瞿秋白文集（政治理论编）》第 2 卷，人民出版社 2013 年版，第 20 页。
② 瞿秋白:《瞿秋白文集（政治理论编）》第 2 卷，人民出版社 2013 年版，第 20 页。

握超越了玄学派的不可知论，但因为没有掌握历史唯物主义的科学理论，用自然界的必然规律硬套人类社会的必然规律，因而如瞿秋白所说“实在打不着痛处”①。

密切关注这这场论战的瞿秋白，着力于对玄学派提出的“自由意志”的批判，在《自由世界与必然世界》及其社会学的讲义中，运用马克思主义历史唯物主义理论科学总结了这场论战，在人生观及相关问题上扩大了历史唯物主义的影响。他以揭示实质的方式开篇，明确提出观点差异源自思想认识的不同，重点是对社会科学及“意志自由”② 正反两方面不同观点的争论。其中前者是关于社会是不是像自然一样存在因果律的问题，瞿秋白肯定了社会仍然存在因果律的观点，并认为这种规律不能仅在思想意识领域中探求，无论是个体还是整体的思想意识，要彻底揭示只能着眼于作为基础的经济，经济现象依据客观规律而发生流变，群众的人生观随之发生变革，其中以伟人形式出现的个性，即是顺应或掌握社会现象因果律的“历史的工具”，社会“由个性而阶级而人类，由无意识而有意识”③，这就是社会现象“必然”的公律；对于意志自由与否的分析，瞿秋白首先以唯物史观的原理阐明了意志自由的科学含义，指出真正的自由并非一般所理解的不受限制，而是对限制其的规律有全面而深刻的认识和掌握，能够随心所欲地运用和规划，确保目标的实现。因此意志自由，基于上述分析，从实质上讲就是“确知事实而能处置自如之自由”④。进而他阐述了自由与必然的联系，指出人类历史即是社会的历史，限制规范其发展的是人类社会发展的规律，在人类社会中寻求人的自由，亦即掌握探寻人类社会发展中“‘必然’的因果律”⑤。瞿秋白借在上海大学讲授社会学的机会参与总结了这场论战，对广泛传播马

① 瞿秋白：《瞿秋白文集（政治理论编）》第 2 卷，人民出版社 2013 年版，第 290 页。
② 瞿秋白：《瞿秋白文集（政治理论编）》第 2 卷，人民出版社 2013 年版，第 290 页。
③ 瞿秋白：《瞿秋白文集（政治理论编）》第 2 卷，人民出版社 2013 年版，第 303 页。
④ 瞿秋白：《瞿秋白文集（政治理论编）》第 2 卷，人民出版社 2013 年版，第 293 页。
⑤ 瞿秋白：《瞿秋白文集（政治理论编）》第 2 卷，人民出版社 2013 年版，第 294 页。

克思主义解决国民人生观问题产生了深远的影响。

（三）与当时中国社会其他思想文化的碰撞

除了长期在本土居于统治地位的中国传统文化之外，五四新文化运动期间还有一些传入中国的西方资产阶级文化理论活跃在中国的思想文化领域，在当时关于中国文化相关问题的论战当中表达着自己的主张，具有一定影响力，瞿秋白运用马克思主义理论对其进行批判的过程，亦是两种思想文化碰撞调适的过程。

在东西文化论战的第二阶段，瞿秋白明确阐明了马克思主义文化观，对文化概念做出了唯物主义的界定，主要以此批判东方文化派单从思想精神领域探讨文化现象的错误。与此同时，瞿秋白还进一步阐明了对西方资产阶级文化应持的态度，他指出对西方文化也不能采取崇拜盲信的态度，他以经济基础发展阶段差异导致文化差异的认识为基础，指出“文化本无东西之别”①，目前的差别实为生产力发展水平的差异。这样的判断一方面科学地阐明了生产力因素对文化的决定地位，为文化研究奠定了坚实的唯物主义基础；但另一方面忽略了经济基础以外包括民族特性等在内的影响文化发展的重要因素，反映了当时将生产力与文化做直接联系认识的历史局限性。瞿秋白进一步阐明，西方资本主义国家凭借科学技术这一先进生产力曾创造了灿烂的文明，推动了社会的飞速发展，但在进入帝国主义阶段后，则因其独裁特性阻碍了人类发展的步伐，因而“也成了苟延残喘的废物”②。基于这样的判断，瞿秋白指出，中国文化的出路，在于接过曾创造了整个西方文明的科学武器作为推动社会发展的接力棒，完成破除落后的封建社会制度以及世界资本主义的世界革命。

瞿秋白还对由胡适引入中国并在中国具有广泛影响力的实验主义进行了批判。胡适早年在哥伦比亚大学就读时师从杜威（Lohn Deuey）学习

① 瞿秋白：《瞿秋白文集（政治理论编）》第2卷，人民出版社2013年版，第21页。
② 瞿秋白：《瞿秋白文集（政治理论编）》第2卷，人民出版社2013年版，第23页。

哲学，受其实验主义思想方法影响巨大，在他博士论文基础上形成的中国哲学史开山之作《中国哲学史大纲》，即是运用实验主义方法进行研究的成果，他还撰文在国内宣传介绍实验主义哲学方法，1919 年春胡适邀请杜威来华讲学，在随后的两年多时间内，杜威穿梭于全国十余个省份进行演讲，使实验主义在全国范围内得以传播推广，影响巨大。瞿秋白回国后运用马克思主义理论对这一思想实质进行了深刻的分析研究，并于 1924 年写成《实验主义与革命哲学》一文予以批判。他首先以马克思主义阶级分析的方法指明了实验主义在中国传播的背景和条件，肯定了实验主义作为适应了中国资产阶级发展需要的思想理论，具有一定的积极革命意义，但同时也明确指出实验主义具有否定一切理论的确定价值的特性，在实验主义看来，“人的需要，现实生活的要求，主观的愿望及目的——是智识和意见之真否的最高标准”[①]。据此，瞿秋白做出判断，认为实验主义从本质上讲具有改良性质，是唯心主义的世界观，因而“决不是革命的哲学”[②]，这对于社会各界清晰认识实验主义本质，选择当时中国最为需要的思想理论具有一定的帮助作用。

二　依循文化的视角探究现实国情

一种异质文化与本土文化的融合，从本质上讲，是这种异质文化满足了本土文化现实的需要，在处理本土文化问题的实践中不断创新发展的过程。马克思主义中国化就是这样一个过程，在中国文化的历史和现实基础之上，具有西方血统的马克思主义在与其迥异的中国文化环境中得以传播和应用，更在这一过程中实现自身的发展创新，这样的基础也是马克思主义与中国传统文化融合的现实中介。以文化救中国为目的赴苏俄考察的瞿秋白，在思考应用马克思主义理论时尤其意识到掌握中国文化历史现实，特别是现实情况的重要性，这也正是他决定回国的主要

① 瞿秋白：《瞿秋白文集（政治理论编）》第 2 卷，人民出版社 2013 年版，第 611 页。

② 瞿秋白：《瞿秋白文集（政治理论编）》第 2 卷，人民出版社 2013 年版，第 613 页。

个人原因，他强调了研究社会科学与社会生活的必然联系，进一步具体阐明了自己的实际情况，即因身在苏俄考察的缘故，对俄国的历史现实有了基本的掌握，但因为地理距离和书籍资料匮乏的原因，对中国社会，特别是中国当代社会的研究根本无法进行，“于是决定回国一次”[①]。

（一）经济政治基础

“唯实的，历史的唯物论有现实的宇宙”[②]。瞿秋白从唯物主义历史观出发，将社会经济基础、政治制度作为思考中国文化问题的着手点，还在苏赴俄途经东北地区时有感而发对此进行了思考，他指出“文化不是天赋的”[③]，为先进的欧洲人所耻笑的落后的俄罗斯人，凭借自己的努力已经找到了发展本民族文化的通天大道，这也为他沿途所见证实，更促使他积极思考发展自己故土民族文化的努力方向。在他看来，经济基础之生产方法是决定性因素，如果不能在这一决定因素上实现彻底变革，则不可能有文化的发展文明的实现，亦不可能激发代表先进文化发展方向的阶级觉悟以承担这一重任。

那么，现实中国文化的经济政治基础到底是怎样的呢？瞿秋白在回国后在针对东方文化派的批判中，即明确指出了近现代中国文化赖以产生的自然经济基础和畸形的封建政治制度，他以当时中国社会还普遍存在着的农家手工业，断定中国经济所具有的宗法社会的自然经济性质，同时结合近代中国半独立条件下资本主义萌芽产生的现实指出，由于历史上连年的民族间征战和外敌入侵对经济文化的破坏和阻滞作用，加上内陆国家以农耕地为基础的地理环境限制，中国近代经济状况可以概括为“停滞于宗法社会之‘半自然经济’”，与经济基础相适应，“政治上虽屡见统一的君主专制政体，其实并非真正的集权政府；不过是以宗法社会为基础”，是封建制度的“屡起屡仆”[④] 而已。至辛亥革命，资产阶

① 瞿秋白：《瞿秋白文集（政治理论编）》第1卷，人民出版社2013年版，第417页。
② 瞿秋白：《瞿秋白文集（文学编）》第1卷，人民文学出版社1985年版，第248页。
③ 瞿秋白：《瞿秋白文集（文学编）》第1卷，人民文学出版社1985年版，第57页。
④ 瞿秋白：《瞿秋白文集（政治理论编）》第2卷，人民出版社2013年版，第16页。

级民主共和方案流产，掌握着地方权力的各路军阀分而治之，不仅难以维系集中统一的政权统治，而且在世界发展的历史上逆流而行，“由‘民主革命’反退向封建制度”，甚至“比封建诸侯更可怕”①。要完整认识中国近代文化的经济政治基础，就不得不分析与中国封建势力相勾结的帝国主义国家侵略所造成的近代中国半殖民地的国际地位。瞿秋白将其作为东方文化的第三个要素进行了详细说明，他认为，帝国主义国家出于为本国经济发展寻求更廉价原材料和劳动力、更广阔的商品市场的目的，在政治军事上对外积极推行殖民扩张政策，“务使殖民地的经济生活适宜他的剥削政策，所以维持殖民地内能代行其统治权的各派各阶级的势力”。因此，帝国主义是通过中国封建军阀对中国实行间接的殖民统治的，与此同时，“因有所谓‘国际均势’，而成国际的殖民地”②，这就阐明了帝国主义国家对中国进行殖民统治的特点。

瞿秋白坚持唯物主义观点，指出建立在落后的封建社会基础之上的思想文化，必然无法抵御相对而言较为先进的资本主义社会的对外扩张，帝国主义国家的侵略在所难免。反过来讲，这种侵略进一步钳制着落后民族的发展，如果不能够实现独立，则“文化的发展永无伸张之日”③。这就由对旧文化依存的经济政治基础的准确把握，明确了反帝反封建这一中国新文化的基本要求，这与毛泽东同志对新民主主义文化的界定，具有相同的主旨内涵，表明了瞿秋白对当时中国新文化建设思考的科学性。但限于主客观原因，瞿秋白当时并未提出“新民主主义文化”的概念，在他设计思考的建立中国新文化必经的世界革命理论中也存在着对革命步骤理解的局限性，这一点此处从略，后文会详细论述。

（二）代表力量

知识阶级作为文化力量的代表，始终是瞿秋白关注的焦点，在他的文章中，知识阶级是使用频率非常高的一个范畴，五四新文化运动时期，

① 瞿秋白：《瞿秋白文集（政治理论编）》第2卷，人民出版社2013年版，第17页。

② 瞿秋白：《瞿秋白文集（政治理论编）》第2卷，人民出版社2013年版，第18页。

③ 瞿秋白：《瞿秋白文集（政治理论编）》第2卷，人民出版社2013年版，第22页。

初入社会的瞿秋白就撰写了《中国知识阶级的家庭》一文，认为知识阶级的思想道德是中国社会思想道德的代表，初步表达了他对知识阶级与文化关系所持的观点，在之后的研究中，他也不断深化着对知识阶级的认识。

瞿秋白出生于作为中国旧知识阶级的“士”的阶级的大家族，对当时中国所特有的“士”的阶级这一文化力量有着深刻的认识。他曾将其与欧洲知识阶级进行对比，以阐明其享有政治权利方面的特殊性，他指出中国的“士”是在儒家文化统治下创设的社会等级制度中的特殊群体，他们凭借脑力劳动获取政治经济特权，而他们所进行的脑力劳动仅仅是学习和传播应用儒家文化，维护儒家文化在社会中的统治地位，因而这一群体“实是孔教徒的阶级”①，在封建社会稳定发展的阶段，这种政治特权会带给他们一定的经济地位，但随着近代中国资本主义新生力量的不断发展，以及帝国主义国家侵略剥削的不断强化，中国社会经济政治制度随之发生了变化，建立之上的统治方式亦发生变化，使得“士”的阶级不再享有任何政治特权，更不要说本来就是附带的经济权力，他们被迫加入雇佣劳动的队伍，但是对于世世代代从未进行过体力劳动的他们，破产是必然的结果。此外，“士”的阶级本以维护儒家文化统治地位为己任，经济基础的变化促使思想文化领域亦发生了变革，儒家文化不再能够掌控中国社会思想文化领域，“士”的阶级也面临着没有用武之地的困境，原有的营生本领一方面为自己所背弃，一方面为西方文明所淘汰，不得不作为旧时代的标签被封存于历史之中，仅掌握这一技能的群体亦“已成社会中历史的遗物了”②。

瞿秋白早在考察苏俄文化时就曾写下《知识阶级与劳农国家》一文，对知识阶级的范畴进行了专门研究。他认为，知识阶级除了指按照传统认识从事脑力劳动的特殊职业的社会阶级外，还有一种按照思想流派划

① 瞿秋白：《瞿秋白文集（文学编）》第1卷，人民文学出版社1985年版，第210页。
② 瞿秋白：《瞿秋白文集（文学编）》第1卷，人民文学出版社1985年版，第210页。

分的知识阶级，他认为在一个国家当中所设置的“思想的机关”[①]，承担着指引群众向善向美的历史使命，这一群体往往被冠以知识阶级的称谓，无论是资产阶级还是无产阶级，都有自己的知识阶级，他们负责从事自己所属社会集团的思想文化工作。瞿秋白运用“思想机关”的理念，将知识阶级作为一个非独立的附属于某个社会集团的力量概念进行使用，最大的意义在于突破了以传统的脑力工作者定义知识分子的概念时往往与小资产阶级属性挂钩的限制，大大扩展了无产阶级文化建设依靠力量的范围，在这一点上与意大利共产党领导人葛兰西（Antonio Gramsci）的“有机知识分子”的概念不谋而合，具有重要的现实价值。

从苏联刚刚回国，瞿秋白紧接着即针对中国社会进行了具体分析，他认为作为中国传统社会文化力量代表的士绅阶级，由于封建社会制度的解体丧失了原有的政治经济地位，在新的社会中从事政客、议员等“高等流氓”式的职业，是旧的智识阶级，而新的经济机体里产生的代表劳动平民争取话语从事思想工作的力量，特别是青年学生，就是新的智识阶级，但不论新旧智识阶级，他们都“往往立于代表社会文化的地位”，因而“智识阶级始终只是社会的喉舌，无论如何做不到主体”[②]。因为要实现无产阶级最终的理想，知识阶级的宣传鼓动只能起到辅助作用，真正的力量“在于劳工阶级实际生活上的精进”[③]。这就以历史唯物主义的观点从本质上说明了知识阶级与文化之间的关系和无产阶级创建文化的主体地位。在当时的中国社会中，新旧知识阶级分别代表着两种经济政治彻底冲突的主体力量，所谓旧知识阶级即政客们实质上代表的是军阀利益，而新的知识阶级特别是学生群体所代表的则是广大平民的利益，他们之间有着不可调和的利益矛盾冲突，而双方的代表亦不过是“辅助的工具”[④]。双方代表的唇枪舌剑不奏效时，则往往展开真刀实枪的

① 瞿秋白：《瞿秋白文集（政治理论编）》第1卷，人民出版社2013年版，第362页。

② 瞿秋白：《瞿秋白文集（政治理论编）》第2卷，人民出版社2013年版，第4页。

③ 瞿秋白：《瞿秋白文集（文学编）》第1卷，人民文学出版社1985年版，第52页。

④ 瞿秋白：《瞿秋白文集（政治理论编）》第2卷，人民出版社2013年版，第4页。

对决。因此，新的知识阶级要承担起代表无产阶级利益的文化责任，就需要不断学习掌握科学的理论武器，促使真正作为文化主体的人民大众尽快地自我觉悟。也正是据此，瞿秋白在回国后即开始了广泛传播马克思主义科学理论的工作，凭借《新青年》《前锋》等报刊平台，以及他在上海大学讲授社会学的学校教育平台，极大地扩展了唯物史观，特别是辩证法在中国知识分子及人民大众群体中的影响力。

（三）外部环境

中国文化的重建和发展面临着怎样的外部环境？具有独特文化经历的瞿秋白对此进行了全面的分析和深刻的思考，着重从帝国主义的文化侵略和苏俄的文化建设经验两个方面阐明了中国新文化建设面临的外部环境。

鸦片战争中帝国主义国家的坚船利炮打开了中国的国门，传统中国社会相对封闭单一的文化环境不复存在，建立在工业生产基础之上的资本主义文化对于小农经济基础上的中国文化从一开始就以强势、强制的姿态出现。瞿秋白对造成这种强弱对比的原因，即帝国主义国家的侵略较早地予以关注，并从其对于中国文化影响的角度加以思考。他投身社会后发表的第一篇文章《不签字后之办法》，就是针对巴黎和会英美法等国无视中国战胜国地位，无理划分中国主权，中国代表迫于国内强烈反对拒绝在合约上签字的历史事件而写的侧重于探讨应对方案的评论文章，表明了他积极理性地追求自强、独立的心态。他在与郑振铎、耿济之、瞿菊农创办的《新社会》上发表的第一篇文章《欧洲大战与国民自解》中，则明确要求国人“要有世界的眼光”①，要顺应世界发展的形势，具体在当时就是指要学习接受各种新思潮，这实质是倡导国人学习西方新思想以改造国民性而自强的思想认识。赴苏俄途经哈尔滨境内如经三国的切身体会加深了瞿秋白对帝国主义侵略的认识，在他的《饿乡纪程》中多次思考分析了帝国主义侵略带给中国文化的影响，指出帝国主义的

① 瞿秋白：《瞿秋白文集（政治理论编）》第1卷，人民出版社2013年版，第8页。

侵略撼动了中国封建社会的根基，特别是近一百年来一直沉睡的中国，为西方发达国家的先进技术所刺激，为其扩张和侵略行径所伤害，才在“海外灯塔上得些微光”①，同时也促使国民觉醒以倾向社会主义，“帝国主义压迫的切骨的痛苦，触醒了空泛的民主主义的噩梦”②。回国后在着手批判东方文化派时，瞿秋白详细分析了帝国主义侵略的特点和影响，并由此指明通过世界革命推翻帝国主义侵略发展新文化的道路。他还在此基础上进一步揭露了帝国主义侵略中国的各种方式，明确指出了其中最为隐蔽的一种方式——“文化的侵略”③，并指明了这种新型的方法较之传统方式更为狠毒的特征。这样，通过对当时中国所面临的外部文化环境的考察，瞿秋白逐步明确了西方民主主义不适合中国的国情，帝国主义国家也不会坐视中国通过他们走过的路而强大起来，形成了学习苏俄践行马克思主义，通过无产阶级的世界革命推翻帝国主义压迫从而创建新文化的理论。

十月革命发生在与中国有着相似社会历史条件的俄国，并由此创建了世界上第一个马克思主义新型文化，这对于毗邻且正在探寻文化出路的中国创设了特殊的外部文化环境。五四新文化运动时期的瞿秋白，就因为上述帝国主义侵略事实由热衷民主主义转而倾向社会主义理论，他在读李大钊关于空想社会主义新村运动的介绍文章时曾表示，“我以为历史派的——马克思主义派的直接运动不可少的”④。在评论德国社会民主党和第二国际创始人倍倍尔（August Bebel）关于泛劳动主义观点时亦扬弃了对托尔斯泰无政府主义的信仰。凭借这样的认识，瞿秋白视苏俄为“新文化的参谋处”⑤。赴苏俄考察进行时，他参观了俄国艺术文化博物馆，目睹了复活节的盛况，感慨于俄国灿烂而深厚的文化传统，同时也

① 瞿秋白：《瞿秋白文集（文学编）》第1卷，人民文学出版社1985年版，第13页。
② 瞿秋白：《瞿秋白文集（文学编）》第1卷，人民文学出版社1985年版，第26页。
③ 瞿秋白：《瞿秋白文集（政治理论编）》第2卷，人民出版社2013年版，第79页。
④ 瞿秋白：《瞿秋白文集（政治理论编）》第1卷，人民出版社2013年版，第59页。
⑤ 瞿秋白：《瞿秋白文集（文学编）》第1卷，人民文学出版社1985年版，第84页。

观看了单调而稚嫩的五一劳动节文艺表演，见证了劳农政权对于俄国传统文化艺术珍品的保护政策，认识到新旧文化之间传承与扬弃的复杂关系和创建新文化的巨大难度；他记录了“新经济”政策将原工厂主转化为新资产阶级商人的过程，也注意到政府为使大量的小资产阶级农民确立共产主义人生观所采取的具体措施，集中思考了无产阶级新文化对待资产阶级文化应持的批判的彻底改造的态度；他在苏俄饥寒交迫的生活条件下，体验和留恋着普通民众乐观而坚定的信念，也如实报道在苏俄既有女仆和“医学博士携手同歌”①，亦有营官舞弊贿赂东窗事发的矛盾现实，因而明确认识到物质经济基础及其决定的思想心理对于社会生活的影响。总之，瞿秋白对苏俄新型文化的考察，着重从马克思主义新文化同苏俄传统封建文化之间的关系、无产阶级文化同资产阶级文化之间的关系、文化与生活之间的关系等方面，为中国实现马克思主义与传统文化的融合，创建新型文化提供了借鉴和参考。

三　奏响文化与革命的和弦，指引光明的出路

通过应对以文化论战形式出现的理论挑战，马克思主义的真理性和科学性日益得以凸显，同时它在完成中国新文化反帝反封建的根本任务、武装以知识分子为代表的文化力量、为中国文化提供实践经验和参照等方面呼应了中国文化现实的需要，因而与中国文化紧密结合在一起，瞿秋白抓住了其中革命这一重要的结合点，以最广泛意义上的文化革命的理论系统阐明了中国文化的出路问题。

（一）世界革命“方是行向新文化的道路”②

新文化，是从垂死的封建制度和无以复加的帝国主义侵略双重制约下黑暗的旧文化中走出来的文人瞿秋白终生的夙愿，他纵观整个人类的文化发展状况，将世界上第一个实现马克思主义的国家的思想文化视为

① 瞿秋白:《瞿秋白文集（文学编）》第1卷，人民文学出版社1985年版，第224页。
② 瞿秋白:《瞿秋白文集（政治理论编）》第2卷，人民出版社2013年版，第25页。

“自旧文化进于新文化的出发点”，因而建立劳农政权的苏俄则成为“新文化的参谋处”[①]，他赴苏俄考察，就是为探寻人类文化公律，以此文化公律指引建立中国的新文化。在苏俄，瞿秋白看到了林林总总的文化现象，亦始终思索着现象背后隐藏着的时刻产生影响的文化公律。在这一基础上，他指出“文化只是征服天行”[②]，对于自然界而言，掌握解释自然规律的科学，则能提高人在自然界中充分发展的自由性，对于社会而言，同样，掌握解释社会规律的科学，才能使人得到真正的自由发展，而“科学只是征服天行的方法”[③]，除了自然科学，阐明人类社会发展规律的社会科学，因其充分地增加了人类驾驭社会的能力，必然成为文化公律最好的诠释。马克思主义就是无产阶级的社会科学，它实现人的全面自由发展的最高理想，正是瞿秋白苦苦追寻的新文化的生动演绎，它通过革命改造社会以实现理想的方案，亦正是行向新文化的通天大道。

瞿秋白考察了当时代人类历史发展的阶段特征，由帝国主义制度与人类社会发展进步要求的矛盾阐明了“世界革命”的必然。他认为，西欧各国和新大陆率先在封建社会的旧体上建立起资本主义社会制度，这些年轻的资本主义国家，在解放主体个性、增加社会财富等方面体现出了其超越封建社会制度的积极意义。但是，“等到有了百余年来的发展，资本主义本其无政府的及掠夺的根性，盲目的无限制的扩张，波及全世界，乃不由得不成为帝国主义”[④]。帝国主义条件下的自由竞争演化为强力战斗，在资本主义世界范围内即西方文化世界，导致了欧洲列强间的战争这一千古未有的大屠杀，在资本主义世界范围外即东方文化世界，则通过各种形式的殖民统治激化了当地的社会矛盾。资本主义制度建立初期的进步性不复存在，“社会生产力的发展为现存的生产制度所限制。

① 瞿秋白：《瞿秋白文集（文学编）》第1卷，人民文学出版社1985年版，第84页。
② 瞿秋白：《瞿秋白文集（政治理论编）》第2卷，人民出版社2013年版，第21页。
③ 瞿秋白：《瞿秋白文集（政治理论编）》第2卷，人民出版社2013年版，第24页。
④ 瞿秋白：《瞿秋白文集（政治理论编）》第1卷，人民出版社2013年版，第423页。

世界的文化，——人类的生存，——因生产力的抑遏不舒，爆裂的冲突时时发现，已经处于非常之危险的地位。现存的制度不破，人类的文化决不可救。社会改造的机运，已经具备，而且非于世界的范围内着手不可，——务必竭力消灭各经济范围之间的无政府状态，——所以决非一国一区内的改造所能济事"①。

东方民族文化发展亦有其特殊性，瞿秋白通过对中国历史的分析指出了中国新文化的发展道路。中国独立的宗法社会已经在近代帝国主义的侵略战争中被彻底破坏，中国无可避免地沦为半殖民地，残余的封建社会制度成为殖民国家在中国行使殖民统治的工具，所以瞿秋白明确指出落后的封建社会制度同帝国主义侵略相互作用共同钳制中国文化发展，他认为封建社会制度基础上的落后思想文化根本无法抵御相对先进的思想文化的侵蚀，帝国主义的侵略无法避免，而这种扩张侵略则进一步阻碍着落后民族的发展，特别是"文化的发展永无伸张之日"②。也就是说，处于帝国主义国家对外扩张统治下的地域，根本不具备资本主义社会充分发展，进而自发产生无产阶级革命的社会历史条件，因而在帝国主义侵略下的各个落后民族，想要产生追求独立和民主的革命运动，必然要与各国的"无产阶级革命相融合而为一"③。

总而言之，由于帝国主义的世界性质，无产阶级的"世界革命"遂成为行向人类新文化的必然途径，但是在作为殖民地的东方民族国家，这种世界革命同时兼具着追求民族独立、民权自主的历史使命。瞿秋白特别强调了实事求是的原则，认为在实际运用过程中，要根据具体的现实情况，"因时因地而相机进行"④。具体而言，作为新生力量的无产阶级进行革命运动的具体方法，追求民族解放的革命运动的道路方式，包括

① 瞿秋白：《瞿秋白文集（政治理论编）》第1卷，人民出版社2013年版，第423—424页。

② 瞿秋白：《瞿秋白文集（政治理论编）》第2卷，人民出版社2013年版，第22页。

③ 瞿秋白：《瞿秋白文集（政治理论编）》第2卷，人民出版社2013年版，第23页。

④ 瞿秋白：《瞿秋白文集（政治理论编）》第2卷，人民出版社2013年版，第25页。

整个革命过程中的不同阶段特征，均是应当仔细探寻并予以解答的，所以，瞿秋白在这里指出的中国通过兼具民族独立、民权自主使命的无产阶级“世界革命”建立新文化的道路，与他 20 世纪 30 年代初从事文化运动时期提出的“文化革命”理论，具有最高纲领和最低纲领性质的关系，这里提出的通过联合世界无产阶级参与“世界革命”以建立中国新文化的道路，是马克思主义基本原理的具体表达，而 30 年代初“文化革命”理论，则是以其在主客观因素限制条件下对中国革命性质、中国革命阶段问题的认识作为基本依据的理论表达，对两者的影响和评价亦应该区分开来。

（二）无产阶级是文化革命的领导力量

瞿秋白的文化革命理论是以“世界革命”理论为其基础的，这是关于世界的社会改造理论，那么，谁能够领导这样的社会改造运动，完成文化革命的使命呢？瞿秋白认为，无产阶级具有分布集中、易于组织的特性，由于掌握着先进的社会生产力，尤其掌握着科学的社会理论，他们能够正确地分析观察社会，能够据此确定符合实际的斗争原则策略，能够借此促进社会生产力的发展从而实现自身的发展，亦能够以此促使世界范围内经济的发展，在此基础上，他指出“以革命的方法改造社会”①，是恢复人类文化发展的正确途径，因此，他清晰地阐明了无产阶级具备成为世界革命、文化革命领导力量能力的认识。

无产阶级怎样实现领导呢？瞿秋白首先指出，通过自己的组织——共产党代表无产阶级实现革命的领导权。他也特别强调，仅具有共产党的称号并不足以完成此重任，实质上能够代表广大群众的利益诉求，“能尽社会改造的责任”② 才是实现领导的根本。1921 年中国共产党成立，同年在莫斯科召开的共产国际第三次代表大会中国代表提交会议的资料显示，当时的中国共产党在国内主要从事宣传苏维埃俄国和工人运动消

---

① 瞿秋白：《瞿秋白文集（政治理论编）》第 1 卷，人民出版社 2013 年版，第 430 页。

② 瞿秋白：《瞿秋白文集（政治理论编）》第 1 卷，人民出版社 2013 年版，第 477 页。

息、全国范围内建立党团工会组织、组织领导罢工、传播马克思主义理论等工作，是在为开展社会改造运动积极做准备。次年，受列宁在1921年共产国际第二次代表大会上关于民族和殖民地问题的报告中指出的，中国革命应分资产阶级民主革命和社会主义革命两步进行观点的影响，中国共产党第二次代表大会明确提出了中国反帝反封建的民主革命纲领，对实现中国社会改造意义重大，但也由于年轻的中国共产党对马克思主义的理解及对中国国情的了解都还不够深入，因而忽略了在阐明中国共产党的民主革命纲领的同时对夺取领导权的强调，在随后的革命实践过程中造成了严重的损失。这也说明，无产阶级建立起真正代表群众利益的共产党，并不足以完全实现对于革命的领导任务，还需要共产党积极参与斗争，并在斗争过程中不断提高自身改造社会的能力和水平，以争取领导权。

无产阶级及其政党的领导地位是斗争而来的。瞿秋白是中共党内对于争取领导权问题关注较早也是较多的领袖，刚一回国就在《世界的社会改造与共产主义》《现代劳资战争与革命》《〈新青年〉之新宣言》等文章中进行了论述。他最早是在无产阶级是世界社会改造运动中的领导阶级意义上探讨无产阶级领导权的，认为这种社会改造运动必然经历与代表现存社会制度利益力量的激烈斗争过程，在具体的时空范围内，代表各种不同利益诉求的派别相互之间必然成“敌对犄角之势及其流动变迁之状，而取得指导前进改革处置之权：决无死的范式，可以在知识阶级头脑之中预先拟定一理想的社会，拿来按照条文实施”[①]。这就指明了夺取领导权的重要性及其方式的多样性。紧接着他针对现代劳资战争条件，倡导建立“劳工统一战线”，并指出无产阶级应当充分发挥自身最富于组织和力量的特性，投身彻底推翻旧制度的革命运动当中，“取得指导者的地位”[②]，并强调了中国共产党在整个阶级中的统帅位置。如果说，

① 瞿秋白：《瞿秋白文集（政治理论编）》第1卷，人民出版社2013年版，第428页。

② 瞿秋白：《瞿秋白文集（政治理论编）》第1卷，人民出版社2013年版，第476页。

至此瞿秋白还是在介绍共产国际理论经验层面上普遍性谈论无产阶级世界革命问题中的领导权问题，那他在《〈新青年〉之新宣言》中则开始针对中国社会现实进行思考，并总结了近年来发生在中国的各种社会现象，以此论证无产阶级领导地位的普遍适用性，即便是为资产阶级争取民主权利的社会革命运动，仍然是“非劳动阶级为之指导，不能成就”①。他更进一步在1931年为中共中央文化工作委员会起草的《苏维埃的文化革命》一文中明确指出，一切革命的文化团体必须“为着文化运动的无产阶级的领导权而斗争”②。

为什么在写于1923年5月的《新青年》改版发刊宣言上瞿秋白还论断在中国的无产阶级对于资产阶级革命的领导意义，6月召开的中国共产党第三次代表大会负责起草党纲草案的瞿秋白却没有突出强调夺取领导权问题呢？这与三大召开的背景、瞿秋白对领导权的理解、纲领与策略的区别等问题直接相关。从三大召开的背景看，由于共产国际会议提议和列宁亲自过问，国共合作的方案提上了日程，但针对合作的具体方式问题，从共产国际到中共中央意见差异非常之大，在党内合作还是党外合作，党内合作是以个人加入还是整体加入，全体加入还是部分加入等问题上难以形成统一认识，影响了瞿秋白夺取领导权理论的完善。从瞿秋白对领导权的理解来看，他主张的是实际的影响力而非领导职位，这一点从马林记录瞿秋白在三大会议上的发言中可以清楚看到，他在发言中围绕国共合作问题阐明了自己对领导权的理解，认为在像建立支部这样的工作中，共产党并不应当将主要精力放在争夺组织和指导的席位上，这样的争夺不利于我们实际收益，相反还会助长对方的反对情绪，我们需要建立的是在具体实践中能够“改变其策略的组织”③。从纲领与策略的区别来看，瞿秋白是将统一战线及其中对于领导权的夺取作为具体策略来认识的，是因具体条件的不同采取不同形式且随时变换的，这与作

① 瞿秋白：《瞿秋白文集（政治理论编）》第2卷，人民出版社2013年版，第7页。

② 瞿秋白：《瞿秋白文集（政治理论编）》第7卷，人民出版社2013年版，第228页。

③ 张秋实：《解密档案中的瞿秋白》，东方出版社2011年版，第94页。

为总原则总规划的党纲是不同的两个层面的问题，因而没有在党纲草案中加以特别强调。但瞿秋白始终重视这一问题，在对中国民主革命实际进一步深入掌握的基础上，他在《自民权主义至社会主义》中专设章节探讨了“民权革命中无产阶级领导革命的问题”①，指出马克思主义不是“因为革命是资产阶级的就放任资产阶级，让他单独去干”②，而是要像列宁所说的，在维护统一战线的前提条件下“争无产阶级的利益”③，包括生活和发展实力等在内的各种需要，这就是争取以实际影响力为表现形式的领导权。

（三）在文化革命过程中建立同盟阵线

刚从苏俄归来的瞿秋白，在列宁关于全世界受压迫民族与世界无产阶级联合反抗帝国主义思想基础上，更加深刻地认识到，在无产阶级力量还相当薄弱，无产阶级政党刚刚建立的中国，要完成民族解放、民主运动和无产阶级的世界革命交织在一起的他心目中“新文化”的革命任务，面临的是异常强大的劲敌，这些反动力量不但不会束手就擒，还会相互勾结建立反动阵营，这就促使他深入思考并积极实践在中国文化革命过程中建立无产阶级的同盟阵线的必要性。

瞿秋白首先利用主编《新青年》这一影响力巨大的理论宣传平台的机会，将改编创刊号定为“共产国际号”，着重对共产国际原理，列宁的“世界革命”“劳工统一战线”理论进行了介绍和阐释，他指出无产阶级负有世界的社会改造责任，与此同时还是最富有组织性和革命性的阶级，此外的所有劳动力量，要想投身恢复世界文化辉煌的伟业，只有与之联手，才能“尽他所能尽的力量”④。这是对实践中发展着的马克思主义理论的宣传，为在中国建立无产阶级的同盟奠定了理论基础。

随着对中国民主革命现实的深入了解，瞿秋白越来越意识到共产党

① 瞿秋白：《瞿秋白文集（政治理论编）》第2卷，人民出版社2013年版，第197页。
② 瞿秋白：《瞿秋白文集（政治理论编）》第2卷，人民出版社2013年版，第200页。
③ 瞿秋白：《瞿秋白文集（政治理论编）》第2卷，人民出版社2013年版，第200页。
④ 瞿秋白：《瞿秋白文集（政治理论编）》第1卷，人民出版社2013年版，第424页。

与革命的资产阶级政党合作共同反对帝国主义和封建势力的重要意义，他真诚地拥护列宁关于国共合作的主张，专门研究并撰写了《中国资产阶级的发展》一文，他在文章中通过对中国资产阶级形成历史和发展现状的详细分析，指出“中国之资产阶级的发展，导源于帝国主义的侵入，亦就不得不成为帝国主义的对抗力”①，中国资产阶级和无产阶级“反对帝国主义的联合战线”② 已然是大势所趋，更难能可贵地表达了由于中国资产阶级的天生软弱，无产阶级参与民主革命还必然承担起领导职责的观点。1923 年 6 月，他在共产国际强调国共合作，建立统一战线的“五月指示”因途中延迟未到的情况下，积极促成了中国共产党第三次全国代表大会通过共产党参与国民革命和与国民党党内合作的决议。会议结束后才收到“五月指示”的瞿秋白，又根据指示精神结合自身思考写成被胡绳称为大革命前关于中国出路最重要的理论成果《自民权主义至社会主义》一文。在这篇文章中，他以马克思、列宁等经典作家的著论为依据，通过阐明中国民主革命与向社会主义社会过渡的关系、中国无产阶级对民主革命的责任和领导等关键问题，在思想上消除了广大党员关于民主联合战线问题认识上的分歧，在事实上促进了民主联合战线的建立。

大革命失败后，国民党新军阀即开始对无产阶级武装力量及其革命文化进行疯狂“围剿”，第二次回国受到以王明为主要代表的“左”倾教条主义排挤的瞿秋白又为建立团结进步知识分子的左翼文化统一战线作出了卓越贡献。首先，他在反“左”中促进了“左联”的团结和发展。对革命的性质认识不清是党内长期存在的“左”倾或右倾错误的认识根源，受当时党内普遍存在的混淆民主革命和社会主义革命的认识限制，以及苏联“拉普”文学的影响，左翼文化运动初期就存在着“左”倾错误，早期创造社和太阳社对鲁迅的错误批判就是代表，“左联”在成立时

① 瞿秋白：《瞿秋白文集（政治理论编）》第 2 卷，人民出版社 2013 年版，第 107 页。
② 瞿秋白：《瞿秋白文集（政治理论编）》第 2 卷，人民出版社 2013 年版，第 90 页。

正值李立三“左”倾机会主义路线抬头，其纲领当中甚至提出了“反对‘稳固社会地位’的小资产阶级的倾向”①。瞿秋白参加“左联”领导工作不久，就对这种关门主义的错误进行了抵制，建议起草并修改发布了《中国无产阶级革命文学的新任务》的决议，表达了团结一切革命力量的正确主张，事实上壮大了左翼文化队伍，也保证了“左联”的成熟和发展。对此，茅盾给予了高度评价，认为1931年11月的这份文件成为“左联”发展史上从不成熟走向成熟的标志，并指出是瞿秋白“促成这个转变的，应该给瞿秋白记头功”②。其次，与“左联”成员并肩战斗抵制反击各种错误文化思潮。国民党中央宣传部针对左翼文艺运动策划了“民族主义文学运动”，鼓吹文学的民族主义，实质上是否定阶级意识，抹杀阶级斗争。瞿秋白率先发表《屠夫文学》（后将题目改为《狗样的英雄》）和《青年的九月》进行批判，鲁迅、茅盾等也纷纷著文揭露其实质，不久“民族主义文学运动”就名存实亡了。针对胡秋原、苏汶等提出的“自由人”“第三种人”的文艺主张，瞿秋白撰写了《“自由人”的文化运动——答胡秋原和〈文化评论〉》以及《文艺的自由和文学家的不自由》等文章，与鲁迅一起对胡苏两人在文艺上脱离政治、脱离阶级的观点进行了批判，论争本身是符合当时的社会历史发展基本要求的。总之在瞿秋白指导下的左翼文化统一战线团结和组织了当时文化界的进步人士，在与国民党反动派的文化“围剿”斗争的过程中，锻炼出了一支坚强的革命文化队伍，不仅配合了当时的政治和军事斗争，还成为抗日战争时期文化统一战线的重要基础。

第四节　文化创新：系统展开新文化建设蓝图

瞿秋白运用马克思主义理论于中国社会文化现实，在解决中国文化

① 《中国左翼作家联盟的成立》（报导），载《文学运动史料选》第2册，上海教育出版社1979年版，第187页。

② 茅盾：《我走过的道路》（上），人民文学出版社1981年版，第476页。

问题的过程中实现了马克思主义与中国传统文化的融合，这里的中国文化问题即是中国文化转型的问题，也就是瞿秋白明确意识到并始终追求的中国文化的出路问题，其中最为关键的是，答案是什么？在瞿秋白的心目当中，马克思主义与中国传统文化融合、中国传统文化现代转型、中国文化的出路有着共同的指向——中国化马克思主义理论指导下的新型文化。随后的第二、三、四章即是从符号表征、实践形态、价值意蕴三个层面，系统详细阐述瞿秋白中国化马克思主义文化思想的具体内涵，因此本节仅针对瞿秋白中国化马克思主义文化思想做补充性论述。

一 瞿秋白心目中的文化

瞿秋白第一次从苏俄回到中国，即运用自己掌握的马克思主义理论武器，投身文化论战中，他在其中最为突出的贡献是在《东方文化与世界革命》一文中对“文化”做出明确的马克思主义界定，击中了东方文化派舍本逐末的要害，他指出“所谓‘文化’（Culture）是人类之一切‘所作’：一、生产力之状态，二、根据于此状态而成就的经济关系，三、就此经济关系而形成的社会政治组织，四、依此经济及社会政治组织而定的社会心理，反映此中社会心理的各种思想系统，——凡此都是人类在一定的时间一定的空间中之‘所作’，这种程序是客观上当有的。‘作者’是人而非虚灵，不能离时间空间而独立。所以研究他的‘所作’，也自然应依此程序”①。

正是根据这样的一段论述，以及《辞海》中广义文化是人类实践创造的物质财富和精神财富的总和的词条释义，长期以来中国理论界学术界在解读瞿秋白对于文化概念的理解时基本统一地认为，他是从最广泛意义上将文化界定为人类创造的财富总和，是将生产力纳入文化概念内涵，强调其物质性、基础性的马克思主义阐释。这样的解读虽然明确地突出了瞿秋白的文化概念在批判东方文化派唯心主义文化观方面的科学

① 瞿秋白：《瞿秋白文集（政治理论编）》第2卷，人民出版社2013年版，第20页。

性，却忽略了瞿秋白的文化概念中另外一方面非常重要的内涵，即强调人的实践。这一解读上的缺陷，限制了对瞿秋白文化思想研究的深入发展，也构成了本书力图克服和还原的主要问题和谋篇布局得以展开的着手点。

在瞿秋白界定文化的这一段论述中，“所作”是关键词之一，这里的“作”即是人的实践。马克思将实践作为人特有的存在方式，这种存在方式不仅将人从自然界中分离出来，使人获得主体性地位，而且通过人的对象化创造了一个人化的世界，即文化世界。正是基于这样的理解，瞿秋白强调了人这一作为主体的“作者”身份，并且在同一篇文章中补充说明，“文化只是征服天行；若是充分的征服自然界，就是充分的增加人类驾驭自然界的能力。——此种文化愈高，则社会力愈大，方能自强，方能独立，方能真正得自由发展”①。以往的研究者们引用这一段话意在说明，瞿秋白不仅反对鼓吹东方文化的观点，而且对迷信西方文化的观点进行了批判，这亦是他文章的本意。但是将前后联系起来进行分析可知，瞿秋白在这里还阐明了人的实践在文化概念中的关键地位，“征服天行”，是指事物外在尺度与主体内在尺度的统一，即“自由”，只有通过人的实践这一主观见之于客观的对象化活动才能实现，因此在瞿秋白心目中，文化即是“人化”，是人的本质的对象化。

二　瞿秋白中国化马克思主义文化思想的侧重点

大部分学者从瞿秋白认为文化包括生产力、经济关系、政治组织、社会心理及各种思想系统等四个组成部分的观点出发，着重关注了他对其中生产力的物质性、基础性特征的强调，结合瞿秋白关于革命对于旧有生产关系的摧毁和对于发展生产力的推动作用的论证及其关于“新的文化革命”的观点，判断他的文化思想的核心是关于“文化革命”的思想理论，这里的文化是瞿秋白理解的最为广泛意义上的文化。这确实在

① 瞿秋白：《瞿秋白文集（政治理论编）》第2卷，人民出版社2013年版，第21页。

瞿秋白的著述中得到了充分的印证，与此同时我们也注意到，正如瞿秋白自己所说，这种“文化革命”在实际运动中具体的对象也“因时因地”[①]、各有不同。

在五四新文化运动时期，刚刚回国的瞿秋白即以列宁世界革命的理论，阐明了东方弱小民族应与世界无产阶级联合反抗帝国主义，推翻宗法社会封建制度，以革命推动生产力发展，他在这里虽没有直接使用“文化革命”这一范畴，但他在同一篇文章中作出的包括生产力状况在内的最广泛意义上的文化界定，却在事实上表达了解放发展生产力而进行的社会革命属于“文化革命”范畴的认识，这里“文化革命”的主要对象是社会生产力；1931 年他在为中共中央文化工作委员会起草的文件中明确使用了“文化革命”这一范畴，并指出无产阶级政权苏维埃内部的文化革命，其对象是封建落后的、买办资产阶级的思想意识，次年的五四纪念时期他又明确提出要继承五四遗产，掀起无产阶级新的文化革命，具体包括文字革命和文艺大众化运动。

然而通观瞿秋白文化思想整体内容，我们发现瞿秋白的“文化革命”理论始终与不曾明确说明的“文化建设”思想联系在一起，在他的心目中“文化革命”和“文化建设”是辩证统一的关系，从某种程度上讲他的“文化革命”理论作为方法和途径还是服务于其“文化建设”思想的。早在瞿秋白刚刚创办《新社会》旬刊时，他就在当时五四新文化运动对封建落后思想文化进行彻底批判的大环境中，明确指出建设符合中国社会现实需要的新思想新文化的重要性，认为“攻击旧道德并不是现在的急务”[②]，更为重要的是建立起崭新的思想道德信念，并具体地划分了两种工作所应占有的比重，认为前者最多占到四成，后者则要达到六成。在上海大学社会学的授课讲义中他还专列条目阐明文化建设与革命破坏的关系，指出作为上层建筑的“宗教、哲学、艺术等渐渐分化”[③]，并彼

① 瞿秋白：《瞿秋白文集（政治理论编）》第 2 卷，人民出版社 2013 年版，第 25 页。
② 瞿秋白：《瞿秋白文集（政治理论编）》第 1 卷，人民出版社 2013 年版，第 17 页。
③ 瞿秋白：《瞿秋白文集（政治理论编）》第 2 卷，人民出版社 2013 年版，第 586 页。

此发生各种关联作用，但其自身没有办法发生彻底的变革，只有随着经济基础的变化，才产生了破除旧有建筑的需要。而革命则是由破而立的关键环节，在革命过程中，对旧有建筑的破坏往往是彻底的摧毁，其激烈程度取决于反对力量的防御和阻滞，抵抗越强烈破坏力越大，这种破坏是创造的必然前提，“亦就是建设的第一步”①。这些论述表明“文化建设”思想在瞿秋白中国化马克思主义文化思想中居于更为重要的地位。

三　瞿秋白关于中国新文化建设的系统构思

在世界上第一个无产阶级政权国家进行文化考察期间，瞿秋白就明确了自己“光复四千余年文物灿烂的中国文化”② 的志向，对在中国建设马克思主义指导下的新型文化进行了长期而系统的思考，他的思想基础就是对文化完整的马克思主义的理解。如前所述，瞿秋白在《东方文化与世界革命》一文中就通过补充说明，以人的本质的对象化的思想认识阐明了心目中的文化范畴，其实在比这更早的《赤都心史》中，瞿秋白通过对苏俄文化建设经验的考察分析，以“生活”为题阐明了对文化的类似理解，他认为人因“‘动’而‘活’，活而‘现实’”，“动的，工作的‘所得’之积累联合，相协相合而成文化。文化为‘动’——即生活的产儿。文化为‘动’——即生活的现实”③。这就是说，人是活的，通过劳动创造了文化，这种文化因而具有了“动”的特质。这里的“动”即实践，也就是对象化活动，具有这种对象化活动特质的文化，自然地包含了对象化主体的思想观念、对象化的活动过程和对象化的结果表征各个组成部分。凭借对文化这样的理解和认识，瞿秋白在考虑中国的文化建设课题，特别是在苏维埃政权建立后苏区的文化建设问题时，就是从这三个方面进行了全面系统布局，他从反对封建主义、买办资产阶级意识的角度提出文化革命理论以建立无产

---

① 瞿秋白：《瞿秋白文集（政治理论编）》第2卷，人民出版社2013年版，第587页。
② 瞿秋白：《瞿秋白文集（文学编）》第1卷，人民文学出版社1985年版，第213页。
③ 瞿秋白：《瞿秋白文集（文学编）》第1卷，人民文学出版社1985年版，第251页。

阶级这一对象化主体的思想意识领导，从文化委员会的具体工作角度提出涉及文学、教育、新闻等对象化的活动过程中的普罗大众化运动，从广大劳动群众掌握文化工具的角度阐明作为对象化的结果表征的语言文字、艺术等的无产阶级化，从而建立系统的无产阶级新型文化。

瞿秋白在考虑中国的“文化建设”这一问题时，着重于系统地思考建立无产阶级新型文化是其最为突出的特征。这种体系性是瞿秋白从本质上揭示文化内涵，依循文化发展规律思考文化建设问题的必然结果，因而他的文化思想特别是关于“文化建设”的思想得到了广泛的认可和赞誉，毛泽东同志曾对肖三饱含惋惜之情地讲过：“假如他活着现在领导边区的文化运动该有多好啊！”①

① 朱钧侃、刘福勤、钱璱之、赵庚林主编：《总想为大家辟一条光明的路——瞿秋白大事记述》，南京大学出版社 1999 年版，第 11 页。

第二章

符号表征：瞿秋白语言文字、艺术思想

具有不同于自然界中其他事物的独特存在形式的人，通过各种符号表征自己的本质力量，获得了包括语言文字、音乐美术等在内的不同形式的文化成果。瞿秋白在思考建设中国无产阶级新型文化的过程中，凭借高度的文化自觉，形成了他中国化的马克思主义文化思想的重要组成部分的关于语言文字和艺术的独特思想认识。

第一节 瞿秋白语言文字现代化思想

瞿秋白对语言文字的关注，最早可以追溯到梁启超、黄遵宪等开创的晚清白话文艺新风尚的影响，至五四新文化运动时期，初入社会的瞿秋白即难能可贵地以反对知识私有的深刻层面投身废除八股文言的白话文运动，在苏俄进行文化考察阶段，他仔细研究了苏维埃俄国扫除文盲的文字改革工作，在实践过程中逐渐形成并完善了自身关于中国语言文字现代化的思想理论。

一 汉字拉丁化主张

汉字是中华民族特有的象形文字，是中国古代劳动人民智慧的结晶，在民族发展历史上传承着文化的血脉。但由于汉字的音形之间缺乏规律性联系，随着汉字数量的激增，拼读和书写都需要专门的学习积累，产生了个体占有差异的可能。在阶级社会，统治阶级利用并扩大这种差异，剥夺广大劳动群众掌握知识的权利，以在思想文化领域稳固自己的统治，瞿秋白在这一认识基础上倡导了汉字拉丁化运动。

（一）社会历史和个人经历背景

辛亥革命虽然一举把清朝皇帝从宝座上拉了下来，推翻了清王朝的统治，结束了华夏两千多年的封建专制制度，但苦难的中国民众并没有因此获得真正的自由和解放，他们依旧生活在迷茫与痛苦之中。中华民国成立了，然而革命的果实却落在旧军阀旧官僚的手里，旧衙门的招牌换了，而骨子里一切依旧。几千年封建体制积淀下来的旧的文化传统和社会心理，已经凝结盘错、根深蒂固，新的体制要想在这样的条件下扎根成长，面对的困难可想而知。经历了一场新兴的资产阶级革命运动后，本要建立起资产阶级共和政体，结果革命的果实却被袁世凯卑鄙地窃取了，在这种情况下，中国的社会是混乱的，人们的思想也是混乱的。所以，辛亥革命并没有成功地为中国现代化提供前提，使中国顺利地走上现代化道路。由此引起了社会各界特别是知识界的文化反思。1915 年，陈独秀最先举起民主和科学的旗帜，标志着新文化运动的开启，这场在中国大地上规模巨大、时间持久的新文化运动，反思了几千年历史凝结而成的文化传统，并对这种传统进行了整体性的理性批判，新文化的倡导者们看到了中国传统文化对中国社会的阻碍作用，因此在反思中国传统文化时将矛头指向了旧的伦理观念，以及主要代表人物孔子。他们高举科学和民主两面大旗，用近现代西方的科学理性来反对传统文化的愚昧主义，用近现代西方的人文主义来反对传统以家族观念为本位的伦理观念，以《新青年》杂志为中心的新文化运动，以民主和科学为旗帜，反对专制与愚昧，提倡白话文，提倡情怀精神，以自由、理性反对压制、盲从，进行了一场针对封建制度和文化的思想解放运动。不久，一个多元话语的文化格局迅速形成。

瞿秋白在 19 世纪的最后一年出生于江苏常州一个没落“士”族家

族，母亲是大家闺秀，通晓史书，擅长诗词，父亲习黄老学，擅长山水画，通医道。他诞生在半殖民地半封建的旧中国土地上，在畸形的动荡社会中，瞿秋白较早地表现出对传统文化中旧纲领伦理信条的怀疑。1911年，辛亥革命的前夕，瞿秋白考入了常州读书。在这所学校，校长屠元博曾在日本留学时就加入了反清组织同盟会。教师之中也有些许的同盟会者，因此，他们时常会在学生中进行民族革命思想教育。受此影响，瞿秋白逐渐开始接受反清的革命思想。不久，辛亥革命爆发，在中国统治了数千年的封建王朝结束了，瞿秋白闻讯欣喜不已，将自己脑后拖着的辫子一刀剪断，以此表达对封建社会压制迫害人民的反抗，他以极为兴奋的心情准备迎接这场革命。然而，辛亥革命后不久，革命的果实落在旧军阀旧官僚的手中，当时只有十二岁的瞿秋白对于整个社会非常失望，他悲愤地指出所谓"自由""平等""民权"等，只不过是人们的一种口头禅，而打着这些口号进行的革命运动，却落得"奴婢匪徒寇盗的独裁制"[①] 的结局。少年瞿秋白在黑暗腐败而又趋炎附势的社会里，深切地感受到现实社会的世态炎凉，种种不合理的社会现象使他产生了强烈的义愤，同时也形成了他坚毅的反抗性格。

1917年，瞿秋白移往北京，考入北京俄文专修馆。这一年，俄国爆发十月革命，建立了世界上第一个社会主义国家，在那里没有剥削与压迫，人人都是国家的主人。消息很快传到了北京俄文专修馆，瞿秋白与同学们一起，开始密切关注苏维埃政权。1919年五四运动爆发后，身处新文化运动策源地的瞿秋白以其在文化上的积淀和教养，跻身于先进文化的论坛，成为一个投身文化论坛的弄潮儿。此时，延续着清末以来的白话文运动、国语运动的"文学革命"在新文化运动时期蓬勃发展起来。其中关于语言文字的革命，是在资产阶级追求民主自由的革命运动初期所进行的汉字改革运动基础之上，结合时代需要的新的阶级需求发展而来的，它使汉字改革运动迈入新的里程。此时的瞿秋白不仅有着强烈的

---

① 瞿秋白：《瞿秋白文集（文学编）》第1卷，人民文学出版社1985年版，第23页。

革新创新要求，而且对于阻碍文化变革创新的因素已有了相当深刻的认识，在他看来，近代中国，旧制度的动摇证明了旧道德、旧思想、旧文化的崩坏。随着话语的展开，其文化性格中也逐渐融入了先进的文化理念，他认为知识的记载工具是语言文字，但是如今的语言文字并不合用，我口中说出来的与我笔下写出来的不相符合，这样知识就无法保证正确。在《知识是赃物》中，他借用佛经中提到的“言说之极，因言遗言”①的教义，说明了我们平时使用的语言文字工具的局限性，进而阐明了知识私有的观点。他认为由于传播过程中不同主体在理解和运用上的差异，使得经语言文字表达出来的内容总与原始内容存在出入，表达符号亦存在无法满足需求的限制，结果每个人所掌握的内容都存在与他人不相同之处，语言文字表达的知识亦成为了私有物。那么如何废除这样的私有呢？瞿秋白已经认识到现有中国语言文字的局限性，认为应当设法对记载知识的符号（语言文字）进行改良，使一件东西有一个名词，当人们听见这个名词时，就能清晰地产生关于这件东西的观念，这样研究知识的人接受起来就少些困难。在中国语言文字还极不正确的情况下研求知识，语言文字上的争论，愈少愈好。1920 年，二十一岁的瞿秋白凭借三年的俄语修习和“五四文笔”，应聘成为《晨报》特派员，登上了去莫斯科的列车，瞿秋白在第一次赴苏俄之行时，就对文字改革产生了浓厚的兴趣。也正是在旅俄途中，瞿秋白开始从一位“东方稚儿”转变为精通马列主义的“苏俄形象”。

（二）苏俄取经萌生中文拉丁化构想

拉丁化新文字，又称“中文拉丁化”，简称“拉丁化”或“北拉”（北方话拉丁化新文字），它是瞿秋白于 1921 年在苏俄的扫盲运动中产生的中文拉丁化方案的主要目标。1918 年，北京政府教育部公布推行了汇聚各方专家修订的“注音字母”方案，影响非常之广泛，也在事实上为汉字改革奠定了基础。次年，北大校长蔡元培提出中国“汉字革命”的

---

① 瞿秋白：《瞿秋白文集（政治理论编）》第 1 卷，人民出版社 2013 年版，第 43 页。

口号，一时之间国内学界深受影响，风靡全国的中国汉字改革给正就读于北京俄文专修馆的瞿秋白，留下一丝印象。第二年，二十一岁的瞿秋白凭着三年的俄语修习登上了去莫斯科的列车。瞿秋白对汉字拉丁化拼音方式的改革兴趣也萌生于第一次旅俄期间。据杨之华回忆，“秋白早在1920 年就开始了拼音文字的研究”①。1921 年春，瞿秋白与苏俄著名汉学家郭质生（科格科洛夫）相识并成为一生挚友，此时，莫斯科的新生革命政权正在革命导师列宁指导下开展扫盲工作，他们的做法是尽量减少字母数量，并推广更为简单的拉丁字母，这样的工作成效显著，也给正在考察苏俄新型文化建设的瞿秋白带来了启示。同一年，瞿秋白开始从事汉字拉丁化的研究工作，并形成了第一个《中国拉丁化字母方案》草案。六月，该草案在莫斯科出版，共印制二百份，其中的样本曾作为东方民族苏维埃建设的珍贵资料在列宁格勒国立公共图书馆东方部收藏陈列。

1923 年回国的瞿秋白，迅速投身中国革命，成为一位职业革命家，虽然他针对文字改革的专门研究中断了，但经过苏联马列主义的熏陶，瞿秋白对这一问题的思考始终持续并在对中国社会现实的实践把握中有所深化，他认为依据马克思主义唯物史观基本原理，建立在经济基础之上的上层建筑随基础的变革必然会逐渐除旧立新，这种新的文化需求迫切需要社会进行“文字革命”。他在《现代中国所当有的“上海大学”》一文中提到，“文字原为一切科学的工具”②，中国社会生活的变革催生了研究各种科学知识的语言文字工具变革的需求，这在诸多社会现象中有着鲜明的体现，比如在翻译领域，秉持着学习先进思想文化的初衷而从事翻译介绍外国语言的工作，往往还会引进大量外国元素以扩充中国文字，弥补了社会发展的同时语言文字发展滞后的缺陷，这样的现象在艺术领域也时有发生。瞿秋白出于对文艺的研究不得不涉足语言的研究，

① 杨之华：《回忆秋白》，人民出版社 1984 年版，第 119 页。

② 瞿秋白：《瞿秋白文集（政治理论编）》第 2 卷，人民出版社 2013 年版，第 125 页。

而在对语言的研究中又需要文字研究给予帮助。文字研究成为其“文艺革命”思想的切入点，语言研究则是其“文艺革命”思想的中介环节。在《学阀万岁》中瞿秋白曾就此专门进行了论述，可以鲜明地印证这一思想理路，他从“文学革命”这一目标着手，指出新思想新艺术替代旧思想旧艺术是文学革命应有的内涵，而当时的中国，只有先进行“文腔革命”，即用现代语言规则替代旧有封建社会基础上的传统语言规则，进一步讲，还要先实行“文字革命”[①]，即是用拉丁文字替代传统象形文字。瞿秋白的这种从文学到文字革命思想的逐步演进以及研究重心的转移，是在《鬼门关以外的战争》一文中实现的，文章提到了建设“拼音化”“现代化”“欧洲化”“罗马化”的“现代普通话的新中国文”[②]，显然已不仅是文学范围以内的问题了。在文章最后，瞿秋白以“创造这种文字是第三次文学革命的一个责任”[③] 作结束，将研究重心从文学转到了文字。于是，“文学革命—文腔革命—文字革命”的研究轨迹，变得清晰可见了。

1927 年，瞿秋白第二次赴苏，开始继续研究汉字拉丁化问题。他注意到国外学者制定的“国语罗马字”和注音字母的经验，对汉语拼音化做了深入研究，并将文艺大众化与文字改革联系起来，力求设计出来的方案在国内能推广。同他一起进行研究的还有苏联汉学家郭质生，以及共产党员吴玉章、林伯渠、肖三等同志。1929 年 10 月，瞿秋白写成了《中国拉丁化的字母》一书，这是他比较成熟的一个拼写汉字的方案，与现行推行的《汉语拼音方案》在字母、声母和韵母方面有诸多共同点。《中国拉丁化的字母》一书共有字母二十八个、声母二十六个、韵母三十六个，并规定了拼音规则。1930 年在苏联莫斯科的中国劳动者共产主义大学创立的《中国问题》学术季刊第二期就刊登了瞿秋白为《中国拉丁化字母》写的序言。随后，该校出版社用俄文、汉字及拉丁化字母印刷

① 瞿秋白:《瞿秋白文集（文学编）》第 3 卷，人民文学出版社 1989 年版，第 179 页。

② 瞿秋白:《瞿秋白文集（文学编）》第 3 卷，人民文学出版社 1989 年版，第 169 页。

③ 瞿秋白:《瞿秋白文集（文学编）》第 3 卷，人民文学出版社 1989 年版，第 169 页。

出版了三千册单行本，在“出版说明”最后还指出“这本小册子是了解中国地方话的拉丁化写法的指南”①，它从语言文字基础知识到数据图表资料应有尽有，全方位地展示了拉丁化字母在书写汉字方面的各种优势。瞿秋白的《中国拉丁化的字母》一书引起了广泛的注意，接着瞿秋白组建了专门小组，与苏联汉学家郭质生、龙果夫一同对此方案继续进行研究。7月，瞿秋白奉命回国，结束了第二次赴俄之行。他创制的拉丁化字母取得了阶段性成果。20世纪30年代初党的六届四中全会后，瞿秋白重新开始了这一研究，他关于文字文学、语言学论文和有关汉语拼音的文章，主要收录在第三卷《瞿秋白文集·文学编》中，其中“关于语言文字的通信”，收录了瞿秋白与他人书信八封，六封集中写于这个阶段。“论文学革命及语言文字问题”辑录了关于语言义字的专题论文九篇。从他的论述可知，他将推广应用普通话和拉丁化拼音文字作为建设中国文化的千秋伟业。在谈到文字改革的前景时，瞿秋白认为，这种用拉丁字母代替象形文字的革命是彻底的革命，它既有利于现代通行的白话文的普及和传播，也有利于中国语言文字的发展。1931年，“中国新文字第一次代表大会”在俄罗斯远东地区的海参崴召开，瞿秋白的《中国拉丁化的字母》成了新文字的讨论方案，在此基础上经过修改和补充形成的《中国汉字拉丁化的原则和规则》作为中国新文字的新方案，这也是对瞿秋白研究的文字改革方案成果的检验，这以后，拉丁化新文字在苏联的华侨中间推行了。

海参崴会议召开后，为了更进一步增强拉丁化汉字的实用性，经过反复、多次修改补充，1932年瞿秋白终于编撰完成了《新中国文草案》，从字母、声母、韵母、拼音规则、文法规则等九个方面推出了他主张多年的采用拼音方法写出的“新中国的普通话文”。到了1933年，拉丁化新文字得到了广大进步学者和工农民众的热烈拥护，开始在国内广泛传播。1956年《汉语拼音方案》拟定之初，瞿秋白的拉丁化拼音的研究成

① 刘小中、丁言模编著：《瞿秋白年谱详编》，中央文献出版社2008年版，第302页。

果最终被吸纳进了现行的《汉语拼音方案》。也许这是对瞿秋白十年语言文字研究成就的一种肯定，虽然它未能代替汉字，但它是中国文化发展的一个强有力的推动力量，是中国语言学、文字学研究上的一次重大革命。

（三）在推动中国文字发展和促进抗战胜利方面的积极意义

首先，瞿秋白关于汉字拉丁化的思想和贡献，为现行的《汉语拼音方案》奠定了基础，推动了中国文字的发展。文字是记录语言的书面工具，假若文字无法完善地记录语言，满足社会的发展要求，就需要进行改革。为何要废弃中国象形文字，让拉丁字母成为规范的中国文书写方案？最简单的理由就是象形汉字对于中国大众来说难以掌握，时间、财力都不够。他说现在活着的这几万万中国人单是“为着要学会运用这种最低限度的工具尚且要花费十年八年的功夫，那么，这三万万几千万人到什么时候才能够去学习哲学科学艺术技术的现代知识”?① 中国的汉字改革运动正是在记录汉语的工具不能满足大众要求的情况下兴起的。在《中国文和中国话的现状》中，瞿秋白说道：“中国文和中国话是互相分离的——中国的言语和文字是不一致的。这里最值得注意的就是中国文所用的符号是所谓汉字。这是象形制度的残余，不能够作拼音的工具。因此，言语和文字更加不能够一致。现代的中国也没有一种代表中国言语的中国文，而只有古代汉族儒士所使用的半象形的汉文，并且这种汉文影响口头的言语，使它不能够充分的现代化。因此，要明了中国文字和言语的现状，就必须把中国文和中国话分开着来说。”② 瞿秋白在党内是早期倡导汉字改革运动的领导人，也是拉丁化新文字的最早创造者之一。他的汉语革新主张立足于民众立场，表现出民众文化的关怀性，真切充分地记录着民众的声音，反映着民众的言语，因而能否使广大民众掌握新式汉语，是瞿秋白衡量汉语革新的重要标准。他是要用罗马字母

① 瞿秋白：《瞿秋白文集（文学编）》第3卷，人民文学出版社1989年版，第274页。
② 瞿秋白：《瞿秋白文集（文学编）》第3卷，人民文学出版社1989年版，第273页。

和拼音制度，造出几万万群众容易学习的新式中国文，使艺术和科学文化真正传达到群众中去，亦使劳动群众能够创造真正属于自己的艺术文学。从第一次旅俄到1932年完成《新中国文草案》的“绪言”，算来整整十年时间，瞿秋白作为汉语拼音初期方案的倡导者和“文学革命”最彻底的支持者之一，正确地论证了汉字根本改革的急迫性和必要性，坚决地保卫了中国文学语言和中国文字的民主化的要求，他的汉字改革理论与实践都是值得重视和肯定的。中华人民共和国成立之后，汉字改革进入一个崭新的发展阶段，特别是1954年吴玉章带领下的委员会的设立，在组织机构方面为中国文字改革提供了保证，这一组织的中心工作就是创拟拼音方案，在这一过程中，委员会亦考虑到了汉语拼音方案产生以前的国语罗马字和拉丁化新文字的创制和运用的经验。1956年在《汉语拼音方案》拟定之初，瞿秋白的方案被选中成为会议讨论的两套方案之一，并最终被吸纳进了现行的《汉语拼音方案》，吴玉章同志对瞿秋白的贡献给予了客观的评价，认为他为汉字改革指出了光明的前途，“开辟了中国新文字发展的道路”①。

其次，瞿秋白倡导的汉字改革运动还为抗日战争的胜利作出了特有的贡献。虽然他开始关注并思考这一问题始于五四前后，其研究成果在20世纪30年代初借《中国汉字拉丁化的原则和规则》的形式在国内开始产生影响，但在瞿秋白英勇就义以后，他关于文字革命的思想并没有随着英雄的逝去而消失，相反，却日益产生更为重要的影响和作用，到了30年代中期，解放区大规模采用了拉丁化文字，并因此对中国人民抗日民族解放斗争的展开也起到了巨大的积极推动作用。值得一提的是，拉丁化汉字是与简化汉字一同作为汉字改革的新方案，为抗日战争胜利作出突出贡献的。抗日战争爆发后，在抗战前线，文字工作者通过向广大工农兵战士普及“新文字”知识，扩大了抗战宣传的影响，在国统区，文字工作者与难民收容教育结合进行识字、抗日教育宣传，开展抗日救

① 吴玉章：《纪念瞿秋白同志》，《人民日报》1949年6月18日第1版。

亡运动，取得了卓越的成效。由于抗战救亡形势的发展和统一战线的建立，国民党禁止拉丁化运动的政策得以松动，“拉丁化新文字”的书籍公开出版，新文字团体也迅速发展，讲习班层出不穷。1938 年 3 月国民党政府被迫宣布对拉丁化解禁。在解放区，随着新型文化建设的需要，汉字改革工作的重要性日益凸显，党和边区政府都给予了高度的重视，也确实取得了丰硕的成果。1938 年 8 月“新四军新文字研究会”成立，文字改革运动普及达到了前所未有的程度。1940 年 1 月毛泽东发表了《新民主主义论》一文，对革命过程中新民主主义文化的建设进行了全面分析，提出了“文字必须在一定条件下加以改革”① 的观点，这对于正在摸索发展之中的汉字改革运动无疑是极大的精神鼓舞，标志着中国汉字改革运动在理论建设上进入了崭新的阶段。之后不久，在 1940 年 11 月 7 日“陕甘宁边区新文字协会”成立大会上，时任边区主席的林伯渠同志作为拉丁化新文字的创制者之一，肯定了新文字的积极作用，特别强调了它在扫除文盲方面的特殊效果，亦表达了利用这一优势促其普及，以提高解放区整体文化水平的决心。边区政府法律随之承认这种新文字的效力，在制度上为新文字的传播普及奠定了基础。综上，汉字改革运动不仅在抗日战争中发挥了积极的作用，还为后来中国社会主义建设时期的汉字改革发展，积累了丰富的经验，打下了良好的基础。

二 语言革新见解

汉字与建立在其基础之上的词汇、语音、语法等共同构成中华民族的语言系统，其间有着牵一发而动全身的普遍联系，瞿秋白对此进行了整体的思考，在提出汉字拉丁化主张的同时，也形成了自己的语言革新见解。

（一）思考语音语法词汇变革

人类特有的语言文字现象，必然与人类特有的社会现象有着必然的

① 《毛泽东选集》第 2 卷，人民出版社 1991 年版，第 708 页。

因果关系，瞿秋白依据马克思主义的科学武器，较早地认识到了这一问题，阐明了语言发展的规律。他认为，人类的社会生活的进步表现为社会结构的日益复杂，社会功能的日益扩大，这样的进步趋势是不可逆忤的，也正是这样的趋势带动“言语就一天天的进步”①。具体而言，人类社会生活的进步是依托各个领域的革新变化得以实现的，所有的变化都会在语言文字领域产生相应的破旧立新的需求，例如在中国传统的封建社会，文言八股倡行，而随着本土资本主义萌芽的出现和帝国主义侵略输入的资本主义因素改变了封建社会生产关系的统治地位，这种语言无法适应新的生产关系的发展要求，废除文言八股的革命运动此起彼伏，代表着新兴阶级利益的白话文适应了时代的需求，这种白话文正是在语音语法等方面体现出自己的时代性的。

瞿秋白针对语音的观点，是与其汉字拉丁化方案和普通话主张联系在一起的，具体到声母、韵母以及声调的组成方式等。在字母方面，他首先从不同民族的语言之间会相互影响的现象说明了发音的可改造性，他举例说明了这一点，认为汉语在最早的时代，发音如同文字一样，是非常有限的，像 zh、ch、sh、r 这 4 个卷舌音都是不存在的，之所以现在使用得如此之频繁和广泛，即是在漫长的历史发展过程中，在相互接触相互借鉴过程中，受北方民族语音影响的结果。此外，在瞿秋白看来，语音的创新和发展是以使用需要为原则的，他认为罗马字方案中的“j（ㄓ），ch（ㄔ），sh（ㄕ），tz（ㄗ），ts（ㄘ）等的配合是很不整齐，很没有系统的”②。学院式的方案可能遵循的是历史发展的规律，但在使用过程中却显得复杂而不合用，因而不妨各用一个罗马字母表示，这样不仅更加清晰而且易于推广和记忆。当然，这样的表示方法在其他国家的语言语音中是有成功范例的，瞿秋白借用他国的历史经验加以证明，指出“意大利就用 z 代表 ts 的音，德文的 z 也是 ts 的声音”③。据此，瞿秋

① 瞿秋白:《瞿秋白文集（文学编）》第 3 卷，人民文学出版社 1989 年版，第 156 页。

② 瞿秋白:《瞿秋白文集（文学编）》第 3 卷，人民文学出版社 1989 年版，第 220 页。

③ 瞿秋白:《瞿秋白文集（文学编）》第 3 卷，人民文学出版社 1989 年版，第 220 页。

白提出了与现行《汉语拼音方案》设计意见几乎完全相同的发音方案。针对拼音文字普遍运用时如何应对大量存在的同音现象的弊端的疑问，瞿秋白以多音节的发展趋向做出了回答，他认为现代汉语中多音节的语音日益增多，必然会缓解和改善上述问题，这也促使汉字拼音化在当时完全成为可能。那么，应采用哪种拼音字母？瞿秋白认为用罗马字母可以使一切学术、政治等方面的词在形态和读音上得到统一。他指出当时在国内倡行的“注音符号”，仍然是用象形文字的偏旁来标注语音，这样的注音方式的最大弊端在于无法与世界接轨，瞿秋白很早就意识到中国的发展必然是在世界的大背景下的发展，必然少不了与世界各国的相互借鉴和影响，语言语音不通是阻滞中国发展的一大因素，因而他以土耳其、越南等发展中国家都已经采用或正在研究采用罗马字母的事实作为镜鉴，指出中国汉字改革“应当采用罗马字母（拉丁文的字母）”①。

瞿秋白还思考了汉语语法问题，他根据观察而得和自身实践的经验，着重从词法的角度提出了自己的见解，认为现代汉语构词方式非常丰富，如词根加词尾；用两个同义词根合成双音节词；用两个反义词根合成；把一些单音节词变成新的词尾或词头，来构成新词；用重叠词根的方法构词等。他强调，现代汉语词汇的构成，基于时代的需求，采用白话词根是最为重要的原则，像文言词根中不直接表意又不为普通群众所经常使用的部分均应予以淘汰。他还专门举例比对了两种构词的效果，指出如“沉默”和“缄默”这对含义几乎相同但构词方式分别采用白话和文言词根的词汇，在表达和推广的过程中，明显前者优于后者。

对于词汇，瞿秋白着重关注了汉字词尾、结构形式，以及汉语词汇的构成、外来词的吸收等问题。他认为必须创造新词来表达新的思想和观念，描述新的现象与事物，满足社会生活新的需要。词汇并不是一成不变的，社会生活中出现的新的关系和观念都会催生新的词汇。瞿秋白回顾了汉语词汇的发展历程，从语音发展的角度分析了汉语词汇日益丰

① 瞿秋白：《瞿秋白文集（文学编）》第3卷，人民文学出版社1989年版，第217页。

富的原因，认为由单音节词向多音节词的转变和进步，使得现代汉语在词汇数量上不断增加，表意功能上日益精确。在汉语词尾的问题上，认为词尾可以使语言意思更加精确，表现力更强，古代并不是没有词尾，而是省略掉了，现代汉语有名词词尾、动词词尾、形容词和副词词尾，离开这些词尾，往往说不出话。在字与词的关系上，他认为如果一个字可以代表一定意义时，它就是词，如果单独没有意义，那么它只代表音节而不是词。另外在词的结构形式上，他指出，词根在合成新词后在意义上的变化，是大致相同的，比如，“国家”是由“国”“家”两个词构成，两个词根代表“国家”“家庭”两个词，但合起来，“国家”这个词就不包含“家庭”的意思了。

（二）倡导普通话的主张

语言革新是瞿秋白“文艺革命”与“文字革命”的中介环节，他最早提倡的汉字改革，是以普及文化、实现文艺大众化为目标的，这就无法避免普通话的问题。早在明清萌发的白话运动时期，旧式的白话文就成了现代普通话的早期胚胎形态，随着社会的发展、时代的进步，这种普通话不断从各地方言特别是北方方言以及文言中的有益因素中汲取养分，此外欧洲语言亦随着帝国主义的入侵和中国的国际交往为更多中国人所认知，语言工作者在避免文化侵略的前提条件下选择“合于中国言语自己的规律”[①]的进步因素加以学习应用，最终形成了现代意义上的普通话。他的标准语基本形成路径是：土语（最小的方言支系）—方言普通话—全国普通话。他以中国社会各民族大杂居小聚居的状态分析了这种生活居住方式对语言的影响，指出各民族的大杂居必然会形成“文化的政治的经济的中心”[②]。在这样的中心，各民族和具体地域自身的土语必然不能为其他民族和地域的人所接受，从而形成了有别于影响最小的土语语法和口音的方言普通话，为生活在这一区域的人所通用，随着社

① 瞿秋白:《瞿秋白文集（文学编）》第3卷，人民文学出版社1989年版，第166页。

② 瞿秋白:《瞿秋白文集（文学编）》第3卷，人民文学出版社1989年版，第164页。

会生活的发展，各地交流的日益频繁，逐渐在此基础上形成全国普通话，为全国人民所通用。

瞿秋白是系统提出“普通话”概念的第一人，也是积极倡导“普通话”的推广者。他是从说和写两个方面具体展开并阐述自己关于“普通话”的思想认识的。就说的方面而言，瞿秋白运用了“标准语”这一概念指代“普通话”，这种标准语在发音上与“国语统一筹备会”审定的口音基本一致，适用于全国范围，但在来源上侧重北方语音，因此听起来基本与“北京官话的说法相同”①。就写的方面而言，瞿秋白运用“新中国文”的概念指代“普通话”，强调突出了统一通用的书面语，他认为这种书面语在使用范围上涵盖整个中国，并不受民族和地域的限制，在构成上则侧重多音节和现代词尾，是“罗马字母写的一种文字”②。“必须罗马化”是“新中国文”的根本原则。这两个概念均可视作瞿秋白提供的“普通话”解决方案。

现代普通话的新中国文，首先应是与言语统一的文字。在这一意义上讲，语言要求的是听说写的统一，即要求写得简、读得出、听得懂。当然，瞿秋白更清楚口头语言与书面语言的区别，语言书写出来就是“整理好的嘴里讲的言语”，经过这样的整理，书面语言相对口头语言而言，则表现出语句上更加繁杂、字词上更加精细的特征。不过，无论如何，写出来后还应该属于表意相同的同种语言。这就是瞿秋白所谓的统一，即听说写的统一。他的“新中国文”不仅仅是为了开展单纯的识字运动，亦不仅仅是普及文化的手段，在更为深层意义上，还包含着实现语言民主的目标，是为了改造中国的文字以至于言语，为使几万万群众能够掌握一种程度上更高一级的文字并运用自己的文字和语言去参加伟大的真正的文化革命，这可以说是瞿秋白“文字革命”思想的真谛，是为了文字背后的权利而开展的革命运动。

① 瞿秋白：《瞿秋白文集（文学编）》第3卷，人民文学出版社1989年版，第164页。

② 瞿秋白：《瞿秋白文集（文学编）》第3卷，人民文学出版社1989年版，第169页。

对普通话的阐述，《新中国的文字革命》一文最为集中。在这篇文章中，瞿秋白指出了中国语言发展的必然走势，认为各个地域各个民族语言的混合发展，催生了政治文化中心的普通话，而“这种言语还只在形成的过程之中”①。这段话说明普通话正处在各大城市方言的相互交流与混合的过程之中，正是通过这样的交流普及过程，原本“没有文字”的人变成“识字的”人，当然其中最为重要的基础条件就是各地的方言，按照瞿秋白由土语到全国普通话的思维理路，全国的统一是以地方的统一作为前提基础的，而文字的统一又是以经济的统一为基础的，瞿秋白在《罗马字的中国文还是肉麻字中国文》中分析到，经济的发展促使区域之间的沟通往来日益频繁，为形成全国统一的语言文字奠定了基础，但我们也应该清楚地看到，中国当时的经济发展并未达到全国范围内的统一的阶段，内部不同区域人民的“日常生活仍旧有相当隔离的状态”②。全国普通话的产生，是建立在全国经济社会发展到一定程度基础之上的，在真正的经济政治文化中心经过长期的发展演变而成。“中国言语的真正的统一，必须经济上的发展形成了统一的经济机体，方才可能”③。只有从一些大城市的方言逐渐地取得领导的地位，然后，“许多方言之中的字眼和成语，可以加入普通话，使它丰富起来”④。这样，经济社会发展的统一必然催生语言文字的统一，就能形成与全国经济社会一体化的要求相适应的全国普通话。瞿秋白还认为当时全国经济围绕几个大城市已相应形成了各自的经济圈，在这些区域，经济、政治、文化已经出现了相对的独立性，即形成了区域性的经济政治文化中心，在这些中心萌生出全国普通话的胚胎，全体国民都能够凭借这种在各个地域各个民族都适用的语言“去参加一般的文化革命”⑤。正是对中国普通话未来前景的看

① 瞿秋白：《瞿秋白文集（文学编）》第3卷，人民文学出版社1989年版，第296页。
② 瞿秋白：《瞿秋白文集（文学编）》第3卷，人民文学出版社1989年版，第210页。
③ 瞿秋白：《瞿秋白文集（文学编）》第3卷，人民文学出版社1989年版，第278页。
④ 瞿秋白：《瞿秋白文集（文学编）》第3卷，人民文学出版社1989年版，第211页。
⑤ 瞿秋白：《瞿秋白文集（文学编）》第3卷，人民文学出版社1989年版，第278页。

好，瞿秋白才坚持不懈地推广普通话，促进方言的发展。他在宣传普通话时，还反对各大方言之间人为的强制，强调要自由竞争，认为一种方言具有一定的先进性，建立在语言之上的文学是推动方言发展的主要力量等。总而言之，瞿秋白心目中的方言是普通话的必要前提条件，没有方言的发展就没有普通话的流行；而普通话又是为了争取并实现大众的语言权利，能否以大众口语表达成为其评判改革的标尺。“要造成真正通俗化、劳动大众化的文字”[①]，是瞿秋白的“普通话”崇高理想的表达；作为一位坚定的马克思主义者，瞿秋白基于“经济基础”这个出发点，坚持经济基础决定上层建筑基本原理点的指导，使其“普通话”主张和“新文字”观点有鲜明的时代性特征，即使在今天看来，瞿秋白立论的方法及观点仍然是十分正确的。

（三）语言革新的历史意义

作为中国文字改革事业的先行者，瞿秋白倡导的语言革新不仅是为了普及文化，更是为了语言大众化的实现。他的大众化思想主要体现在其与鲁迅共同倡导的文艺大众化运动中，在这场运动中，他强调工农大众的主体地位，在文字、文学、艺术等领域提出不仅要从满足工农大众的利益需求出发，亦要发展符合工农大众的表现形式，服务于工农大众的发展目标等，他提出“革命文艺必须向着大众”[②]。通过考察当时文艺界的实际情况，他写下了一系列的文艺论文，阐明解决这个问题的关键，在于文艺工作者向工农大众学习。他的这一思想认识，一方面是早期共产党人对在中国革命过程中探索符合中国实情的文艺思想的继承和发展；另一方面也是毛泽东新民主主义文化理论，文艺为工农兵服务方针的雏形。同时，他在考察汉字及其改革问题时，运用马克思列宁主义观点来分析此问题，将自己的语言文字学理论与时代结合，从这个意义上看，可以说他是我国第一个马克思主义语言学家。

---

① 吴玉章：《吴玉章文集（上）》，重庆出版社 1987 年版，第 621 页。

② 瞿秋白：《瞿秋白文集》（文学编）第 3 卷，人民文学出版社 1989 年版，第 5 页。

从清末的“言文合一”到“五四”白话文学革命，中国的白话文运动在瞿秋白眼中并没有取得完全的胜利。他独创性地将清末以来的白话文运动划分为三次伟大的革命运动，第一次自然是清末白话文革新运动，第二次则是五四文学革命，第一次的不彻底已为历史所证明，但第二次白话文运动产生的新式白话，也如瞿秋白所说主要局限在小资产阶级知识分子圈内，“只是能够用眼睛看，而不能够用耳朵听的”。无产阶级登上历史舞台，在革命运动过程中建立自己的文艺的需求日益迫切，至20世纪30年代，这一问题尖锐地凸显出来，特别是创设能够为广大工农群众所接受和掌握的语言文字更成为这一需求的重中之重。正是为了适应这一形势，瞿秋白把所谓的“文腔革命”作为“第三次文学革命”，这样的革命是为了满足无产阶级的需要，它是超越了清末旧式白话和资产阶级所谓现代白话的真正白话革命，甚至被直接称呼为“俗话文学革命运动”，就是为了能以通俗易懂的语言替代晦涩绕口或者半文半白的语言，这种“新中国文”不仅具有普及文化的作用，更是实现大众语言民主的手段，30年代兴起的文艺大众化，正是在此背景下展开的。

瞿秋白认为，语言文字要能为民众所利用，语言的大众化是先决条件，即必须要建立中国广大工农群众能够接受的“现代普通话”。他的这一主张不可避免地与“文字革命”息息相关，他提出由音形合一的拼音文字替代象形汉字，就是为了弥合书面语同口头语在发音上的鸿沟，方便广大工农群众学习和掌握语言文字工具并运用它丰富自己的生活，同时也使得“中国的言语和文学可以逐渐的发展，变化，进步而丰富起来”①。

作为中国文字改革事业的先行者，瞿秋白语言文字变革的思想及其立场、方法、原则等都是以马克思主义为指导的，他分析了五四新文化运动以后语言文字现状，基于以“经济基础”为出发点的指导思想，认为落后的中国经济文化制约着语言发展，从而指出了统一的标准语难以在中国实现的经济原因。然而由于各地间经济文化水平的不平衡，以大

---

① 瞿秋白：《瞿秋白文集（文学编）》第3卷，人民文学出版社1989年版，第237页。

城市为中心的言语区域首先向现代化迈进，这些地区逐步摒弃了本方言中的偏僻词汇，从而使城市方言优先发达起来。他的见解，符合中国政治、经济、文化的发展水平，符合言语实际运用的状况，尤其是对普通话存在的肯定和发展的预测，充分显示，其语言文字理论的科学性。瞿秋白运用社会学的基本原理，将自己的语言文字学理论与时代结合，他的语言革新理论丰富而系统，从文字、语法、词汇到写作，涉及面极宽，虽然他废除汉字的主张存在着主客观多方面的局限性，但他的研究方法及某些具体措施，至今仍为我们所肯定和继承。作为一位坚定的马克思主义者，他立论的方法及主要观点在今天看来仍具有借鉴意义。

三 马克思主义话语体系的初创

瞿秋白提出自己的语言文字思想，是在马克思主义传入中国的早期，在与中国传统文化相结合的历史背景之下，面临着创立中国的马克思主义话语体系的历史问题。不同于之前经由日本渠道传入中国的马克思主义话语，瞿秋白在这一领域的思想和贡献，开创了一条具有自身语言特征的全新的苏俄途径。

（一）马克思主义话语体系概述

"话语"是与语言文字密切相关，但现实意义更为重大的不同范畴，这引起了各国语言学者的广泛关注并对此进行了深入研究。西方学者中比较有代表性的如法国后现代主义后结构主义者米歇尔·福柯，他虽未正式阐释过"话语"这一概念，但是却始终将其作为自己思想的核心范畴加以应用。在他的理解当中，话语超越了语言，它不仅仅是各种文字符号的不同集合，同时还具有在一定的群体中传播一定的意识形态的功能。中国学者也注意到了话语兼具内容和形式，即思想和语言两方面内涵的特征，结合马克思主义关于主体人的意识活动的理论，形成了类似的观点，比如陈锡喜关于话语是"语言符号和价值观念的统一体"① 的认

① 陈锡喜：《马克思主义：意识形态和话语体系》，华东师范大学出版社 2011 年版，第 35 页。

识等。本书认为“话语”即是以语言符号表征着的思想意识，“话语体系”则是相同特质的话语因素构成的有机整体。

马克思主义产生于西方社会，其从语言至思想向中国的传播有着理论的必然性，首先就体现在马克思主义经典作家关于民族化的思想上。马克思在形成自己的社会思想之初就明确反对“竖起任何教条主义的旗帜”①。他认为，正确的理论需要根据现存条件，结合具体情况加以阐明和发挥。马克思主义经典作家一直对教条主义持批评态度，强调要将理论同各民族国家具体的革命实践相结合，借此对“民族化”问题进行过相关的论述。1872 年马克思在演说中就指出，作为理论的创立者们从未表达过任何有关在实现最终社会理想的历程中“到处都应该采取相同的手段”的意思，与此恰恰相反，新兴的无产阶级无论在怎样的环境中与敌人争斗，都“必须考虑到各国的制度、风俗和传统”②。同年，标志着马克思主义创立的纲领性文件的德文版序言亦指明，随着条件的变化，新经验的发现，“这个纲领现在有些地方已经过时了”③，正确的态度应当以现时的社会历史条件作为基础，代之以崭新的符合时空特征的结论。这一序言体现出马克思、恩格斯创立自己理论的科学态度。恩格斯在 1885 年写给俄国革命家维·伊·查苏利奇的信中，明确指出马克思主义理论只是最为基本的原理，而具体的策略则只能从各自的民族国家经济政治条件出发予以确定，他谨慎地表示，由于自己对俄国现状了解很少，不能对那里应采取的策略的细节做出判断。在这封信中，恩格斯不仅从理论的应用和发展的角度阐明了民族化的问题，更进一步以领导和代表无产阶级的政党的视野，提出了制定政策和策略的民族化要求，在各个领域全面系统阐述了结合实际、灵活运用的主旨思想。即便到了弥留之际，恩格斯仍叮嘱后人应当正确认识和运用马克思主义理论，避免教条

① 《马克思恩格斯全集》第 1 卷，人民出版社 1956 年版，第 416 页。
② 《马克思恩格斯全集》第 18 卷，人民出版社 1964 年版，第 179 页。
③ 《马克思恩格斯全集》第 18 卷，人民出版社 1964 年版，第 105 页。

主义错误的发生，明确指出马克思主义“不是教义，而是方法”①，这种方法是将来结合具体时空进行研究的坐标原点。马克思和恩格斯对教条主义所持的批评态度，对于马克思主义“民族化”问题进行的相关论述，成为其在中华民族运用发展，形成中国化马克思主义话语体系的首要思想依据。

其次，苏俄“民族文化”理论亦是形成中国化马克思主义话语体系的重要思想渊源。列宁通过领导俄国的革命将马克思主义理论转变为现实，同时也首次实践了马克思主义民族化的理论。1899 年，针对国际共产主义运动中到处充斥着马克思的学说“不完备”和“过时”的论调，列宁旗帜鲜明地提出，俄国社会民主工党“尤其需要独立地探讨马克思的理论”。他真正地掌握并继承了马克思和恩格斯对他们所创立的科学理论的正确态度，强烈反对任何形式的教条主义，认为马克思主义的科学性就在于它仅仅是在基本原理领域的基础性理论，鲜活的社会主义建设实践需要从具体的实际出发，“在各方面把这门科学推向前进”②。各个民族国家在应用马克思主义时都应当认识到其科学性的特征，自觉地将这种基础性的理论同各自不同的鲜活的实践相结合，并在这一过程中不断推动马克思主义理论的创新和发展。强调各民族的特点，并不是说不同的民族国家在马克思主义与本国的民族现实结合上存在是或否的区别，而是在具体的结合方式上存在差异，列宁对此进行了详细分析说明，他指出社会主义是所有民族国家共同的发展前途，但各个民族国家走向这一前途的方式却是各不相同的，包括在民主形式、无产阶级专政形态以及改造速度等方面都因为“每个民族都会有自己的特点”③ 而存在差异。继列宁之后，斯大林（Josesh Vissarionovich Stalian）继承并发展了这一民族观点，他最为突出的贡献，是对“民族文化”做出了阶级属性的区分，并着眼于无产阶级文化的主题，对“民族文化”进行了独特的阐释，核

① 《马克思恩格斯全集》第 39 卷，人民出版社 1974 年版，第 406 页。
② 《列宁选集》第 1 卷，人民出版社 2012 年版，第 274 页。
③ 《列宁选集》第 2 卷，人民出版社 2012 年版，第 777 页。

心内容是以“民族文化”促进无产阶级文化发展。按照经典阐释，无产阶级革命是世界的革命，为的是全人类的解放事业，但这并不是说发展无产阶级的文化不要民族的文化，恰恰相反，各具特色的民族文化还能够从不同侧面扩充无产阶级的全人类的文化。总而言之，马克思主义的“民族化”，内在地包含着要将异域文化吸收应用于民族文化，采用具有民族特征的文化形式加以表达，在民族文化实践过程中实现创新发展的意蕴，说到底就是“民族的形式、社会主义的内容”①。

马克思主义话语体系在中国的初创，是马克思主义在中国的传播过程中得以实现的，其中自然充斥着异质思想文化之间的相互碰撞。1906年，革命派政论家朱执信在《民报》第二号上发表了《德意志社会革命家小传》一文，扼要介绍了马克思、恩格斯的生平和《共产党宣言》，这是中国较早介绍《共产党宣言》的文字，但当时在中国社会并没有产生什么大的影响。真正使马克思主义在中国为知识分子所欢迎所接受所传播，正如毛泽东所说，是在十月革命以后，在其直接影响下五四运动爆发，无产阶级登上历史舞台，在各种涌入中国的思潮当中，马克思主义脱颖而出受到当时广大进步青年的追捧，开始在中国得以广泛宣传，但这样的传播过程却遇到了各种非马克思主义思想的挑战，并以论战的形式相互碰撞，其中比较有影响的如“问题与主义”的争鸣，这一论争起始于社会主义思潮在中国广泛传播的现状引发推崇实用主义的胡适的反感，于是他即以《多研究些问题，少谈些“主义”》为题撰写文章表达不满，对高谈阔论“主义”的现象进行了批判，主张多研究实际问题，因而招致李大钊等人的质疑，他们认为不能将两者进行绝对的划分，其中的“主义”往往在解决问题过程中扮演着举足轻重的角色。由此产生了“问题与主义”的争论。这一争论对毛泽东亦产生重要影响。20世纪30年代，深受教条主义之苦的毛泽东，针对马克思主义的生搬硬套和庸俗社会学错误认识现状明确指出，学习马克思主义的“本本”要与中国实

① 石凤珍：《文艺“民族形式”论争研究》，中华书局2007年版，第59页。

际相结合，并强调了认清现实社会情况，在实践中制定斗争策略的重要性。至党的六届六中全会，毛泽东在总结前人经验教训，结合自身学习和思考基础之上，明确提出了“使马克思主义在中国具体化”① 的主张。回顾从最初的“问题与主义”的争论至毛泽东明确揭示这一内涵的整个过程，我们认识到按照中国特点应用马克思主义是贯穿始终的精髓，正是因此，不仅无产阶级革命事业在中国得以顺利推进，马克思主义亦得以不断丰富和发展。

具有西方血统的马克思主义，是通过语言文字上的转换实现思想意识的传播，从而在中国环境内建立起马克思主义话语体系的。在瞿秋白开创苏俄途径前，由于中国与日本毗邻，以及汉字与日文的渊源等，日本是向中国传播马克思主义理论、在中国形成马克思主义话语的主要渠道。中国的语言学者们对此进行了专门的研究，他们指出，马列主义在中国的传播对中国语言的影响，体现在丰富和扩充了大量的汉语词汇上，而作为传播媒介的众多马列主义书籍，“多半是从日文转译来的”②，在从日文向中文的翻译介绍过程中，自然而然地会产生众多的外来词汇。从这一意义上讲，日本渠道在语言文字和思想文化领域对中国的马克思主义话语体系的形成起到了初步奠基作用，但由于翻译成日文的马克思主义理论著作中，马克思主义经典作家的作品并不多，与此相反，绝大多数是日本马克思主义者阐释介绍性的作品，因而从另一角度来看，无论是在语言词汇的使用还是在思想意识的准确性方面，对中国的马克思主义话语体系的形成亦存在不利因素。

（二）瞿秋白创立具有中国风格的马克思主义话语体系考察

瞿秋白在推动马克思主义的民族化具体化的进程中，创造出具有本民族特征的马克思主义话语体系方面的贡献，主要体现在他对俄文马克思主义经典理论的翻译和传播，特别是由他开创的马克思经典作家文艺理论的

---

① 《毛泽东选集》第2卷，人民出版社1991年版，第534页。

② 北京师范学院中文系汉语教研组编著：《五四以来汉语书面语言的变迁和发展》，商务印书馆1959年版，第94页。

翻译介绍领域。五四新文化运动开启了海量异域文化涌入中国的盛景，初入社会的瞿秋白对通过新思想挽救民族危亡复兴中国文化充满憧憬。1920年3月前后，瞿秋白参加了李大钊领导的“马克思学说研究会”的活动，开始尝试以马克思主义的视角分析认识中国社会问题，这种崭新的具有成功经验的理论的科学性深深触动了瞿秋白，但真正让他成为一名马克思主义者，还是在赴苏俄考察以后，在革命斗争实践中逐渐得以实现的。

由于拥有中外文学修养的根基，比较坚实的科学基础，瞿秋白接受马克思主义的思想更富于思辨、开放的色彩，在党内早期众多优秀的马克思主义者之中，他的理论较早体现出辩证唯物主义特征。从李大钊、陈独秀等早期共产主义知识分子对科学社会主义理论的传播，到毛泽东把其与中国革命实践相结合，创立毛泽东思想的独特体系。这期间，应该说瞿秋白是起着某种开拓奠基、承前启后的桥梁作用。与李大钊、陈独秀等人从日文、英文著作中读到马克思主义的论著不同，瞿秋白是直接从俄文读到马列主义的某些经典论著的，他不仅从历史唯物论的角度接受了马克思主义，更较早地从辩证法的角度接受了马列主义。在20世纪20年代，瞿秋白就依据唯物史观评论过“科玄论战”，并提出了自由与必然的哲学问题，瞿秋白以“互辩律的唯物论”来作为宇宙观和方法论去解说历史、社会、人生、革命。他介绍的辩证唯物论，使得中国的青年一代，不再经由达尔文（Charles Robert Darwin）的进化论而走向唯物史观，而是直接从科学的世界观和方法论角度接受唯物史观，并与其他唯心哲学派别划清界限。

在马克思主义文艺理论领域，早在20世纪20年代初期，瞿秋白的思想就已超越五四新文学的藩篱，他主张“无产阶级的革命艺术应当竭力振兴”①，提倡“现实派（写实主义）”②。在上海大学时期他还根据革命文学的早期理论与实践提出“革命艺术”，并且创作了《赤潮曲》《铁

① 瞿秋白:《瞿秋白文集（政治理论编）》第2卷，人民出版社2013年版，第573页。

② 瞿秋白:《瞿秋白文集（政治理论编）》第2卷，人民出版社2013年版，第572页。

花》等作品，此外，他还意识到文学与革命的共生关系，反对脱离政治的“纯艺术派文学”，这也为他在30年代猛烈批判自由主义文学思潮埋下了伏笔。瞿秋白还对马克思、恩格斯、列宁等经典作家的文艺理论进行了系统翻译和介绍，最为著名的有1932年编译的文艺论文集《现实——马克思主义文艺论文集》和1933年翻译的《列宁论托尔斯泰》等。瞿秋白在苏俄考察时期曾三次面见列宁，对这位将马克思主义变为现实的伟人有着发自内心的崇敬和认同，他在苏俄期间明确树立马克思主义的信仰应当也与此有着密切联系。同时苏俄当时的国情与中国极为相似，在苏俄被证实的理论对于中国有着重要的借鉴参考价值，因此瞿秋白自然在自己的翻译和介绍工作中对这位经典作家的作品偏爱有加，还特别强调了列宁关于文艺为劳动人民服务的思想，从中国文坛存在的脱离群众的社会现实状况着手，逐渐形成了系统的大众化思想，突出体现在他的《大众文艺的问题》一组文论当中。在这些文章中，他运用最为简单的口语化的语言深刻阐明了中国文艺大众化的一系列核心问题，例如“为了谁?”“写什么?”“怎么写?”等，在回答过程中亦注重采用最为通俗普遍的方案，因而对由苏俄翻译引入中国的马克思列宁主义经典作家的文艺理论进行了创造性的发展，是结合中国特点实现了中国化的马列文艺理论，这也为毛泽东后来阐明新民主主义大众文艺理论奠定了基础。正因为他系统地介绍了马克思、恩格斯的现实主义理论，并且结合中国革命文艺现实情况加以运用，创造了“普罗现实主义”“大众文艺”等既具有革命性又具有时代性的马克思主义文艺范畴，为中国文艺理论的发展建设作出了卓越贡献，所以，在一些西方研究者看来，他在中国的马克思主义文艺思想发展史上占据着无法替代的地位，集中体现在他开创了将产自于西方社会的科学文艺理论“与中国特殊条件相结合”① 的历史，但更为重要的是，他初步探索并为形成符合本民族社会发

① ［美］保罗·皮科威兹：《书生政治家——瞿秋白曲折的一生》，谭一青、季国平译，中国卓越出版公司1990年版，第223页。

展需要的马克思主义话语体系作出了积极的贡献。

第二节　瞿秋白艺术现代化思想

以音乐、美术等艺术符号形式表征着的中国无产阶级新型文化，同样是瞿秋白孜孜追求的梦想。在艺术浸染下成长起来的瞿秋白对艺术的敏感是与生俱来的，他深深地了解艺术与人的同源关系，在掌握了马克思主义科学武器后，他更清晰地认识到新的经济基础的建立必然要求与之适应的新型文化艺术。因此在苏俄考察期间，他就对初创的无产阶级文艺给予了高度的关注，并思索中国新型文艺建设问题，形成了自己关于中国艺术现代化的思想认识。

一　不同艺术领域中展现具体艺术思想内涵

理论来源于实践，瞿秋白在音乐、美术、戏剧等方面的丰富实践，构成了其相关思想认识的现实基础，对此进行分门别类的梳理，亦有助于我们认识瞿秋白具体的艺术思想内涵。

（一）音乐天地里的实践理论贡献

瞿秋白对于音乐活动的观点，可以通过1921年到1922年瞿秋白所写的《赤都心史》中的一整章篇幅的《美人之声》来展现。文章借舍弃欧洲舞台来到赤色俄国献身革命舞台的美国女舞蹈家邓肯之口，表达了对无产阶级新艺术的认识，她认为无产阶级新型艺术应当能够与新时代的社会生活保持同步，甚至还要承担起引领社会生活发展的重任，“我们现在很用不着《欧奈仁·沃纳琴》（普希金的名著，俄国向来流行的歌舞剧），或者我们明天还用着他，然而今天那种弱微的艺术，娱乐的艺术，观者的艺术，殊不当其时，不当其位”[①]。她认为，资产阶级“舞蹈剧”的题目缺少英雄气概，情态的诱媚已经不适应当今的生活，在苏维埃政

---

① 瞿秋白：《瞿秋白文集（文学编）》第1卷，人民文学出版社1985年版，第236页。

权的中心城市，应当专门设立特殊的艺术区域，以便能够让其对未来的理想“得一种艺术的表显——音乐，文词，动作”①。她认为革命意义的“谐奏乐”能表现出英雄气概、伟力与光明，通过对人民群众开放大剧院，让观者感受到自己与舞台融合一体，将自己的声音融于音乐里，用“群众的姿态”将革命的兴趣通过艺术在群众中传播。在剧院之外，还应该设有可以让他们子女天天受艺术教育的大厅。如果父母不能对子女进行新的理想新的生活的教育，不懂得什么是共产主义，那么，他们将始终受着旧式的资产阶级的教育，无法从资产阶级的尘俗谬见之上摆脱。瞿秋白能够及时地介绍邓肯的理论，说明他对邓肯关于音乐、艺术方面观点的肯定，这一思想在当时也是具有开拓性的。

不仅如此，瞿秋白还对中西音乐进行比较。在他看来，同为艺术表达的方式，欧洲音乐更擅长于表征情感，也更容易影响人的情绪，在这一点上国内的音乐确实存在缺憾。在《乱弹》中，他通过对昆曲声调、唱功的说明，指出中国汉字对于音乐、歌曲的束缚和影响，并且对维护等级特权的这种特殊艺术形式进行了深刻的批判，指出昆曲的唱念规则的实质是凸显绅士的尊严，而其民族化平民艺术形式的背后则是封建奴役思想，因而是“帮助束缚平民的愚民政策”②。正因为如此，瞿秋白的词曲创作一般都是亲切感人、通俗易唱，能用切实可行的方法亲自指导民众接受的通俗歌曲。

20 世纪 20 年代初，国内创译的无产阶级歌曲寥寥无几。1923 年，《国际歌》与《赤潮曲》被刊登在《新青年》第一期上，在当时引起很大影响。事实上早在 1920 年《国际歌》就曾以《劳动歌》《劳动国际歌》为名被翻译介绍给国内民众，但仅仅是译诗，无谱不能唱，1923 年回国后的瞿秋白为了让国内劳苦大众能与世界无产阶级“同声相应”，依照俄文曲谱歌词配译了中文歌词，其中音译“英特纳雄耐尔”

① 瞿秋白：《瞿秋白文集（文学编）》第 1 卷，人民文学出版社 1985 年版，第 237 页。

② 瞿秋白：《瞿秋白文集（文学编）》第 1 卷，人民文学出版社 1985 年版，第 350 页。

一直沿用至今，20 年代，中国共产党成立之初，全国各大城市工人罢工运动蓬勃发展，工人阶级登上了历史舞台。也正是在这时，瞿秋白创作了《赤潮曲》，这大概是中国第一首以歌颂共产主义为主的革命歌曲，“赤潮澎湃，晓霞飞动，惊醒了五千余年的沉梦。远东古国四万万同胞，同声歌颂神圣的劳动。猛攻，猛攻，捶碎这帝国主义万恶丛。奋勇，奋勇，解放我殖民世界之劳工。何论黑白黄，无复奴隶种”。这首歌反映了劳动工人的觉醒与奋起，曲调流畅，结构严谨，体现了瞿秋白的音乐创作能力。五卅运动时期，瞿秋白还创作了一首说唱歌谣《群众歌》，由于亲切感人、通俗易唱，很快在当时群众中广为流传，在十几年后，参加过斗争的老工人中还有很多人能完整地吟唱此歌。1933 年，瞿秋白到中央苏区，主管艺术局。在此期间，他对根据地的音乐以及文化艺术做了很多开创性的工作，在他的倡议下，根据地成立了高尔基戏曲学校，这是第一所党领导的艺术学校，为红军培养了一批具有音乐、戏剧才能的艺术人才。他还用切实可行的方法亲自指导民众接受通俗歌曲，并为民歌填词。在瞿秋白的精心管理下，中央苏区的音乐活动保持着活跃、兴旺的面貌。

（二）书画世界中的实践理论贡献

中国书法是表现思想境界的民族艺术，在某种程度上讲，书法表达的是特定情境中书写者的特定审美感受。瞿秋白的书法作品可谓亦如其人，率直且清秀。他的作品，不仅体现出深厚的文化理论素养，而且蕴含着卓尔不群的灵气。书法不同于一般的艺术书写，要真正把握书法的精髓及其美学意蕴，不仅需要丰富的学识、扎实的功底，还需要开阔的文化视野以及独特的美学品位。自古人才难得，出类拔萃、卓尔不群的人才尤其不易得。瞿秋白的文化修养、艺术才能凸显出其个人的博学卓识、识见深卓、才华出众。

瞿秋白的书法作品不多，因此尤为珍贵。1930 年，瞿秋白在上海从事革命文艺活动，他的文学才能有时间得以发挥。瞿秋白妙笔生花，以书法笔体书写了很多翻译作品、杂文等。1931 年他的《乱弹》

手稿，就是综合运用行书楷书不同笔体完成的艺术珍品，用笔流畅，柔韧清秀，足以见其功夫之深。瞿秋白在此期间还与鲁迅建立了深厚的革命友谊。鲁迅用书赠瞿秋白对联，瞿秋白也书赠诗笺给鲁迅。二人间的友谊，就像马克思与恩格斯一样。20 世纪 30 年代初期，瞿秋白赠挚友鲁迅一幅诗作书法，从内容上看，正如他自己所评价的颓唐气息浓郁，亦如包括陈铁健先生在内的诸多学者所分析指出的，如“江南旧梦已如烟”的表述显示出的是与其当时年龄不相符的颓废消沉的心境，也从反面体现出社会和家庭变故对青年瞿秋白的打击和影响。但从书法艺术上评判，他的这幅写于印花宣纸上的作品却柔中见刚，浑然天成，体现出他独有的艺术特质。同年底，他又以诗会友，在给鲁迅的信中留下了另一幅读后感式的诗作书法作品，批判了申报副刊《自由谈》上“不向刀丛向舞楼”之类的所谓自由文艺倾向。单从其成诗的行书艺术上考量，艺术线条的表现力达到极致，体现出其深厚的艺术功力，作品中显现出浓厚的书卷气息和深厚的文化意蕴，和谐的笔墨结构，给人一种字里行间句句有画、字字有情的丰富情感境界。

1935 年在狱中的瞿秋白知道自己将离开人世，此时他的内心是复杂而平静的。在狱中他赠予陈炎冰一个条幅，写有《浣溪沙》《卜算子》两首词，其中既有“廿载浮沉万事空”和“花落知春残”般的凄凉和伤感，亦有“春再来”和“香如故”的豪情和铁骨。从作品书写上看，行笔厚重、流畅，气韵相连，布局秀逸，展示出一种清新高雅的个人风格。瞿秋白的书法是用他独特的人生智慧和艺术素养绘就的珍品，从某种程度上讲，亦是他人生的缩影，无论在章法还是在笔法上都散发着他浓郁的个性特征。

瞿秋白回忆自己研习书法的历程，从开蒙识字起各种字体都要花费大量的时间和精力反复练习，时间长了也就成了习惯，只要拿起笔，自然而然就要以艺术美的标准来考量，“笔锋都要讲究美”①，而这种艺术美是以海量的心血才能够换来的。可见瞿秋白的书法并不是一朝一夕练就的，而是下过一番功夫的。瞿秋白的艺术成就，不仅仅是幼时的功夫，更是他多方面艺术修养的体现，除书法以外，在文化、绘画、篆刻艺术等领域他也是无所不精的。广博的知识、深厚的修养、无产阶级革命家的胸襟，开阔了他的书法文化视野，从而提高了他的书法立意的高度和内涵。

瞿秋白多才多艺，不仅善于书法，而且善于绘画。他不仅书能写其形，而且画能表其神。瞿秋白的画师从其父瞿世玮。瞿父在我国美术史上占有相当高的地位，曾是清初以恽格为首的常州画派后期的画家之一。瞿秋白一生喜好书画，但现在流传下来的仅存两幅山水画。第一幅是1916年的《江声云树图》，是赠给其表妹金君怡的山水画，画面江水滔滔，江面小舟一叶，舱中一士者，旁有一犬相随。山岭险峻，秋雾遮盖，飞鸟远去。同一年，瞿秋白家境日益艰难，为求学谋生，他考入北京政府成立的俄文专修馆，当时，昔日同学李子宽就读于北大政治学，时常看望生活艰难的瞿秋白，6月，瞿秋白赠其山水画《松风琴韵图》一幅，此画高山临水，老松成林，溪水潺潺。山、水、林、石惟妙惟肖。从这两幅画来看，瞿秋白的画风虽与其父相似，但画法较其父更加细润缜密。与前辈们一样，瞿秋白也喜欢表现秋景，虽然题材相同，但是在表现手法和作品格调上却各有千秋，瞿秋白的画作更加凸显清逸灵秀之气，表现了作者对人生理想的不懈追求。从瞿秋白的山水画中，可以看出一种空灵之气。这种境界的形成，离不开画家高深的文学和思想修养。瞿秋白早年所接受的传统文化教育，特别是儒家诗书的礼仪风雅，佛道两家的体悟求真、宁静淡泊等思想由内而外地融汇于他的笔尖，自然而然地成就了他画作的境界。此外，他的人生境遇同样赋予了他独特的心灵体验，瞿秋白早年因家庭破灭，前途渺茫。这种心境跃然纸上，形成了他

① 陈铁健：《从书生到领袖——瞿秋白》，上海人民出版社1995年版，第436页。

画作中潇肃归隐的空灵之境。

美具有广泛的场域，瞿秋白在艺术画作中的境界之美，同样体现在他的散文作品之上。在中国文艺发展历史上，最早可以追溯至魏晋南北朝时期，绘画和文学这样的文艺形式刚刚形成不久，两者之间相辅相成的特性就显现出来，特别是写景散文与水墨山水画更是形神相似，互相渗透，掌握其中之一的艺术家往往在另一领域也具有很深的造诣，这样的传统一直流传至今，并在瞿秋白身上得到了充分的体现。他诗中有画意，画中有诗的艺术风格，展现出独特的艺术魅力。开创了中国现代散文先河的《饿乡纪程》和《赤都心史》，亦文亦画，特别是在描写山水景物的部分体现出瞿秋白的绘画技巧和意识，使得整部散文作品集都呈现出生动唯美的绘画效果，也更具感染力。

（三）戏曲实践理论贡献

戏剧理论和实践是瞿秋白为中国革命文艺事业发展所作的巨大贡献。在他短暂的一生中，他翻译、介绍过不少外国戏剧论著，在此基础上还积极投身创作演出活动，在理论和实践上为革命戏剧的发展作出了不可替代的突出贡献。辛亥革命后并未根除的封建思想遗毒和侵入中国的帝国主义奴役思想一同占据着中国戏剧舞台，五四运动后兴起的无产阶级大众化的进步戏剧，亦出现了名不副实，仅仅把“大众化”的口号停留在口头上的问题。瞿秋白当时住在上海南市的紫霞路一带，经常抽空去看一些通俗表演，深入社会生活实际对无产阶级大众文艺特别是戏剧文艺形式进行认真的观察和思考。他发现处于社会底层的广大工农群众素来比较偏好具有民族特征的通俗艺术形式，比如皮影戏、木头人戏等，但这些传统的戏剧文艺形式却是为封建传统和资产阶级反动的思想意识服务的，这些戏剧在内容上充斥着“封建妖魔和‘小菜场上的道德’”①，也正是因此，瞿秋白倡议将大众化落到实处，继承传统的大众能够接受的民族化的戏剧艺术形式，同时通过创作进步革命戏剧革新这些艺术内

① 瞿秋白：《瞿秋白文集（文学编）》第1卷，人民文学出版社1985年版，第463页。

容，真正让戏剧服务于工农群众。早在20世纪30代初期，瞿秋白就提出了“创造普罗的大众文艺”的口号，并在《大众文艺和反对帝国主义的斗争》《鬼门关以外的战争》等系列文章中，系统阐释了文艺大众化理论，围绕内容、途径等核心问题进行了创造性的论证。首先在内容问题上，他认为革命的大众戏剧，树立光辉的革命形象，弘扬正能量应当是主旋律，同时也能不排斥对于反面角色的刻画，但强调立场是关键。其次，在方法途径问题上，他认为革命的大众戏剧最初应当继承原有的为广大工农群众所普遍接受的旧有民族特色形式，在革新内容的过程中渐次添加新因素，“养成群众的新的习惯”①。最后，在戏剧语言问题上，他主张为了让文化水平不高的普通群众接受，应改用“现代中国活人的白话”，即大众听得懂的中国话。在演出环境问题上，他更看好如茶馆、工坊或街头这样无产阶级聚集的地方，特别鼓励年轻的艺术家们在这些地方扩大革命戏剧的影响，同时也使自身得到锻炼。总之，瞿秋白认为，革命戏剧“一定要为着文艺的大众化而斗争”。这些结合中国当时革命现实需要提出的“大众戏剧”理论，在使戏剧与广大工农群众结合、为人民大众服务、推进进步戏剧发展等方面具有重要的历史意义，在中国戏剧界产生了深远的影响。1933年，中央苏区原有一所蓝衫团学校，存续时间很短，仅办了两期，也未单独挂出牌子，只附在工农剧社之内。瞿秋白来到中央根据地工作以后，在此基础上对其予以大力发展和规范化，扩建为中国无产阶级政党的最高艺术学府。他指出，没有戏剧工作的骨干，就谈不上工农戏剧运动。于是，他把蓝衫团学校改名为“高尔基戏剧学校”。他解释说：“高尔基的文艺是大众的文艺，应该是我们学校的方向。”1934年秋，第五次反“围剿”失利以后，瞿秋白留在了江西继续斗争，他让高尔基戏剧学校的教员和学生深入农村和战地演出。他还亲自编辑了中央革命根据地唯一的剧本集《号炮集》，并为剧本集写了序言。

---

① 瞿秋白：《瞿秋白文集（文学编）》第3卷，人民文学出版社1989年版，第18页。

瞿秋白戏剧活动的另一个重要方面是翻译、介绍外国进步戏剧。瞿秋白翻译的外国剧本，有俄国19世纪诗人普希金的长篇叙事诗《茨冈》、苏联文艺评论家卢那察尔斯基的大话剧《解放了的堂·吉诃德》等，此外，普列汉诺夫（Plekhanov）的《亨里克二易卜生》的第九章《易卜生的成功》及《法国的戏剧文学和法国的图画》等也是他的译作。

综上所述，瞿秋白对发展中国戏剧的贡献主要表现在两个方面。一方面，扩大了戏剧无产阶级化的影响。与站在民主主义的立场上的戏剧改良不同，瞿秋白提倡无产阶级戏剧，他自觉地站在“新兴”无产阶级立场上，依循科学的理论指导，紧密结合中国社会政治情势的变化，弘扬无产阶级的革命精神，扩大了“无产阶级戏剧”的影响，推动中国现代戏剧由民主主义转向无产阶级文化形态。另一方面，推动了戏剧大众化的发展。瞿秋白提倡戏剧的大众化，目的就是让广大工农群众真正成为戏剧的主体，不仅成为戏剧主角形象的生活原型，而且成为戏剧艺术服务的对象，通过戏剧艺术实现自身的解放和发展。

二 通观艺术构建无产阶级艺术理论体系

俄国十月革命的胜利，成为中国将学习的目光自西转向东的关键因素，而绘就了共产主义美好未来的，为俄国革命实践成功检验的马克思主义理论，亦由此成为中国进步的觉醒者们观察思考中国社会文化问题的科学武器，其中马克思主义艺术理论被中国进步的艺术家、思想家转化为分析和解决中国社会和文艺实践问题的重要理论工具，发挥了重要作用。瞿秋白就是其中重要的一员，他关于艺术功能、形式和发展的马克思主义文艺理论成为推动中国艺术现代化进程的一颗璀璨的思想明珠。

（一）关于艺术的功能

瞿秋白认为中国新型艺术首先应当具备为无产阶级革命服务的功能。从五四新文化运动开始，无论是对外国文艺的译介，还是新文学家的理论创作实践，强调阶级属性，突出政治功能成为中国艺术发展过程中鲜明的阶段特征。从五四时期提倡的“革命文学”，到20世纪30年代的左翼文艺运动，在中国艺术理论的发展中始终存在着为无产阶级革命服务，以马克思主义为指针的认识。在标志着毛泽东文艺理论成熟的《在延安文艺座谈会上的讲话》中，文艺被作为整个革命机器不可或缺的重要组成部分位于突出的地位，承担着充当战斗武器的历史职责。

回顾中国近代历史，空前的民族危机曾促使文艺承担起启蒙与救亡的双重历史重任，在社会革命和变革过程中冲锋陷阵。因此，新文化运动以来，中国艺术理论家们开始强调马克思主义关于阶级斗争的学说，关于经济基础决定上层建筑的学说，他们希望艺术能唤醒民众的反抗意识、激励人民起来革命，要求艺术能成为革命斗争的有效工具。对于艺术的阶级倾向性，瞿秋白有着清醒的认识。他指出艺术与现实总是密切联系在一起，艺术来源于现实，反映着现实，现实中的艺术家在创作艺术作品的时候，不管是否承认，总会出于不同的立场表达不同的态度，不管是正面的感召、赞赏，还是负面的批判、厌恶，或者貌似中立的冷淡，“他必然的抱着一种态度”①。30年代，左翼文艺运动蓬勃兴起，这些进步艺术家们站在马克思主义的立场上，为推进无产阶级文艺事业作出了突出贡献，瞿秋白是其中杰出的代表人物。他运用马克思主义理论观点，分析明确了艺术的社会意识本质，从而科学地阐明了艺术的性质和社会功能。关于艺术与经济的关系，瞿秋白特别写道：“一切社会心理都是经济发展之结果；然而既已形成之后，又做经济发展之助缘；艺术亦是如此。”② 他将马克思主义唯物辩证法用于说明艺术与经济的关系上，说明了艺术与经济之间的辩证依存关系，属于中国这一领域的先驱者。

毛泽东在系统阐述其新民主主义文艺思想理论的《在延安文艺座谈会上的讲话》中明确提出“我们是无产阶级的革命的功利主义者”。这样的表述主要是针对文艺要为革命服务，发挥文艺的革命功能而言的。

---

① 瞿秋白：《瞿秋白文集（文学编）》第5卷，人民文学出版社1987年版，第324页。

② 瞿秋白：《瞿秋白文集（政治理论编）》第2卷，人民出版社2013年版，第571页。

毛泽东系统地论证了这一问题，从文艺服务的对象、发挥文艺服务功能的方式、文艺与生活政治的关系等角度进行了全面阐释，可以视之为关于文艺革命功能在当时最为成熟的理论。因此，在新民主主义革命早期，瞿秋白从中国社会历史现实出发提出的文艺革命功能理论，不仅是顺应时代和实践需要的结果，还为毛泽东揭示文艺的革命功能奠定了基础。

此外，瞿秋白还高度重视通过艺术的大众化运动在广大群众中扩大马克思主义的影响。马克思主义至今仍具有旺盛的生命力，就在于它强调社会实践和精神实践的重要性。理论与实践相结合是马克思主义的一个根本特征。马克思主义认为，社会生活在本质上是实践的。中国艺术理论的实践特色，来源于革命文艺实践和中国社会的现实生活，是对中国文艺实践的总结和概括，并反过来指导文艺实践。五四运动时期，中国进步的艺术家接受了马克思主义艺术理论，是同中国人民反帝国主义、反封建主义的革命实践紧密相连的。不同于苏联和西方，马克思主义关于艺术的理论观点是在寻求民族独立和发展的历史环境中，在中国得以传播的，作为引进这一科学理论的先进知识分子，其初衷亦是借此实现挽救民族危亡的政治目标，他们更为看重的是艺术在影响人的思想认识和精神风貌方面的功能作用，进而影响人的行为活动，改变民族国家命运。艺术的这种功能是在革命实践过程中得以实现的，也正是因此，自马克思主义在中华民族传播之初始，中国化的艺术理论就通过强烈的实践性使马克思主义在大众中广泛传播并创新发展，也可以说艺术的革命功能体现出鲜明的实践性特征。

早期中国共产党人在中国传播艺术理论的初期，往往是以科学的唯物史观和马克思主义哲学反映论观点作为理论基础的，以此揭示艺术的社会属性，促进中国艺术的发展。瞿秋白作为中国无产阶级理论家、革命家，他的艺术理论的形成和发展，是从中国革命及其文艺的实践需要出发的，并运用马克思主义基本原理分析、解决中国革命文艺的实际问题，发挥艺术现实功能的。在这方面他的贡献主要体现在引进并运用马克思现实主义理论上，如1932年编译的《现实——马克思主义文艺论文集》和《列宁论托尔斯泰》等。他根据国外一些资料，结合当时国内革命斗争的理论需要，编写、翻译、评述了马克思主义文艺思想，并结合个人及其他优秀作家的认知，阐发了马克思主义文艺学说在中国发展的理论现实意义，涉及艺术理论的诸多基础问题，并介绍了文学评论的历史唯物主义观点及具体的方法等，扩大了科学的指导理论在中国传播的广度和深度。

（二）关于艺术的形式

瞿秋白倡导艺术形式的民族化。五四运动时期，外国文学艺术和理论被大量移植和借鉴，特别是源自苏俄的马克思主义艺术理论，成为国内争相学习的重点。但这种学习面临着异质文化融合的挑战，如何能够使得产生于具有不同历史传统和民族习惯的艺术成果，在具有中华民族历史特征和审美标准的新的土壤中扎根、开花、结果，就成为中国艺术家们一个不可回避的问题。面对这一难题，瞿秋白进行了深入思考，他认为，可以“运用旧式的大众文艺的形式（说书、演义、小唱、故事等），来表现革命的内容，表现阶级的意识”①。这种旧式的大众文艺形式，就是民族化的艺术形式。瞿秋白是在论证文艺大众化的过程中阐明艺术形式的民族化问题的，他在《普罗大众文艺的现实问题》中明确提出这一观点，认为为广大群众所喜闻乐见、易于接受的艺术形式，必然具有民族的特征，这是在漫长的民族发展过程中逐渐形成的，因而要注意利用传统民族形式，创造出新的艺术形式。他具体论证指出，无产阶级的大众艺术，应当而且只能以“旧式体裁”② 的形式出现，这种旧式体裁，包括民族传统歌曲、话剧，甚至无字的连环画、无形的朗诵等各种形式，当然，采用这种旧有形式也绝不是墨守成规地照搬和模仿。他在《普罗大众文艺的现实问题》中明确指出，一方面应当对如说书、剧本、

① 瞿秋白:《瞿秋白文集（文学编）》第1卷，人民文学出版社1985年版，第493页。

② 瞿秋白:《瞿秋白文集（文学编）》第1卷，人民文学出版社1985年版，第471页。

连环画等民族传统艺术形式进行变革，渐次扩充“新式的描写叙述方法”[①]；另一方面也可以综合运用各种民族传统艺术形式，创新产生原本并不存在的新形式。

瞿秋白在艺术方面留下了很多宝贵的遗产，他所展现的艺术形式是多方面的，除了音乐、书画、戏剧方面，他还创造并参与了篆刻、诗歌、木刻等艺术活动，翻译撰写了许多马克思主义艺术理论著作。但是无论何种形式的艺术作品，都能从其中体现出他倡导艺术形式的民族化的主张。比如，在“文艺大众化”讨论中，瞿秋白曾就连环画这种特殊形式对艺术民族化发表了自己的见解。当时处于20世纪30年代初，为攫取财富，出版商发行的旧连环画，内容大都荒诞不经，诲淫诲盗，这引起了当时在上海养病的瞿秋白的关注。他在同年十月的《论大众文艺》中尖锐地指出，当时普遍存在的如说书、连环画、戏剧等在内的所谓大众艺术的实质，是反动落后的统治阶级对广大劳动群众进行“奴隶教育”[②]的工具，他并非否定这种具有民族特点的旧有艺术形式，而是对统治阶级利用其剥削奴役劳动民众的行为进行批判，他主张无产阶级应当充分利用这种具有民族特点的艺术形式，比如创办俗话报纸等专门针对那些没有知识不识字或者识字非常有限的贫民，这个时候连环画的作用就凸显出来了。鲁迅在这个问题上与瞿秋白保持了统一的认识。他曾写下许多连环画论文，也与瞿秋白的影响密不可分。冯雪峰在回忆鲁迅与瞿秋白关系的文章中就指出，鲁迅在与反动文艺势力进行斗争的过程中，对民族化的文艺形式给予了高度的重视，这“也和秋白同志的提倡有关系”[③]。此外，关于连环画的绘画艺术，也体现了其艺术形式民族化的主张。

（三）关于艺术的发展

瞿秋白在20世纪20年代回国后不久，即在《现代文明的问题与社会主义》一文中使用“自由”“正义”“真美”这样的词汇描绘共产主义

---

① 瞿秋白：《瞿秋白文集（文学编）》第1卷，人民文学出版社1985年版，第471页。

② 瞿秋白：《瞿秋白文集（文学编）》第3卷，人民文学出版社1989年版，第12页。

③ 冯雪峰：《回忆鲁迅》，人民文学出版社1957年版，第61页。

社会艺术文明的图景，由此亦可以探知，在瞿秋白心目中艺术的发展必然有着融“自由”“正义”“真美”于一身的前途目标，这样的目标恰恰正是马克思主义所追求的共产主义社会特征在文艺领域的具体体现，是瞿秋白的马克思主义文艺理论所阐明的基本原理。因而瞿秋白马克思主义文艺理论形成的历程，亦是他艺术发展认识的深化历程。

瞿秋白出身官宦世家，虽家道中落，但幼时所受的旧式家庭教育却十分严格。少时，他就随母亲背诵诗词，随父亲学山水画，跟伯父习金石篆刻，良好的家教氛围养成了瞿秋白终身不能被抹去的文人气质。1916 年，瞿母因家境贫寒服毒自杀。第二年，为了生存，瞿秋白随堂兄瞿纯白进京，考入北京俄文专修馆。1920 年 10 月 21 岁的瞿秋白以《晨报》驻俄特派员的身份登上了去莫斯科的列车。瞿秋白的第一个重要的文艺活动时期，就开始于 1921—1922 年旅俄前后。在 1921 年旅俄之前，瞿秋白认为革命前 19 世纪的俄国传统文艺是中国文艺的楷模。这个时期他还保留着激进的资产阶级民主主义思想。旅俄期间以及回国后的最初两年，瞿秋白通过对俄国革命的切身观察，把俄国革命后的无产阶级文艺视为中国文艺的发展方向、目标，对中国现实社会与文艺发展方向有了进一步的认识。将社会革命和文艺问题结合起来进行思考，提出了自己的一系列见解，逐渐完成了由民主主义者向马克思主义者的转变。

1922 年他完成的《俄国文学史》，是一部较完整的俄罗斯文学史纲，阐述了瞿秋白这个时期关于革命前俄国文学及其对中国文学意义的一些基本观点。在《俄国文学史》中，瞿秋白开始将艺术理论问题的研究与马克思主义基本理论相结合，强调艺术家活动受到经济社会发展规律的制约，第一次阐释了社会关系对艺术作用的决定性和艺术对社会关系作用的相对性观点，反映了瞿秋白文艺思想向马克思主义转变的一些特征。从他回国后发表的《赤俄新文艺时代的第一燕》《赤潮曲》《劳农俄国的新文学家》以及翻译的《国际歌》等可以看出，瞿秋白已经自觉地运用马克思主义理论阐释文艺问题，并且把苏俄无产阶级文艺作为中国文艺的发展方向和楷模，这与其五四运动时期将俄国 19 世纪传统文艺确定为中国文艺的目标已经有了本质的不同，这一时段的作品表明瞿秋白在旅俄之后两年内完成了向马克思主义者的转变，开始反思早期文艺战略构想中的乌托邦色彩。

从莫斯科回来的瞿秋白开始意识到国内文艺思想的不足。因此，在回国后，1923 年 1 月至 1924 年中这个短暂时期内，瞿秋白开始强调马克思主义和苏联无产阶级文艺的重要性，并试图系统地将马克思主义文艺思想从苏联介绍到故土上来。但是繁重的革命工作和紧张的战争形势迫使他中断了这一努力，全身心地投入政治之中，成为一位职业革命家。从此瞿秋白的一切写作动机都服从并服务于党这个中心。由于对马克思主义理论的熟练掌握和文人擅长写作的特殊素养，1923 年夏，瞿秋白担任了《新青年》《前锋》《向导》等中央理论刊物的主编和编辑工作，结合当时国内社会革命现实，发表了大量马克思主义理论文章和译作。八七会议以后，瞿秋白出任党报总编辑。他还在第二次赴苏联期间，成了俄文季刊《中国问题》的七位编委之一。从 1923 年旅俄前后到 1930 年前的从政主政，在这八年里，瞿秋白潜心政治理论写作和党务实用写作，凭借着逾二百五十万字的高产和发表于权威刊物的高质文章，毫无疑义地获得了早期中国共产党杰出理论家、宣传家的荣誉。

“退养”以后，是其艺术理论的发展成熟期。20 世纪 30 年代初，瞿秋白受以王明为主要代表的“左”倾教条主义排挤退出了中共主要领导人的行列，按他自己的说法，即进入了“退养时期”。退——从政治领导岗位退下来；养——旧疾肺病时时复发急需调养。瞿秋白自己也不会想到，在离开文坛近十载后，会以这样的方式重新回到文化舞台。从此，瞿秋白迎来了短暂人生文艺活动的第二个重要时期。在这个新的历史时期里，瞿秋白的文艺理论可以分为三个方面。

首先，系统译介和阐释马克思主义现实主义理论。瞿秋白被以王明为主要代表的“左”倾教条主义排挤出党的领导层，重新回到了文艺战线，开始了文艺活动的第二个重要时期。这个时期也是中国革命文艺转型与发展的关键期，无产阶级革命文艺运动刚兴起，“左联”的历史成就正在逐步展现，对法西斯“民族主义文艺运动”“自由人”“第三种人”等反动文艺派别及革命阵营内部错误文艺主张的斗争正全面、深刻地进行着，整个革命文艺阵营迫切需要科学理论武装，也正是在这个时候，瞿秋白充分运用自己精通俄语的优势，投身马克思主义艺术理论的翻译介绍工作。瞿秋白对马克思主义艺术理论译介的最大特点是系统性。译著中比较有影响的有1932年编译的文艺论文集《现实——马克思主义文艺论文集》和1933年翻译的《列宁论托尔斯泰》等。瞿秋白的马克思主义文学理论翻译译文明白晓畅、生动优美，表达细腻委婉而深刻，是翻译文学上的一个典范。鲁迅在去世前四天，还对他的译文称赞道：“《现实》中的论文……原是属于‘难懂’这一类的。但译这类文章，能如史铁儿之清楚者，中国尚无第二人，单是为此，就觉得他死得可惜。”[①] 瞿秋白基于自己接受和为满足当时左翼作家和理论家学习马克思主义文艺学说基本理论的需要，阐发了科学的文艺学说基本理论在国内被广泛接受和发展的现实意义和理论意义，涉及文艺与政治、文艺与生活等一系列马克思主义艺术理论的根本原则。瞿秋白的译介工作对批判机械唯物主义的决定论等都起到了重要的作用。他的文章《马克思文艺论的短篇后记》《论弗里契》等对纠正片面、过度地凸显世界观的作用，将世界观和创作手法机械等同起来的“左”倾错误提供了理论依据，为摆脱庸俗社会学影响，正确理解马克思、恩格斯、列宁等经典作家关于文艺创作的观点产生了积极作用。他对艺术理论的系统译介和阐释极大地满足了左翼作家在探索创作问题及其文艺问题上获取科学理论指导的迫切要求，同时也有效应对了进步文艺阵营中因认识差异而产生的矛盾，维护了革命文艺队伍的安定团结。

其次，倡导文艺大众化。作为左翼文艺界的一分子，瞿秋白在译介俄国马克思主义文艺理论的同时，还积极倡导文艺大众化思想。瞿秋白是论述文艺大众化问题最为系统、成果最为丰富的理论家之一。从1931

① 鲁迅：《鲁迅全集》第13卷，人民出版社1981年版，第446页。

年开始，他发表了关于文艺大众化问题的一系列文章，比较系统地阐述了文艺大众化涉及的许多理论和实际问题。瞿秋白围绕着“为着什么写?”“写什么东西?”“用什么话写?”“怎么样去写?”“要干些什么?”等核心问题，明确了大众文艺的目标对象是发动新型的文化革命和文学革命，大众文艺在内容上应该着力“揭穿假面具，表现新英雄”。另外，还要以讽刺和揭露的方式，戳穿一切虚伪的面具和腔调，批判揭发各种市侩主义。他反复强调进步的文艺工作者们要能够真正地投身劳农群众的生活，在观察和体验中完成向大众学习的使命，这事实上也是使自身的文艺素养得以提高的唯一有效途径，也只有通过这种实践学习的方式，才能获得大众的生活和语言，才能真正做到“无产阶级化”。

最后，积极开展马克思主义艺术批评。瞿秋白作为艺术理论工作者，具有一种自觉批评精神和与实践同一的理论风格，他对同时代的作家作品以及艺术观点进行了大量的批评实践。他的批评活动推动了中国现代艺术的发展。1947 年冯乃超编选《论中国文学革命》时，在后记中对瞿秋白这方面的贡献进行了积极的评论，指出瞿秋白能够充分灵活运用文艺批评的武器，帮助广大文艺工作者纠正自己的错误倾向。到 20 世纪 50 年代，瞿秋白甚至被称为“中国近代伟大的文艺批评家”。左翼文艺运动时期，瞿秋白对左翼浪漫主义进行积极评价；对资产阶级反动和虚假“自由文学”进行批判；运用唯物史观批判旧文艺，批评帮助“左联”克服“左”倾错误，引导其走向全面发展，实现了文化策略的转变，给中国的文艺理论发展提出了宝贵的意见。

总之，1930 年至 1933 年期间，瞿秋白在马克思主义艺术理论和艺术批评方面达到了自己艺术研究的最高峰。虽然瞿秋白的艺术理论也存在着某些历史局限，但他的艺术思想是 20 世纪二三十年代马克思主义艺术理论在国内广泛传播，与历史现实相结合的产物，亦成为后来毛泽东文艺思想重要的民族理论来源之一。

第 三 章

实践形态：瞿秋白文学、教育、新闻报刊思想

对象化是一个活动的过程，文化是人的本质的对象化，因此内在地包含着各种实践形态，作为文化伟人的瞿秋白，在思考中国无产阶级新型文化建设的过程中，着重在文学、教育、新闻等实践形态上形成了自己独特的中国化马克思主义文化思想。

第一节 瞿秋白文学思想

瞿秋白是20世纪30年代左翼文学运动的领军人物，中国马克思主义文学革命事业的重要奠基人，是中国马克思主义文学史上具有重要影响的马克思主义文学家。他率先尝试系统地将苏俄马克思主义文学思想介绍到中国，是中国无产阶级革命文学的重要创作者、重要阐述者和重要实践者之一，也是第一个写出关于社会主义思想作品的新文学作家，对中国马克思主义文学评论作出了杰出贡献。季世昌先生指出，在中国马克思主义文艺理论的发展史上，"瞿秋白文艺理论的地位，就在于它的承前启后"①，这即是说，他创造性地继承了自"五四"以来逐步形成的马

① 季世昌、静智：《瞿秋白与毛泽东文艺思想比较研究》，载汤淑敏、蒋兆年、叶楠主编《瞿秋白研究新探》，南京大学出版社2003年版，第328页。

克思主义文艺思想的衣钵，经过左翼文学运动的磨砺和发展，为中国共产党在延安时期形成科学的文艺理论体系奠定了坚实的基础。

一 关于马克思主义文学作品的译介

瞿秋白是中国最早介绍苏俄文学的马克思主义文艺理论家，对马克思主义文学作品在中国的传播作出了突出贡献。作为翻译家的瞿秋白翻译作品的数量让人惊叹，总译量占其文集的二分之一，包括托尔斯泰（Tolstoy）、高尔基（Maxim Gorky）、普希金、果戈理（Nikolai Vaslievich Grgol - Anovskii）等人的文学作品。他所译介的《海燕》等作品广为传播，瞿秋白敢于探索和创新，对中国翻译理论的发展作出了重大贡献。围绕瞿秋白的政治实践活动，瞿秋白对苏俄的译介文学活动分为三个阶段，呈现出不同的特色。

第一阶段是指瞿秋白赴苏俄留学之前的俄文专修馆学习时期。这一阶段瞿秋白还是一个激进的资产阶级民主主义者，把传统的俄国文学当作中国需要学习的对象。此时的瞿秋白在俄文专修馆就读，从 1918 年开始接受新思潮，形成新的文学观。开始接触到普希金、屠格涅夫（Ivan Sergeevich Turgenev）和托尔斯泰等苏俄作家的文学作品，有了对苏俄文学的了解和尝试翻译的激情。这一阶段以翻译托尔斯泰的作品为主。1919 年 9 月他翻译了第一部苏俄文学——《闲谈》，即俄国作家托尔斯泰的小说，发表在《新中国》杂志上。1920 年翻译了托尔斯泰的《祈祷》，还翻译了阿里鲍甫的《可怕的字》、果戈理的《仆御室》和《妇女》、契诃夫的《好人》以及《国际歌》等。他还与耿济之共同翻译了《三死》等托尔斯泰的小说，后编入《托尔斯泰短篇小说集》出版。他此时的兴趣更多地来自个人的审美情趣和偏好，对文学与现实的认识并不深刻。这些作品无疑承载着翻译者的思想观念，可以看出此时的瞿秋白是一个托尔斯泰式的无政府主义者。但瞿秋白对托尔斯泰的兴趣并未持续很久，很快就转变为马克思主义者，这也是五四新文化运动时期，一大批激进的知识青年所走过的心路历程。这一阶段对中国新文学可能呈现的形态进行探索具有重要的实验性意义。

第二阶段是指瞿秋白旅俄期间和回国后的最初两年。瞿秋白逐渐转变为一个马克思主义者，他开始把俄国革命后的无产阶级文学当作目标，提倡中国也向这一方向和模式发展，他开始关注未来世界文化发展问题，对文学与现实社会的关系问题有了较为深刻的认识。瞿秋白希望通过对俄国社会的考察找到解决中国社会发展问题的答案。通过分析比较，他发现其时中国文学家面临的东西文化冲突问题也正是俄国19世纪80年代作家所面临的问题，他认为俄国跨越资本主义文化阶段的做法值得中国学习和效仿。回国后，瞿秋白看到中国的马克思主义者对马克思主义的社会政治思想了解颇深，而对马克思主义文艺思想知之甚少，于是他试图将苏俄马克思主义文艺思想介绍到中国来，强调苏俄无产阶级文学的重要性。但他的想法并未能很好地落实。一方面由于当时的中国文学艺术界深受西方资本主义美学思想影响，不能接受瞿秋白的政治色彩较为浓郁的文艺理论；另一方面此时创造社和文学研究会两个文学团体处于对立状态，难以达成对马克思主义文艺理论的共识。此后不久，瞿秋白本人也投入革命活动中，理论研究被搁置。

第三阶段是指1931年至1933年间，瞿秋白被以王明为主要代表的“左”倾教条主义排挤出党的领导层，虽身处逆境，却重新回到文学战线。这一时期也是中国革命文学的转型和发展时期，无产阶级革命文学兴起，迫切需要马克思主义科学文艺理论的武装，瞿秋白再一次投入了马克思主义艺术理论的翻译和介绍工作。这一时期瞿秋白翻译成果丰厚，既翻译了恩格斯、列宁、普列汉诺夫等马克思主义作家的著作，也翻译了高尔基、普希金等马克思主义文学家的文学作品。1931年夏，瞿秋白夫妇搬入谢澹如的家中养病，然而此时的他并没有因为个人的得失而沉沦，而是以一个马克思主义者的宽阔胸怀继续他未完成的事业，将精力转移到了文化战线上，依然在研究、学习、翻译和宣传马克思主义，继续作为一个马克思主义知识分子为革命事业和中国的文化发展作出杰出的贡献。身患重病的他每天从事16个小时左右的翻译工作。1931年5月他开始翻译列宁的论著《卡尔·马克思》，译成了《马克思底学说》和《哲学的唯物论》两小节，分别介绍了马克思主义的三大理论来源和新旧唯物主义的区别，为中国提供了高质量的马克思主义理论读物，有效地扩展了中国马克思主义理论视界。瞿秋白还翻译了列宁的论文《列夫·托尔斯泰像一面俄国革命的镜子》，列宁在这篇文章中运用辩证唯物论分析了托尔斯泰的作品，并对托尔斯泰做了实事求是的客观评价，对其伟大之处大加赞赏。翻译的同时还告诫人们只有坚持工人阶级领导下的无产阶级革命才能彻底地改善人民的生活，取得革命的成功。1931 年 11 月，鲁迅邀请瞿秋白翻译苏联著名作家兼文艺评论家卢纳察尔斯基（Lunacharski）的作品《解放了的堂·吉诃德》。瞿秋白的翻译也可谓大手笔，人物刻画和角色语言都惟妙惟肖，是剧作翻译中的精品，有效地传达了原剧的思想性和艺术性。高尔基是瞿秋白特别推崇和敬重的苏联社会主义文学奠基人，1932 年 12 月，瞿秋白在身体状况不佳的情况下又完成了《高尔基创作选集》的翻译工作。其中包括《高尔基自传》《海燕（之歌）》《莫尔多姑娘》《同志》《坟场》等，约 15.4 万字。瞿秋白的文学造诣深厚，对俄文的领悟和驾驭能力很高，在翻译的过程中得心应手，充分达到了“意美”和“形美”完美结合的意境。诗歌的翻译充满乐感、节奏、韵律，语言表达自由、凝练，散文翻译饱含激情、清新、活泼，小说翻译冷峻、生动、锋利，传达了原作者的心意和立场，即使是今天的专业翻译家也难望其项背。在《高尔基创作选集》的后记中，瞿秋白对其中的 5 篇作品做了深刻的分析和阐释，堪称经典。1933 年 2 月，英国剧作家萧伯纳（George Bernard Shaw）应宋庆龄的邀请来到上海，但只停留了一天的时间，而中国报纸当时的报道能力一般，报道随着萧伯纳的离开转瞬即逝，于是鲁迅和瞿秋白合作编译了《萧伯纳在上海》，客观地反映了中英日俄报刊对萧伯纳的嫌恶态度，真实地再现了萧伯纳在上海的谈话，反映了萧伯纳对于世界各国都将走上社会主义道路的坚定信念。此书成为声讨美、英、日等帝国主义国家在中国扶植傀儡，企图瓜分中国的战斗檄文。该书从收集资料、编辑、翻译到面世只用了

36天，在中国出版史上是罕见的。此外，瞿秋白还翻译了普希金的长诗《茨冈》，赞扬了热爱自由，为获得自由而顽强不屈的精神。这首诗瞿秋白翻译得严谨、认真、字斟句酌，而且富有创造性，采取“意译”的形式，被茅盾称为“艺术创造性翻译”。

瞿秋白既继承了我国传统翻译理论的精髓，又勇于探索、敢于创新，用清新、流畅、通俗的人民大众喜爱的语言和译作形式把新思潮、新的文学样式传播到中国。瞿秋白的翻译具有很强的政治化倾向，受20世纪30年代以苏联为中心的国际性左翼思潮的影响，作品主要集中在马列文论和苏联现实主义进步文学作品上，这些作品的译介，成功地满足了当时进步知识分子对马克思主义文论和苏联现实主义文学作品的需求。

二　关于中国现代文学创作

瞿秋白是中国无产阶级革命文学的重要奠基人之一，是中国第一个社会主义思想作品的创作者，他热爱中国革命文学艺术，始终坚持马克思主义文学方向和人民大众的立场和眼光。瞿秋白是“五四”以来新文学运动的倡导者和实践者，他创作了一系列优秀的文学作品，从《饿乡纪程》《赤都心史》《铁花》《江南第一燕》，到《那个城》《猪八戒》，再到《乱弹》文集的《一种云》，从散文、诗歌、小说到杂文，他孜孜不倦地探求文学的奥秘，把饱含激情的革命精神倾注于文学创作，形成了自己独特的、人民的、大众的、革命的创作风格和创作理论。

（一）瞿秋白的杂文创作

中国现代杂文是在五四新文化运动中产生的一种针对社会现实做出及时评论的短小精悍、锋利敏锐的写作形式。因此，杂文是一种较为特殊的写作形式，它直接涉足社会生活和政治领域，是一种介于文学与社会科学之间的表达形式。20世纪20年代初中国大变革、大动荡时期，这种形式也迅速发展起来。瞿秋白具有政治家和文学家的双重身份，这也注定了他和杂文结缘，形成了自己的独特感觉方式和创作角度。他从马克思主义的方法、原则和立场出发，使杂文成为其表达反传统、反侵略、反独裁，追求民主与自由的新型的创作写作形式。瞿秋白的杂文与鲁迅并驾齐驱，成为难以逾越的高峰。瞿秋白的杂文创作主要集中于30年代初期，站在无产阶级革命家的高度记述了这一历史时期中国社会的思想斗争，具有史诗般的意义。他的杂文是鼓舞革命人民战斗的号角，起到了教育人民的作用，在政治斗争和思想斗争上完成了重要的历史使命。他的杂文也是射向敌人的无比锋利的匕首，起到打击敌人的作用。虽然他从事革命文学运动的时间较短，却为中国现代文学史增添了宝贵而巨大的财富，鲁迅曾深深地感叹于他的文情并茂的创作。

瞿秋白在杂文创作上的贡献是中国文学史上一笔珍贵的遗产。他的杂文创作开始得比较早，是中国杂文创作的奠基人之一。1923年瞿秋白归国后为把自己所感急切地表达出来，写下了《最低问题——狗彘食人之中国》一文，此文是典型的政论性杂文，被公认为是瞿秋白杂文创作的起点。文章猛烈抨击了北洋军阀政府屠杀中国平民劳动者，残酷统治的恶行，并告诫人们只坐听一些人谈所谓制宪问题是没有出路的，会死无葬身之地。他号召年轻一代发扬五四精神，别做华盛顿会议的黄粱梦。此时的瞿秋白政治激情高涨，很快参加了党的活动，成为党的理论宣传家。他的主要工作是编辑党的报刊和撰写政论文章，杂文就成了这些报刊文章的补充。1923年至1924年出版的《前锋》杂志有一个栏目叫“寸铁”，发表了瞿秋白的一组杂文《鞘声》，包括《无用的语言东方文化》《世界的结局》《德莫克拉西的法兰西》《中国的花车和美国的公使》等12则杂文。此时的瞿秋白摆脱了曾经思想的迷惘，从20年代中期开始，他逐步形成了较为成熟的马克思主义的世界观和方法论，逐步成长为马克思主义理论家。在1931年党的六届四中全会上遭到了王明宗派主义的打击之后，瞿秋白被排除出党中央的领导核心，但他并没有消沉和冷落，而是转移到了革命文艺活动的战线上来，他依然呕心沥血地投入工作中，依旧关注中国革命的根本问题。1933年3月到10月，瞿秋白在相对安定的环境中写了不少杂文，并与鲁迅交换了意见，由鲁迅修改后用“鲁迅”的笔名发表于《申报月刊》和《申报·自由谈》，包括《儿时》《〈子夜〉

与国货年》《中国文与中国人》《关于女人》《最艺术的国家》《出卖灵魂的秘密》《人才易得》《王道诗话》《真假堂·吉诃德》《苦闷的答复》《透底》《曲的解放》等。其中前两篇用的是鲁迅的笔名，但鲁迅未作修改，因而也未编入鲁迅杂文集，而后边的这些文章经鲁迅修改后发表，后收录在鲁迅杂文集。这些杂文里包含了丰厚的马克思主义文学革命思想，坚持了马克思主义的原则，更包含了其对自己革命历程和所犯过失的深刻反思。他在《透底》一文中提出凡事彻底是好的，但“透底”却不高明，连续地向左转的结果可能是碰见了向右转的朋友。他意欲提醒革命者要从中国所处的具体国情和革命的实际形势出发，要规避极“左”的或右的错误思想倾向。他在《〈子夜〉与国货年》中讲到明明还只是子夜，却想当然地以为天已经大亮了，甚至以为太阳又要落山了，于是拼命赶路。形象地反思了他在革命中所犯的“左”倾盲动主义错误。此处也可见他是一个勇于自我批评、光明磊落的无产阶级革命家。随后，他开始编辑《鲁迅杂感选集》，并为其作序，序言达一万七千多字。序中对鲁迅的杂文及其思想做出了科学的评价，他说鲁迅既是文学家，又是思想家，认为鲁迅反对自由主义，反对虚伪的精神，是现实主义作家，体现了无产阶级革命文学传统。由于评价实事求是且深刻准确，至今为学术界所认可。瞿秋白的杂文集《乱弹》中收编的《一种云》也是瞿秋白这一时期的代表作。文章以描写自然景物隐喻中国的各种力量，勾画出中国黑暗的社会现状，预示了中国的未来。象征的手法使抽象的思想转化为生动的画面，既形象又闪耀着辩证法哲理的光芒，犀利的文风一方面揭露了反动派的黑暗统治，一方面鼓励和称赞战斗的人民，对推动30年代的杂文发展作出了突出的贡献。

瞿秋白撰写的杂文政治目的性鲜明，成为他政治批评的战斗武器。他将批判和攻击的矛头直指帝国主义和封建主义，撕下它们伪善的面具，揭露了它们要把中国变为殖民地的真面目和严酷现实。他在《财神还是反财神?》和《水陆道场》两组杂文中，一针见血地揭露了帝国主义的本质和意欲侵略中国的狰狞面目。他指出帝国主义就像大财神一样，一只手拿着算盘，一只手拿着宝剑，在哪做生意就抢到哪里，由于独占着中国市场，这些大财神决定着中国经济的存亡，在这样的条件下，他们永远不可能允许中国民族工业的丝毫发展以威胁自己的地位。瞿秋白还揭露了这些大财神与中国本土的地主和官僚等土财主，在扶植爪牙和寻找靠山的交易中相互勾结的现状。他如同绘画般生动的描写，真实地展现出半殖民地半封建的中国社会被剥削奴役的历史境遇，也通过这样的作品反映出作者对当时中国革命现实状况的准确判断，号召人民进行彻底的反帝反封建的资本主义民主革命。他的认识无疑是对王明“左”倾机会主义和托派的有力批判。这篇杂文运用马克思主义的基本原理，进行严密的逻辑推演，得出的科学马克思主义是对现实政治斗争的直接介入。这类直面现实政治斗争的文章是瞿秋白杂文创作的主要表达方式，在《新英雄》这组杂文中，他用“阿拉司令”的谑称影射蒋介石，带有浓郁的政治色彩，针砭时评，文字尖锐泼辣、畅快淋漓、嬉笑怒骂，可谓杂文中的精品之作。他的杂文创作在认识上和思想深度上超出了同时代的作家，是一个具有强烈政治色彩的马克思主义知识分子。

（二）瞿秋白的散文创作理论

瞿秋白步入文学领域始于散文，在五四运动的影响下，他积极译介国外社会主义理论，开始接受马克思主义学说，这也激发了他进行文学创作的热情，使他开始从事散文和诗歌创作，踏上新的文学之旅。1920年，他先后创作了一组散文《心的声音》，包括序言《错误》《战争与和平》《爱》和《劳动》等，发表于《新社会》和《人道》。这是他在散文创作上的尝试，因此笔法难免稚嫩，也还不具备马克思主义的文学观。

旅俄之行对于瞿秋白有着重要的意义，既是瞿秋白人生的重要转折点，也是他向马克思主义者转变的关键因素。在启程、中转和到达苏俄的过程中瞿秋白完成了十八篇通讯稿，并写成了《饿乡纪程》的大部分篇章。散文以他赴苏俄的见闻和感悟为内容，文章夹叙夹议，杂以抒情，书写了他的心路转变过程。《饿乡纪程》由商务印书馆于1922年出版发行，成为“文学研究会丛书”中的一册。《饿乡纪程》共十六节，前四节是作者对过去生活的回忆，以自己的心路历程为线索，记述了他在辛亥革命前后和五四运动时期的心理和思想的变化和奋斗的历程。第五节到第八节描写了滞留哈尔滨时的见闻和感想，此时他接触到俄国革命党人，交流了中俄文化，更激起了他探索俄国社会主义革命的信念，此时哈尔滨的经济状况和人民的苦难生活也让他充满悲伤。第九到第十六节写的是他离开哈尔滨到达莫斯科途中的见闻和随想，他讲到旅程中随着逐渐接触苏俄革命文化，越来越对俄国革命充满信心和希望。1921 年 11 月至 1922 年 3 月，瞿秋白又完成了另一本著名的散文集《赤都心史》，此书记述了瞿秋白在莫斯科的见闻和感悟，特别是他逐步地接受马克思主义的思想历程。此书是日记体，展示和剖析了他的内心世界，他的浪漫主义和现实世界的对立，理想和现实的差距都尽显其中，也不乏对苏俄革命的赞颂和向往。《赤都心史》是当时新文学的佳作，1924 年由商务印书馆出版，也是当时“文学研究会丛书”中的一册。《饿乡纪程》和《赤都心史》也是瞿秋白在散文创作上的精品，是五四新文化运动时期文学革命的优秀代表作，对于中国现代散文创作有重要的奠基意义。

瞿秋白的创作在内容、理念、问题方面都具有独特的价值和意义。瞿秋白的散文既代表了五四新文化运动之后的发展新趋向，又具有他自己的散文风格，并推动了现代散文的发展。五四新文化运动之后，中国散文开始迈入现代发展期，现代散文在对中国古典散文借鉴的基础上，更在文体、文风、表达方式上都有所突破和创新。在散文的功能方面承载了“文以载道”和“独抒性灵”的两种功能，既具有于文学的社会功能，又具有作者抒发个体情感，表达情绪感悟的功用。在文体表达方面改变为白话文，概念和内涵不再庞杂，而是更为单纯、狭义，成为和诗歌、戏剧、小说并列的一种表达方式，文章不拘泥于特定形式，以表达一定的社会思想和心灵感悟为要旨，舒缓、优美的表达一时兴起，出现了新一代的散文大家，瞿秋白无疑是其中一个具有独特风格的新时代散文家，他的散文明白畅晓、一览无余、含蓄蕴藉、深邃丰富，饱含了自己的独特韵味和深刻思想，具体表现在以下几个方面。其一，瞿秋白的散文在内容上多以见闻和感触为本，将所见所闻展现在作者的面前，随之表达出作者跌宕起伏的情感体验和对社会发展的深刻感悟。他细腻地表达出自己的心理变迁过程，逐步剖析自我、改造自我。把散文的取材由山水人物、风花雪月延展到社会人生。在《饿乡纪程》和《赤都心史》中，瞿秋白对苏俄的政治、经济、社会生活和文化艺术等进行了全方位的审视，人物涉及农民、工人、知识分子等社会的各基层、各领域。纵向上很好地把握了社会面貌和时代走向，横向上深入挖掘社会生活的内部深层结构，真实地再现了苏俄革命初期的社会景象，揭示深层社会本质。作者的描写没有停留在画面本身，而是深层展示了他从民主主义者转变为马克思主义者的心路历程。其二，瞿秋白的散文在文体方面表现出"大散文"的风格，具有大境界、大格局、大气魄。"五四"新文化运动之后的中国散文更多地表现出"小品"的特色，小巧精致，畅快轻松，如周作人、冰心等的散文作品。"小"固然有其长处，但也有其弊端，缺乏史诗般的大手笔、大格局，瞿秋白的散文却正好填补了这一空缺。瞿秋白撰写的《饿乡纪程》和《赤都心史》的字数分别为75000字和93800字，尽管篇目可单独成篇，但它们是一个不可分割的有机整体。《饿乡纪程》更是分为16小节，行文中放开手笔，挥洒成文，一气呵成，有如天马行空，又如滔滔江水。叙述并不以时间为序，而是以感悟为线索，将家族的发展、衰落，亲人的离散和个人的成长娓娓道来，时空交错，呈现出设计的雄伟和大气。在散文的大框架中，文章包括了叙事、游记、诗歌、杂文等各种表达方式，组成和谐统一的宏大叙事的大气魄的散文佳作，格局之大，史上罕见。现代散文重视独抒心意，强调散文的个性化，于是现代散文温婉细腻，触及情感和心灵，但也伴随着内容琐碎、境界狭窄、顾影自怜、孤芳自赏的问题。而瞿秋白以时代的拓荒者的大境界拓展了现代散文的视域，他深入探求内心世界，深度关注社会各阶层发展，开拓中国文化的新道路，处处体现出大境界。他站在历史的高度，高屋建瓴，用大气磅礴的史诗方式剖析个人、家族和社会的变迁，在时空发展的大境界中审视国家和个人，可谓具有大气魄。其三，从散文意旨来说，瞿秋白的散文有其独特的视域和个性。五四新文学主张突出作家的个性和独特性，瞿秋白的散文创作也致力于突出个性，他的散文表现出的深刻的思想性和意境使他超出了同期的很多散文家。他的散文没有表现出孤芳自赏，而是表现出一个无产阶级革命者的无畏的奋勇向前的先觉意识，一个探索者、先行者传递的散文的独特意境。在《饿乡纪程》的跋中，瞿秋白以革命的乐观主义精神回顾了自己在黑暗的社会现实和悲惨的家庭境遇中苦苦摸索探寻的历程，他将建立了无产阶级新生政权的饿乡比作苍茫大海中指引航向的灯塔，指出虽然这样的光芒仍然微弱，但却“勉强辨得出茫无涯际的前程”[①]。不仅如此，瞿秋白的散文还表现出作者的反思精神，他自我解剖，自我否定，而后奋勇向前，显示出不同于“五四”同期其他作品的自我超越意向。

（三）瞿秋白的新诗创作

在五四新文化运动的文学革命的推动下，新诗创作领域取得了重要的成绩。瞿秋白作为20世纪二三十年代的文坛巨匠，代表了五四新文化运动后中国文艺的发展方向。他的诗学主张和诗歌创作实践是研究中国现代文学史的一个重大课题。瞿秋在“五四”时期创作了20多首新诗，初步探索出自由体新诗样式，思想性和艺术性都达到了非常高的水准。五四新文化运动“反对旧文学提倡新文学”，1917年初，文学领域关于改良还是革命的争论在《新青年》上拉开了帷幕，胡适遂提出“须言之有物”“须讲求文法”“不模仿古人”“不用典”“不讲对仗”等八大主张。文学家们开始用白话文创作新文学。在诗歌领域，第一个开拓白话新诗的人是胡适。1917年至1919年间，胡适创作了《权威》《你莫忘记》《蝴蝶》等20多首新诗，新诗句式不限长短，声调不限平仄，用韵不限部，从平仄对仗的旧体诗中解放出来。这一时期新诗创作的另一代表是郭沫若。1918年是他创作新体诗的新纪元，三年后即创作出脍炙人口的新诗集《女神》，成为追求理想革命的文艺作品的典范。此外，刘半农、

① 瞿秋白：《瞿秋白文集（文学编）》第1卷，人民文学出版社1985年版，第109页。

鲁迅、周作人、徐志摩、冯雪峰等人亦在新诗创作方面有重大突破和贡献。在二三十年代还有一个人对中国的新诗创作和发展作出了突出的贡献，那就是瞿秋白。他是非常多产的诗歌作者，作品总数接近百篇。从创作时段上看，苏俄之旅深深触动了他的心弦，在这前后创作的新诗就有二十多篇，具有五四时期鲜明的时代特色。瞿秋白最早公开发表的白话体新诗是《远!》，1920 年 2 月刊登在《人道》创刊号上。这首新诗用两幅相反的现实图景相对照的手法，展示了阶级压迫下的世道的艰辛和人们苦难的生活。诗人透过社会万象和人生问题去剖析背后的根源，并表达了作者渴望建立新社会的强烈愿望。诗歌运用叠词、对话、对比等手法，节奏回环往复，句式自由，意境深远，达到 20 年代诗歌创作的一个巅峰。丁景唐先生曾对此有过专门的研究，他认为瞿秋白这首诗突出的优点即在于“思想内容”和“音节的谐和”①。瞿秋白另有一首述志诗，是他在赴俄旅程中回复自己的好友送别信时所作的《去国答“人道”》，他在诗中强调“宁死亦当一行”，表达了赴俄学习的决心，提出“为大家辟一条光明的路”，表明了作者的志向和目的。整首诗激情浪漫，意向雄伟，表达了作者志存高远的深远情怀。在旅俄期间，瞿秋白还创作了《无涯》《秋意》《东方月》《俄雪》和《海》五首新诗，诗歌借景抒情，感怀人生，意境幽远，既充满感情，又富有深刻的哲理，由景物、社会通达心灵和历史。其中《无涯》蕴含了深刻的哲学道理，抒发了作者对于奔赴苏俄的沉重的历史使命感和探寻解决中国问题出路的坚定决心。《无涯》在表达方式上进行了创新，句式长短不一又整齐押韵，被评价为是以词入诗的成功尝试。诗歌还借用儒释道的术语表达作者的情感和意蕴，是中国民族文化与现代新诗融合的典范。瞿秋白是抨击旧文化的先锋，但他同时又把传统旧体诗词作为心灵的后花园，使新旧文化得到了很好的传承，他从传统中走来，积极主动地吸纳新时代气息，在传统文体里注入新的思想，在旧的形式和格律中产生出新的含蕴和语意，

① 丁景唐：《学习鲁迅和瞿秋白作品的札记》，上海文艺出版社 1961 年版，第 143 页。

体现瞿秋白经历迷茫后形成的坚定的立场和价值取向，展示出大变革时期革命者丰富的精神世界。1923 年回国后，瞿秋白热情地宣传和介绍苏俄文学和苏联革命。他从俄文翻译了《国际歌》，同时撰写了新诗《赤潮曲》，这首诗评价极高，被称为《国际歌》的东方姊妹篇。诗中写道："赤潮澎湃，晚霞飞动，惊醒了五千余年的沉梦。……从今后，福音遍被，天下文明，只待共产大同……看！光华万丈涌。"① 诗中表现了对共产主义的期待和信仰，书写了追求共产主义的理想，充满了为共产主义奋斗，寻求解决中国问题之路的革命情怀。此诗后由许地山谱曲，发表在《新青年》上。1923 年至 1925 年，瞿秋白还创作了《飞来峰和冷泉亭》《铁花》《过去》《江南第一燕》《天语》《失题》《爱》《失题》和《群众歌》等九首诗歌。诗歌的主题分为两种，一种是如《铁花》《群众歌》等，意欲表达作者同情无产阶级的苦难，反帝反封建的革命激情和解放全人类的伟大情怀。另一种如《爱》《飞来峰和冷泉亭》属于抒发个体的生命体验、人生感悟的性情之作，通过清新明快的表达吐露了作者乐观向上的精神。瞿秋白通过诗歌创作的文学实践实现了他融合中西文化的思想理念，并通过诗歌这种凝练、深刻、直达灵魂的方式表达了作者作为马克思主义知识分子和无产阶级革命家的伟大的思想情怀。

三　关于马克思主义的文学评论

瞿秋白在中国现代文学史上和中国马克思主义艺术理论发展史上都具有重要的历史地位，他系统地译介和阐释马克思主义现实主义文学理论和文学批评理论，自觉地将马克思主义文学批评思想与文学现实相结合，将政治性与艺术性相结合，积极倡导和践行文艺大众化理论，形成了自己独特的马克思主义文学评论理论，并对同时代的作家及艺术观点进行了大量的批评实践，不仅在当时推动了中国的现代文学的发展，还

① 瞿秋白：《瞿秋白文集（文学编）》第 2 卷，人民文学出版社 1986 年版，第 360—361 页。

奠定了中国马克思主义艺术批评发展的坚实的基础。李何林将瞿秋白比作“中国的普列汉诺夫”[①]，他与鲁迅被称为中国现代文学的“双璧”。瞿秋白的马克思主义文艺批评立场、批评原则和批评理论对现代文学批评有重要影响。

（一）瞿秋白的文学批评理论坚持了四个重要原则，即坚持马克思主义辩证唯物主义的方法，坚持马克思主义现实主义理论，坚持文学大众化的方向，坚持政治与文学相统一的立场。

其一，瞿秋白的文艺批评理论以马克思主义唯物辩证法为基础。辩证唯物主义创作方法最早出自苏联的拉普。1928 年，苏联第一次无产阶级作家代表大会通过《文学革命和当代文学》的决议，决议中提出：“只有受辩证唯物主义方法指导的无产阶级作家能够创作一个具有特殊风格的无产阶级文学流派。”[②] 决议中的辩证唯物主义创作方法是指要揭示现实生活的内在发展规律，现实主义被看作唯物主义。这一创作方法形成后被确立为无产阶级文学方法，进而向各国推行。然而此后拉普因为其庸俗的错误主张被解散，随后被批判，现实主义取而代之成为基本的文学创作方法。拉普文学在传入中国后影响广泛，成为左翼作家主导的创作方法，并以此对“革命的浪漫主义”进行了批判。1932 年 4 月，瞿秋白、茅盾、钱杏邨、郑伯奇为阳翰笙的长篇小说《地泉》作序，阳翰笙也作了自序，五篇序言都集中否定了早期无产阶级文学的“革命浪漫主义”倾向。瞿秋白撰写的序言名为《革命的浪漫主义》，他用“革命浪漫主义”概括了大革命失败后的一部分文学作品表现出的迷茫、焦虑而又狂热的复杂的不合实际的幻想。他将带有公式化、概念化的偏于个人情绪表现的创作方式称为“革命的浪漫主义”，并分析了其形成的历史文化根源，指出这种感情主义、英雄主义、团圆主义、个人主义的伪浪漫主义容易走向右倾错误。

---

① 李何林编著：《近二十年中国文艺思潮论（1917—1937）》，陕西人民出版社 1981 年版，第 15 页。

② 艾晓明：《中国左翼文学思潮探源》，湖南文艺出版社 1991 年版，第 140 页。

其二，瞿秋白的文学评论坚持以马克思主义现实主义为理论基础。瞿秋白早年就曾对文学要真实地反映现实生活发表过自己的看法，他指出，民族国家社会生活通过各种方式展现着自我，其中文学是其最为绚丽的方式之一，在众多民族国家的文学作品当中，苏俄文学之所以能够脱颖而出，还在于那种“艺术的真实”。这种真实，要求艺术家投身社会生活环境之中，放弃原本主观的情绪，听凭心灵如实地映射“社会情绪”，忠实而客观地反映生活本身，使文学与现实的“某部分相响应”①，文学的革命使命和社会责任亦能在这一过程中得以实现。1928—1932 年，左翼的指导思想并不是真正的马克思主义文艺思想，而是来源于苏联的普列汉诺夫、梅林（Merlin）、托洛茨基（Trotsky）等人的思想，其中尤以庸俗社会学占主要位置。1933 年前后，随着国际左翼文艺界对庸俗社会学的大力批判，国内左翼也受到了影响。基于左翼革命文学发展的需要，瞿秋白编译了《现实——马克思主义文艺论文集》，并撰写《马克思、恩格斯和文学上的现实主义》《文艺理论家普列汉诺夫》等文章介绍了马克思、恩格斯的现实主义思想，以此提倡革命文学的真实性、形象化和典型性，并提出世界观不能替代创作方法。由此出发，瞿秋白划清了与庸俗社会学的界限，把中国左翼的发展引向了现实主义创作。此时的瞿秋白虽然依然坚持辩证唯物主义的创作方法，但是是区别于庸俗社会学的，他强调马克思主义现实主义的创作路向，坚持能动的反映论，认为艺术创作要通过描写具体的形象来反映现实生活，反对以通俗的“归纳”“推理”论文替代艺术创作，批评为反映无产阶级立场而进行的简单化、机械化创作。

其三，瞿秋白提倡大众化的创作方向。瞿秋白是党的早期主要领导人之一，从政治领袖位子上退下来的他，主动与鲁迅共同承担起左翼文化运动的领导责任。他利用精通俄语优势翻译了大量经典马克思主义文艺理论，提出了无产阶级文艺大众化思想。他并没有止步于概念口号的

① 瞿秋白：《瞿秋白文集（文学编）》第 1 卷，人民文学出版社 1985 年版，第 256 页。

提出，而是在全面系统构建理论的同时，在实践中推动了无产阶级文艺大众化运动的发展。瞿秋白提倡的无产阶级文艺的大众化，是要打破士大夫与百姓文艺生活之间的鸿沟，是要让人民大众成为文艺的主体，既是文艺内容反映的主要对象，又要真正掌握文艺武器，使文艺在人生观上武装群众。瞿秋白从文学创作的语言和内容等方面详细地阐述了大众化问题，他认为，其中最为核心的问题是文学作品的普及问题，因此，首先要解决“用什么话来写”的问题，使用什么样的文学语言来表达成为关键。瞿秋白提出，革命的大众文艺不能用文言文，不能用章回体的白话，不能用违背中国语言规律的所谓“洋化”“新文言”。无产阶级的大众文学应用当时代最为通俗通用简单明了的语言来写，用工农群众使用的语言来写，用没有文化知识的人也能听得懂的语言来写。其次，瞿秋白提出文艺大众化在形式上要通俗易懂。他提出新白话作品的体裁大半是“欧化”了的形式，充斥着倒装句法，语法也非常的混乱，没有专门的教育经历和知识储备的普通民众是无法理解和应用的，无产阶级文艺应当杜绝这样的现象发生，自觉以劳动群众的习惯和水平为标准，创作叙述方式简单易懂、与口头文学相近的朴素作品。最后，瞿秋白提出无产阶级文艺应服务于革命斗争，他认为文学大众化的中心问题是内容问题。要消除封建地主阶级文艺、资产阶级文艺和新式欧化文艺的脱离群众的文艺形式的影响，转而创作表现革命战争的文艺作品，描写革命者的生活和斗争，揭露统治者的残酷压迫。从提倡无产阶级文艺大众化思想出发，瞿秋白批判和反对知识分子脱离群众、蔑视群众的态度，要求作家具有阶级立场和原则，具有无产阶级情感，到大众中去，向大众学习，获得大众的生活素材和语言。

其四，坚持政治与文学相统一的立场。瞿秋白认为，文学与政治有着天然的渊源，文学家亦因为其作品对社会政治生活的反映和作用，同时具备了政治家和文学家双重身份。因此，瞿秋白坚持认为作家的世界观与其文艺作品具有密切的关系。他认为如果一个作家坚持的是资产阶级的价值观，那么不论他承认与否，他的作品必然通过各种方式为资本主义制度服务，将这一认识应用于左翼文学运动过程中的文学评论工作时，瞿秋白始终依据的是政治性与艺术性并用的标准。瞿秋白指出马克思和恩格斯非常鼓励文学上的革命倾向，他对当时中国文坛上以“写实主义”替代“现实主义”的倾向提出批评，指出纯粹客观的描写和分析客观事实并不是真正的现实主义，他们借助“真实”否定了文学的政治倾向性，马克思主义主张的文学应是善于表现革命倾向的现实主义文学。他也反对脱离现实斗争的主观主义文学和浅薄的浪漫主义文学。瞿秋白主张文艺思想要将真实性和政治倾向性相结合，文艺作品一方面要反映现实的阶级矛盾和斗争；另一方面要反映无产阶级的革命意识。在这一方面瞿秋白对茅盾《三人行》的评价无疑具有代表意义，他突出地强调了优秀的无产阶级文学作品应当同时具备的三个基本要素，即现实主义、革命性和艺术性，认为文学创作者自身的革命立场和倾向性，是通过文学艺术的方法，在文学作品真实地反映社会现实的过程中得以体现的，用这一标准来衡量，《三人行》作者的革命立场和意愿并没有体现出来，文艺大众化的目标亦没有通过作品得以实现。瞿秋白文学批评思想坚持政治性与艺术性的统一，体现了瞿秋白自觉的政治意识和阶级意识。

（二）瞿秋白积极投身马克思主义文学批评实践

瞿秋白在参加“左联”工作之初，就明确认识到中国无产阶级文学的不成熟，及存在的诸多问题，只有正视这些不足，并与之进行坚决的斗争，才能实现发展。他凭借精通俄语的优势翻译了大量马克思主义经典作家的文艺理论著述，更自觉地将马克思主义一般的文艺学说，内化为中国具体的文学批评理论，重估当时左翼文学价值，开启了中国马克思主义文学批评实践。在具体的文学批评活动中，瞿秋白克服了庸俗社会学、主观主义创作观和机械的文艺观，坚定地高举马克思主义科学的理论武器，以此来开展文学批评工作，为“左联”的文学批评开辟了新路径，其主要的文学批评成就表现在以下几个方面。

其一，瞿秋白推动了“左联”工作重心的转移。1931 年到 1934 年，瞿秋白自觉地参与了左翼文化运动的领导，凭借自身的理论修养、文化视野和实践工作经验，引导“左联”很快克服“左”倾错误，实现策略上的重大转变，扩大并巩固了统一战线，开拓了革命文化阵地，推动了左翼走向全面发展。“左联”初创时期，由于紧张的革命形势和左翼文化运动经验的缺乏，曾一度将革命活动置于作品创作之上，忽视了“左联”最根本的任务。于是脱离群众的标语口号式作品成为主流，小资产阶级知识分子式的爱情加革命的文学作品盛行。这引起鲁迅、瞿秋白的警觉和重视，他们分别采用不同措施致力于纠正这种错误倾向，鲁迅侧重于翻译马克思主义经典文艺作品如《毁灭》等以启示左翼作家，瞿秋白则着重针对青年作家作品展开文学批评活动。瞿秋白对他们寄予厚望，不断地批评、鼓励和关怀这些左翼文坛的先锋，帮助他们度过创作上的幼稚期。与此同时，瞿秋白在实践中指导“左联”扩展革命文化阵地，粉碎国民党文化“围剿”，进入国民党的文化宣传阵地。1932 年左翼知识分子开始进入由资产阶级领导的音乐界和电影界，控制了几个大电影公司在编剧方面的领导权，控制了《申报》《晨报》等的编辑权，并在《自由谈》《东方杂志》《新中华》等影响力大的报刊上发表了大量爱国抗日的文章。瞿秋白还促成百代公司发表了田汉、冼星海、聂耳等革命音乐家的作品，一时间，《义勇军进行曲》《大刀进行曲》和《渔光曲》等被全国传唱。在瞿秋白影响下的三年时间里，左翼文学队伍迅速壮大，“左联”由 12 人发展到 400 人，办刊达 50 多种，有力地反击了国民党的文化“围剿”。

其二，对革命浪漫主义的批评。瞿秋白是最早系统批判这一文学现象的代表人物，他在《地泉》的序言中使用了“革命的浪漫蒂克”一词，此后，成为专用词，专指“革命文学”中部分具有革命意愿但并不完全认识革命的作家侧重于口号式情绪表达的“爱情加革命”的创作倾向。革命的浪漫主义的产生源于两个方面。其一是大革命失败与反动政权对进步力量采取的极端镇压措施，激起了并没有多少革命斗争经验，又脱离劳动群众实际生活的革命青年的反抗情绪，这些文艺创作者无法平静下来做冷静和客观描写，便选择了空泛的革命加理想的情感题材进行演绎。其二则是当时世界范围内无产阶级文艺创作过程中普遍存在“左”的倾向，站在这样的立场之上的文艺创作者们自然而然地形成革命至上的思想认识，不加区分地视文学为工具武器，从而形成口号化、公式化、概念化的革命浪漫主义倾向。这种倾向在当时文学运动中非常盛行，所产生的影响很大，包含的问题也很复杂，当时著名的左翼作家如郭沫若等都创作了这种具有错误倾向的作品。面对左翼作家普遍出现的“革命的浪漫谛克”的倾向，瞿秋白明确提出要反对“感情主义”“个人主义”“英雄主义”“团圆主义”和“脸谱主义”。他指出文学创作要创作真实地反映无产阶级革命和生活的现实主义作品，不能只一味地强调政治立场和世界观，过分强调文学艺术在社会变革中的作用。要创作普罗大众的文学，而不是脱离群众的、没有血肉和灵魂的革命浪漫主义作品。在他和鲁迅等人的努力下，这股自 1927 年便开始并盛行的创作倾向终于在 30 年代初得到遏制，迎来了 30 年代中国马克思主义文学创作的真正繁荣。

其三，瞿秋白提出综合的文学批评方法。瞿秋白认为当时代科学的发展突出地体现在社会科学领域的繁荣之上，这也恰恰创造了在更加丰富和广阔的理论背景上灵活运用文学批评武器的机遇。瞿秋白具有深厚的理论功底，在文学、哲学、政治学、社会学等方面都有很高的造诣，对文学领域的小说散文、诗歌、杂文和翻译都作出了杰出的贡献。他利用自己对于马克思主义理论的深刻理解和掌握，运用在上海大学讲授社会学课程形成的系统讲义，大大扩展了马克思主义理论在青年群体中的影响。在文学批评实践过程中，他亦力图打破在狭窄的理论空间中封闭孤立地进行分析评判的现状，将文学作品还原到社会生活基础中，政治制度、社会心理、时代精神、民族积淀等各方面因素综合影响下的发展着的思维成果，对其进行全方位综合系统的评判。他将马克思主义一般原理内化为具体的文艺理论，把文学作为一种文化心理现象，将艺术思维置于总的社会意识中系统地考察和把握。他的这种理论思维方式和文学批评方式至今仍然具有重要的借鉴意义。

其四，瞿秋白深入语言文字展开文学批评。他认为语言是文学思想的载体，文字是科学的工具，文字工具的改良是中国新式社会生活的必要条件。在他看来，语言文字问题不解决，作品群众看不到、听不懂，是无法完成文学的使命和意义的。他指出中共现代的文学改革始于语言文字，始于胡适提出的白话文，然而，直到30年代初，虽然比旧文言进了一大步，但语言文字的问题仍然没有得到解决。他尖锐地指出五四新文化运动形成的白话文是创造了新文言，新的白话文采用了很多欧洲文法、日文文法和古文文法，而忽略了中国的口语语言习惯，结果写出的文章群众看不懂、听不懂，于是文学依然是少数人的书斋里的文学。因此，他提出："新的文学革命不但要继续肃清文言的余孽，推翻所谓白话的新文言，而且要严重地反对旧小说式的白话。"① 他指出革命文学应该贴近广大群众的语言习惯，给无产阶级文学提供一个全新的基础，形成革命大众的文学。

其五，对鲁迅革命现实主义创作的积极评价。瞿秋白在批评实践中面临的一个重要问题就是新文学运动的方向问题，左翼内部也多次论争这个问题。瞿秋白深深地感受到一些新进作家没有清醒的现实主义，因此需要一个能正确引领左翼发展方向的文化巨人来担负重任。经过认真观察和思考，瞿秋白确立了鲁迅作为左翼文艺运动的榜样和旗手的信念。瞿秋白认为鲁迅文学是无产阶级文学的代表和典范，鲁迅文学经过长期的战斗和历练已成为无产阶级宝贵的精神财富。瞿秋白所作的《〈鲁迅杂感选集〉序言》是其文学评论中的经典代表作，他运用马克思主义的科学方法分析了鲁迅及其后期的杂感创作，高度评价了鲁迅文学的价值，他从鲁迅与时代的关系出发，剖析了鲁迅的思想发展过程和心路历程，旗帜鲜明地提出了"鲁迅精神"并对其内涵做了全面的具体阐述，把鲁迅精神视作新文学的思想起点，认为鲁迅是最清醒的现实主义。瞿秋白在中国现代思想史上第一次对鲁迅做出高度评价，将鲁迅视为中国现代

① 瞿秋白：《瞿秋白文集（文学编）》第3卷，人民文学出版社1989年版，第16页。

思想史上伟大的文学家和思想家，他敏锐地意识到鲁迅思想与中国现代革命方向的高度一致，因此努力引导左翼文艺运动走向鲁迅的航向。瞿秋白对鲁迅的评价及其《序言》的创作，对中国现当代鲁迅研究具有重要意义，其现实主义的批评态度、社会历史的研究方法和阶级性的政治立场都成为当时文学评论的典范。瞿秋白的这一理论贡献，标志着左翼进入了发展的自觉阶段。

瞿秋白是一位当之无愧的伟大的中国的马克思主义文学批评家，然而，受当时历史条件和自身发展条件的限制，他的一些批评理论并不是完美无缺的，这些问题需要我们今天客观公正地去看待、评价和进一步思考。例如，瞿秋白在对革命的浪漫主义倾向的批评中包含着一些错误或偏差，他将“革命的浪漫谛克”与浪漫主义创作方法相混淆，对浪漫主义采取了全面否定的态度，这是不可取的，而瞿秋白对于什么是真正的现实主义的认识也是值得商榷的。瞿秋白提出的大众化方向的正确性是无可置疑的，但他的文艺大众化思想受到了苏联文艺理论的影响，对中国文学大众化实践把握有限，理解程度也不深。但他对于中国化的马克思主义文艺理论道路的引领和开创是具有历史意义的。

第二节　瞿秋白教育思想

瞿秋白一生与教育结下了不解之缘，十七岁开始踏入社会就在无锡的一个偏僻的乡村从教，二十二岁时也曾在莫斯科东方大学任教，回国后任职于上海大学，讲授过多门政治学课程，1934 年出任中华苏维埃共和国中央政府教育人民委员兼苏维埃大学校长。他一生热爱教育事业，曾说自己最好做一个教员。在他一生的讲话、论著、杂文、评论等中多次提出自己对于教育的独到见解，在他主持制定的苏维埃教育法规和纲要中也体现了自己的教育理念，展示了他的教育思想，在中国马克思主义教育史上第一次较完整地阐明了教育方针。他进行了教育改革的尝试，试图寻找适合中国社会改造的教育路径。他认为阶级社会中的教育也具有阶级性，因此只有消灭阶级才能使教育成为纯粹的社会工具。他认为阶级社会的教育也是统治者的工具，因此教育也需要革命和变革。因此，他提出教育要以工农大众为主要对象，同实践相结合，适应于世界发展水平。瞿秋白通过从事实践教学对教育方法、教育目的、教学内容等都做了有益的探索。

一 学校教育思想

1923 年瞿秋白回国后经李大钊介绍到上海大学任教。当时的上海大学是国共统一战线下合作教育的新型学校。瞿秋白和邓中夏合作管理校务工作，期望使上海大学成为能够引领革命思潮的革命的、充满活力的、走在时代前端的大学，也希望上海大学能成为新的文化运动、文化革命的中心之一。为此，他为上海大学拟定了全新的教育方针，提出要使上海大学切实从事社会科学的研究，并成为新文艺系统，这是上海大学的职责。在此的任教经历实践了他的一些新的教育理念和思想。

（一）瞿秋白指出社会学应当系统地研究一切人类社会的现象，以此改造中国社会

在瞿秋白和邓中夏的努力下，上海大学增设了社会学系、绘画系和俄国文学系，瞿秋白曾兼任社会学系主任。社会学在当时的中国属于新兴学科，瞿秋白把马克思主义基本原理和方法运用于中国社会学的建立和发展。他指出研究社会学应当系统地研究一切人类社会的现象，以此改造中国社会。他讲道："前此中国未尝没有家族没有土地制度没有政治组织，然而不但未发生什么真正的社会科学，并且连相当的术语多没制造出来；可见当初社会现象之简单。等到骤然遇见'西洋人'，一二十年间，钱店变成了银行，商铺变成了公司；'不知道哪里活见鬼似的'跑出个外国银行团来，暗中把持着中国的国家经济生活；几万里外的伦敦纽约，可以左右中国商界的金融；此等'捞什子'的背后便是世界资本主义——现代社会最复杂的现象。于是中国的思想界里不期然而然便要发生所谓'改造社会'的思潮。然而以这等简单的头脑（连社会现象

的名称都不完全的），去研究这种复杂对象——连这对象是什么都不知道——怎能不起恐慌呢？”他又指出：“近几年来由空论的社会主义思想进于更有系统的社会科学之研究，以求确切的了解其所要改造之对象，亦即为实际行动所推演求进的结果——这确是当然的倾向。”[1]他亲自为社会学系讲授《现代社会学》《社会哲学概论》《社会科学概论》等课程。瞿秋白讲课生动活泼、深入浅出，很受学生欢迎，与学员关系也极为融洽。

（二）瞿秋白在教学中注重实践教学，鼓励学生从事社会研究和调查，积极参加政治斗争

上海大学的革命活动，引起了当局的惶恐。上海公共租界出版的《警务处日报》上公然刊登题目为《上海大学瞿秋白等活动》的报道，报道称中国布尔什维克活动显著复活，需要注意；称过激分子的总机关设在上海大学内，他们还出了报纸——《向导》，并出售社会主义书籍。该大学之大部分教授都是共产党人，他们在逐渐引导学生树立共产主义政治信仰。[2] 1924 年 10 月，杨之华等发表演说，反对帝国主义，反对军阀，国民党右派于是采取暴行，打死打伤学生。瞿秋白在党领导下坚决反对暴力行为，领导上海人民采取抗议行动，10 月 27 日举行黄仁的追悼会，瞿秋白和恽代英等人发表演说。此后上海大学社会学系的中国共产党党员和学校的国民党右派斗争激烈，为维持上海大学的正常教学，瞿秋白辞去上海大学职务，但未放弃讲课，依然关注上海大学，艰苦地坚持斗争。在他的教育与引导下，上海大学的学生英勇地走在革命的最前列。1925 年 2 月的大罢工中，上海大学的学生杨之华、张秋琴等深入工人群众，进行宣传和组织。上海大学何秉彝在“五卅”运动中被杀害，帝国主义查封了上海大学，强占校舍，激起了全体师生和人民的愤怒，瞿秋白和他们继续抗战在反帝斗争的第一线。

---

① 瞿秋白：《瞿秋白文集（政治理论编）》第 2 卷，人民出版社 2013 年版，第 125 页。

② 王晓岚：《〈向导〉周报发行研究》，载中共“一大”会址纪念馆、上海革命历史博物馆筹备处编：《上海革命史资料与研究》第 8 辑，上海古籍出版 2008 年版，第 274 页。

（三）兼顾专精与渊博，注意现代科学高度分化又高度综合的趋向，开设边缘交叉学科的课程

瞿秋白为上海大学各系设置的课程既注重纵向深入，又注重横向拓展，文理兼容，要求知识掌握的广博性和拓展性。他提出上海大学预定开设的系有："（一）社会科学院：1. 社会学系 2. 经济学系 3. 政治学系 4. 法律学系 5. 哲学系 6. 史学系（二）文艺院：1. 文学系 a 中国文学系 b 英文系 c 俄文系 d 法文系 e 德文系 2. 艺术系 a 绘画系 b 音乐系 c 雕刻系"①，注重现代课程的科学分化。而在具体的专业的课程开设上也是要求广博和专精并进，文理兼容，例如他要求"文学系的必修科目可以约略规定如下：1. 文（群经诸子附）——四年 2. 诗词——四年 3. 戏曲——四年 4. 小说——四年 5. 修辞学——第一、二、四年 6. 历代文评（并及世界文学）——第三、四年（诗话等亦当包括在内）7. 文字学——第一、二年，古籍校读法——第三、四年 8. 言语学——第三、四年（中国言语之系统的科学的研究）9. 文学概论——第一、二年 10. 美学概论——第三、四年 11. 中国文学史——第一、二、三年 12. 世界文学史——第一、二、三年 13. 现代世界文学——第四年 14. 中国文化史——第一、二年 15. 世界文化史——第一、二年 16. 论理学及科学方法论——第一、二年 17. 心理学及社会心理学——第三、四年 18. 历史哲学——第二年 19. 社会学概论——第一年。外国语第二种。"② 而文学系的选修课目则有："A 组：1. 现代政治（中国及世界）——第四年。B 组：2. 艺术史——第三年 3. 中国金石学及书画史——第四年。C 组：4. 经济学概论——第三年 5. 社会进化史——第一年 6. 社会思想史——第二年 7. 教育学概论——第四年。D 组：8. 哲学概论——第一年 9. 哲学史大纲（世界及中国）——第二年。"③

---

① 瞿秋白：《瞿秋白文集（政治理论编）》第 2 卷，人民出版社 2013 年版，第 126 页。

② 瞿秋白：《瞿秋白文集（政治理论编）》第 2 卷，人民出版社 2013 年版，第 131—132 页。

③ 瞿秋白：《瞿秋白文集（政治理论编）》第 2 卷，人民出版社 2013 年版，第 132 页。

二　农民教育思想

关于农民教育的思想也是瞿秋白教育思想的重要体现。瞿秋白具有高度的革命敏锐性，他很早就意识到农民问题对于中国革命的重要意义。因此他不仅认清了农民将作为中国革命的主力军，还对中国的农民教育问题给予了极大的关注并倾注了大量的心血，为提高农民的素质付出了很大的努力，形成了丰富的农民教育思想。瞿秋白总是从实际出发积极开展教育活动，把教育和生产相结合，并使教育活动服务于革命需要，在马克思主义教育观的指导下探索了适合中国国情的革命时期的农民教育思想。

（一）瞿秋白强调农民教育的重要性

瞿秋白认为教育和引导农民，提高农民的文化素质对于克服农民自身的弱点，发动农民投身国民革命工作，最终夺取革命胜利具有特殊的重要性。他在1928年7月党的六大以后留在莫斯科任中共驻共产国际代表团团长，出席了当时正在莫斯科举行的共产国际第六次代表大会。会上指出："农民的作用，不论在东方和殖民地国家，还是在欧洲国家，对将来的战争都是举足轻重的，一般说，不会亚于农民在第一次帝国主义战争期间（一九一四——一九一八年）所曾起过的作用。这个问题同共产国际的整个策略问题，即同无产阶级对待农民的策略问题有关。"① 他又继续讲到中国作为殖民地国家的农民的处境，并认为中国革命的主力军将会是农民，"至于殖民地问题，这个问题是相当清楚的。现在，殖民地农民广泛赤贫化，许多东方国家，尤其是中国，农民起义频仍，欧洲各国国家资本主义方兴未艾，这种有组织的资本，必将变本加厉地剥削本国的特别是殖民地的农民。如果战争就是帝国主义之间争夺市场、争夺殖民地的斗争，那么殖民地和许多东方国家，即所谓农业国，恰恰就是原料产地。由于殖民地国家中的土地逐步兼并到地主和高利贷者手中，

① 瞿秋白：《瞿秋白文集（政治理论编）》第6卷，人民出版社2013年版，第2页。

农民乃丧失土地，东方各国的土地问题就更加尖锐了。我们亲眼看到，印度和中国的土地问题是个中心课题，是目前时期革命的主要内容。如果发生战争，尤其是太平洋发生战争，那么中国和印度的农民就一定会表达自己的要求"①。因此，他很注重农民的教育问题，他提出："工农兵会议政府，还要规定文化政策，就是实行普及教育，成年人的补习教育，使大家都识得字，都懂得政治；使工人、农民都能够进大学，研究高深的学问。提倡并且实行职业教育，提倡科学智识和职业教育。提倡革命的文学艺术、电影、戏剧等等。"②

（二）瞿秋白强调农民教育中的阶级性原则

瞿秋白强调教育的阶级性，认为农民教育是服务于政治，服务于革命需要的。他提出阶级斗争也需要教育作为武器，无产阶级必须领导和管理好苏维埃教育，才能支持革命战争，如果削弱对工农的领导和教育，"一些地主富农的分子就会利用我们的教育系统来进行他们的'阶级工作'，破坏苏维埃的教育制度，传布反动的复古的思想，甚至于公开的进行反革命的活动"③。他指出当时中国处于革命战争时期，因此教育要服务于革命斗争，要讲求阶级性，要贯彻马克思主义教育。他认为"必须要动员自己的一切力量来加强广大民众的参战潮流，首先就要肃清自己内部暗藏的反革命分子，这就是说，彻底的坚决的开展教育系统的检举运动"④。他曾多次批判旧的封建教育制度使民众丧失了受教育的机会，他主张建立民众的教育机制，发动民众，争取革命的胜利。

（三）瞿秋白提出对农民实行义务教育

瞿秋白早在旅俄的考察过程中就发现苏俄民众还很迷信，还需要教育。也因此联想到中国的民众，非常担忧中国农民受教育的情况。他发现苏俄政府明确规定全国儿童都要入学，且实行义务教育。他试着将苏

① 瞿秋白：《瞿秋白文集（政治理论编）》第6卷，人民出版社2013年版，第2页。
② 瞿秋白：《瞿秋白文集（政治理论编）》第7卷，人民出版社2013年版，第249页。
③ 瞿秋白：《瞿秋白文集（政治理论编）》第7卷，人民出版社2013年版，第665页。
④ 瞿秋白：《瞿秋白文集（政治理论编）》第7卷，人民出版社2013年版，第666页。

俄政府这一进步思想运用到中国的教育中。1923 年瞿秋白起草的《中国共产党党纲草案》提出把“实行义务教育”列入党的任务之中。到达苏区后，他看到人民群众的受教育情况后非常忧虑，于是寻找扫除文盲的办法，开展各种扫盲运动，互教互学，使更多的人较快地提高文化水平。他积极创设识字班和训练班，识字的教不识字的，识字多的教识字少的。之后，在瞿秋白的领导下，《中华苏维埃共和国宪法大纲》规定要对一切儿童，都实行免费的义务教育，并指出在当时首先要保证劳动工农子弟的义务教育，以保证工农劳苦民众有受教育的权利。经过他和中共早期领导的共同努力，中央苏区的教育事业发展很快，农民的文化素质得到了有效提高，思想觉悟也迅速提高，很快地投入到了革命运动中。

（四）倡导农民德、智、体全面发展的教育理念

瞿秋白在教育农民的工作中强调全面发展的科学的教育理念，积极领导开展农民教育活动，加强义务教育，为农民的全面发展做了最大的努力。他认为只有促进农民的德、智、体全面发展，才能更好地发挥他们在革命中的作用。瞿秋白把德育作为教育的根本，他认为只有加强农民的思想政治教育，才能克服农民自身的弱点和局限性，使他们更好地投入到革命中，解放自己。他积极地向农民宣传马克思列宁主义。瞿秋白还在小学基础教育上做了很大的努力，制定纲领规定初级小学要设置语文、数学和游艺三种，每周设置劳作实习和社会工作 12 个学时作为课外学习，贯彻理论与实际相联系的原则。高级小学还需上社会、自然和游艺等课程，每周还要安排课外教学6—10 个学时。教学内容的设置上也颇为用心，尽量使用简单、鲜明、生动、准确的文字，以便引起学习者的兴趣。瞿秋白还强调美育教育，他认为每个人都要有自己独特的审美和思想。他号召在人民大众中发展普罗的革命文学、美术、音乐和戏剧等，培养了一批文艺工作者并丰富了农民的业余生活。

三　党员干部教育思想

瞿秋白作为一名党的早期领导人和马克思主义教育家，为党早期的

干部教育事业作出过极大贡献。他在执教上海大学、整顿留苏干部教育和主持苏区教育工作期间形成了丰富的干部教育思想。他强调干部教育应重视政治性、系统性和实践性，这些教育的实践经验和教育思想对于创新干部教育培养的理念与方法有借鉴意义。

（一）瞿秋白执教上海大学期间的干部教育思想与实践

1922 年 10 月，上海大学应国共合作的需要而创建。1923 年 7 月，瞿秋白正式出任上海大学教务长兼社会学系主任，在他到任后按照“养成建国人才，促进文化事业”的办学宗旨，逐步把上海大学办为中国共产党宣传马克思主义、培养党的干部的一所教育机构。为了提高教育质量，瞿秋白首先开始为学校寻找学识、造诣很深的名师。并以自身的学识和人品有幸聘请和吸引了如章太炎、胡适、吴玉章、蔡和森、田汉、俞平伯、丰子恺、沈雁冰等知名学者、政党领袖和社会精英纷纷登上上海大学的讲堂，组成了阵容强大的师资队伍。瞿秋白还躬身教育教学实践，潜心编写教材，他亲自为学生讲授《社会哲学》和《现代社会学》两门课程。他潜心编写授课讲义，以自己对马克思主义的准确把握和理解，将马克思主义哲学传授给学生，推动了马克思主义的广泛传播，将上海大学打造为培养中共革命干部的摇篮。在他的努力下上海大学培养出了一批献身民主革命的优秀人才和马克思主义人才。

（二）培养整顿留苏中共干部

第一次国共合作时期，联共（布）为培养中国青年干部，在“莫斯科东方劳动者共产主义大学”中开设中国班，并建立了“中山大学”。1928 年，“中国班”与“中山大学”合并，成立新的大学。1928 年到 1930 年间在莫斯科担任驻俄共产国际代表团团长的瞿秋白得知留苏学生回国后只表面上熟悉理论，对党的组织问题和工会运动等都不了解，甚至有些留学生回国后投靠南京政府。瞿秋白深入调研学生工作，发现学校管理并不尽如人意，因而无法担负起为中共培养、输送优秀革命干部的重任。他在 1930 年 1 月 19 日《致中共中央政治局的信》中讲道：“留俄学生问题——首先是军事学校方面，已经决定尽快送回一批。以后的教育方法，须另讨论——选择中国红军干部，只加以短期的特别训练。长期留学生的生活，即在军校也有不良结果。列宁书院中已经清党，清党委员会已决定开除王若飞（陈派）及彭泽湘，现在尚有上诉及他人说情之事；此外，朱代杰、阮永剑、马员生皆为托派，尚未解决。至于中大，则清党之中风潮大起：托派发现有一百三四十人之多。他们和其他学校之托派（军校亦有十五六人）有严密的组织。"① 因此，瞿秋白几次致信中共中央、联共（布）及共产国际，批评中大在教育教学中存在的问题，并提出具体的改进措施。首先整顿学生队伍，扣留在校生中的反革命派，招生规模缩小到200人左右，留学生分入列宁学院和中山大学，前者培养高级干部，后者培养一般干部。其次加强中共对留学生的管理监督，特设专人监督。再次，强化教育机构的政治性，切实贯彻理论联系实际的教育方针。最后立足学员的实际情况，注重培养的针对性和实效性。遗憾的是，1929年瞿秋白被卷入联共（布）的清党运动，受到无辜牵连，遭到谴责，被解除了职务，他的整顿意见和思想也被搁置。

（三）关于中央苏区干部教育

瞿秋白为苏维埃大学和高尔基戏剧学校的教育作出了杰出的贡献，在这两所学校培养了一批苏区干部。1933年8月16日，中央人民委员会适应革命战争时期政治、经济建设对人才的需要而创办了苏维埃大学。瞿秋白到达中央苏区不久就兼任了苏维埃大学校长。任校长期间，他要求苏维埃大学为苏维埃革命输送干部人才。因此强调培养和提高学员的思想觉悟、工作素养和战斗能力，使学员目标明确，为中国的革命事业而学习。他指出，苏维埃大学的首要任务是培养革命战争需要的人才，因此，每个学员都要有自己的使命感和责任感，努力学习和参加社会实践活动，有严明的纪律性和组织性，树立高尚的革命观念，"为中国的苏维埃革命运动而斗争"②。瞿秋白做教育工作注重实际的调查研究，绝不

① 瞿秋白：《瞿秋白文集（政治理论编）》第6卷，人民出版社2013年版，第804—805页。

② 瞿秋白：《瞿秋白文集（政治理论编）》第7卷，人民出版社2013年版，第659页。

脱离实际，他深入学员中开展组织、教育和宣传工作。瞿秋白在1934年派出工作组参加实际工作，通过在实践中的学习和锻炼，学生进步很快，解决实际问题的工作能力显著增强。瞿秋白对教员的要求也很严格，坚决贯彻他科学的教育理念，要求教员要备好上课内容，及时考察学生成绩。他自己自然也不例外，认真备课，出讨论题目，讲课之后对学生提出的问题逐一解答。瞿秋白还请中央领导同志到“苏大”讲课，毛泽东、张闻天因此也为学生做了精彩的讲授，培养了大批干部。在瞿秋白的积极倡导下，中央苏区创办了第一所戏剧学校，开展苏区文艺活动，学校被正式命名为“高尔基戏剧学校”。他亲自奔走选择校址，主持制定各种先进而科学的教学方针和计划。他提议学生到前线去表演，感受革命斗争，激发创作，鼓舞军心。也鼓励学生到集市上表演，感受群众的需要，提高创作意识。他提出戏剧学院的创办是为了培养党的文艺干部，另一方面也是为了革命的需要，丰富军队的文化生活。

瞿秋白在培养干部的教育工作方面有很高的天赋，也非常用心。他总是深入干部群体调查研究干部受教育的状况和思想状况，及时发展问题，并及时解决，同干部谈心，听取意见，及时教育。他不但亲自躬行，还要求各教育部门培育好革命的新生力量。瞿秋白的干部教育思想重思想政治教育，重理论联系实际，重服务于革命斗争，这些思想值得我们借鉴和反思。

第三节　瞿秋白新闻报刊编辑思想

瞿秋白是卓越的无产阶级政治家、学者和宣传家，新闻报刊编辑工作是瞿秋白革命事业的重要一部分。他在短暂的一生中，在极其艰苦的条件下，先后创办和编辑了《新社会》《人道》《向导》《新青年》《热血日报》《红色中华》《前锋》等进步刊物和党的刊物。他在新闻编辑的实践中积累了丰富的办刊经验，形成了宝贵的编辑思想。他始终坚持马克思主义的立场、观点和方法，讲求报刊文章的真实性、通俗性原则，联系群众，贴近生活，为马克思主义在中国的传播，为党的新闻宣传出版事业作出了杰出贡献。瞿秋白的新闻报刊实践和思想历程分为三个阶段：第一阶段是从五四时期到瞿秋白赴苏俄之前，他与好友创办了《新社会》和《人道》；第二阶段是瞿秋白从苏俄回来之后的第一次国共合作时期，瞿秋白通过编辑和创办《新青年》《热血日报》《前锋》和《向导》等杂志对马克思主义进行传播；第三阶段是第二次国内革命时期，瞿秋白在艰苦的条件下创办《布尔塞维克》《红色中华》，继续传播马克思主义。

一　五四时期宣传改造旧社会的进步思想

五四新文化运动时期的中国思想界充斥着各种思潮和学说，它们交流碰撞，激荡在中国的一个大时代。为了宣传自己的思想学说，知识分子们纷纷组织社团，创办刊物，探索救国之路。年轻的瞿秋白经过“五四”的洗礼，由迷茫逐渐走向觉醒，秉着改造社会事业的初衷，协同郑振铎等志同道合的同志组织兴办了刊物——《新社会》。《新社会》的办刊宗旨是要联合学界人士“从事‘社会服务’”①，力争以刊物引领新文化，改良旧风俗。《新社会》不但宣传科学知识，还宣扬社会改造和家庭革命，刊物敏锐地抨击时事，论述改造旧社会，建立新社会的构想。《新社会》的文章还带有一定的唯心主义和改良主义色彩，但又是进步的、富有战斗力的、反帝反封建的刊物，也因此成为五四时期全国最有影响力的五家刊物之一，读者遍及京津、四川、两广和东三省。瞿秋白是《新社会》的主要编委和撰稿人之一，从刊物 1919 年 11 月 1 日创刊至 1920 年 5 月 1 日遭查封停刊的半年多的时间里，瞿秋白在刊物上共发表论文 18 篇，译作 1 篇。他发表的文章论述社会改造、世界发展趋势和知识分子前途等内容，揭露旧社会的制度、宗教和道德等对人的束缚，宣扬反帝反封建的思想，同情劳苦大众和妇女同志。此时瞿秋白已经初步具有了马克思主义的倾向。作为主编之一的郑振铎后来回忆指

① 耿济之：《北京社会实进社的沿革与组织》，《新社会》1919 年 11 月 1 日第 1 号。

出，瞿秋白在那时就已经开始从整体上看社会问题，“有了马克思主义者的倾向”①，而他们其余的人，则看问题比较片面，倾向于唯心论。他充满信心地预言社会主义的到来，他的思想代表了《新社会》的文化方向，反映了五四时期知识分子期望改造社会的诉求和努力。《新社会》对反动统治的有力揭露和批判，引起了当局的恐慌和仇视，1920 年 5 月 1 日，当《新社会》出刊到第 19 期时，京师警察厅对其进行了查封而停刊。此后，瞿秋白和其他编辑非常愤慨，决心坚持斗争和宣传，于 1920 年 8 月创办《人道》月刊，负责编辑的还是《新社会》的编辑人员。《人道》宣扬资产阶级人道精神，锋芒比《新社会》稍有收敛，但仍继承《新社会》进步的办刊精神，只可惜迫于反动政府压力，只刊发了创刊号后就停刊。瞿秋白在创刊号上发表了散文诗《心的声音・远》，表达了对劳动人民的同情和对强权的憎恨。《新社会》和《人道》存在时间虽然不长，但这是瞿秋白新闻报刊编辑工作的开始，从此他迈上进步新闻记者的革命道路。

二 第一次国共合作期间依据党的政策方针完成不同革命任务

瞿秋白是中共中央机关报的创始人之一，他在参与和领导中国革命进程中为党的新闻报刊工作作出了突出的贡献。在编辑实践中，他着力探索符合当时中国革命现实的具体宣传方式，并注重从理论上给予总结概括，形成了关于党报党刊的目标、任务、性质和文风问题等的精辟论述，为党的报刊创办和发展作出了重要贡献。瞿秋白 1923 年初刚刚回国即因为新闻记者的从业经验和对马克思主义的实践掌握跻身党的机关刊物《向导》的编辑委员群体，成为主要撰稿人。1923 年夏，党中央决定继续出版休刊一年但曾影响重大的机关刊物《新青年》，瞿秋白被委以重任，出任主编。同年 7 月，同样是由他任主编的中央理论月刊《前锋》创刊。1925 年 6 月 4 日，反帝斗争形势的日益严峻催生了创办日报的需

① 郑振铎：《郑振铎自述》，安徽文艺出版社 2013 年版，第 249 页。

求，《热血日报》应运而生，党中央决定亦由瞿秋白担任主编。在短短的几年时间里，在国共第一次合作的复杂历史局面下，瞿秋白在中共中央的领导下主编和创办了四份影响力很大的报纸，宣传革命思想和马克思主义理论，担任中央宣传部委员及代理部长，他在无产阶级新闻事业的疆土之上披荆斩棘，开荒拓路，为党报党刊工作作出了开创性的贡献。

（一）瞿秋白与《向导》

中国共产党自建立之初即认识到理论宣传工作对于推进党的各项事业和中国革命的重要意义，并于1922年9月13日正式创办了中央机关的第一份周报《向导》，最初是由蔡和森担任主编，瞿秋白1923年初回国后就正式负责《向导》编辑工作。1925年1月党的四大召开，瞿秋白当选为中共中央委员，并与蔡和森一起担任党的中央宣传委员，负责主编《向导》，他以“秋白”为笔名发表多篇文章，很受读者欢迎，影响力很大。瞿秋白在《向导》的“寸铁”专栏发表了多篇短小精悍、笔端锋利、充满斗志的杂文，如：《两副面孔一个公式》《大家谢了大家》《日本外交部搬家》《好个交换条件》《苏联真无诚意》《都是犯了圣讳》《赤化共产真时髦》《原来唯恐我们不快死不坐牢》《法统说的由来原来在此！》《有利于中国即为侵略》。《向导》自创刊以来一直主张各革命阶级的统一战线，在反帝反封建的思想主张统领下，对教育、文学等各个领域的斗争实践进行宣传和指导。1925年6月，蔡和森因病离职，彭述之兼任《向导》主编，与瞿秋白共同负责该报的领导和编辑工作。然而1926年后两人的思想分歧很大，彭述之不主张发动北伐战争和农民运动，瞿秋白被排挤，他的文章难以在《向导》上发表，失去了对《向导》的领导权，《向导》在陈独秀和彭述之的主导下改变了方向，在群众中的威望和影响力削弱。直到1927年4月，彭述之没有随同整个编辑部转战武汉，中央遂决定由瞿秋白代之主管党的宣传工作，同时出任《向导》主编。为了重新让《向导》回到正确的方向，瞿秋白付出了很大的努力。“四·一二”反革命政变后，大革命遭到局部失败，瞿秋白在《向导》上发表文章，分析了革命失败的原因，总结革命斗争的经验教训，引导全党和革命群众认清形势。瞿秋白利用《向导》这块阵地，宣传了党的整体革命纲领和具体的方针政策，围绕当时国共合作统一战线的中心工作，揭露并批评了国民党右派破坏革命阵营的意图和行径，分析了中国社会各阶级状况，对以陈独秀为代表右倾态度进行了批评，在一定程度上纠正了党的思想认识问题。从瞿秋白参与《向导》的编辑和撰稿功绩来看，他表现出了一位杰出的革命领导人的学识和胸怀，一位伟大的马克思主义者的理论素养和一位寻求民族解放的新闻工作者的敏锐思维和眼界。

（二）瞿秋白与《新青年》

《新青年》1922 年休刊后，党中央 1923 年 6 月决定恢复出版，由瞿秋白任主编。该刊共出了四期，1924 年 12 月再次休刊。1925 年 4 月《新青年》改为月刊后又重新出版，仍由瞿秋白任主编，办刊的目标和意义在于继续宣传马克思列宁主义，并使马克思列宁主义在革命实践中得到应用。由于实践中的各种困难，《新青年》未能按原定计划出版，而成为不定期刊，但《新青年》在进步报刊中的重要地位却始终未被撼动。瞿秋白任职期间《新青年》总共发行了七期，一直秉承着党办刊物的马克思主义方向，结合他自身特殊经历，把国际共产主义运动和苏联的革命经验作为编辑的主要内容，编发了 15 篇关于国际共运的理论和实践的著译文章，如《世界的社会改造与共产国际》《世界社会运动中共产主义派之发展史》等，他还着重突出了对于苏俄革命经验的翻译介绍工作，辟“列宁号”专刊集中展示经苏俄革命实践检验的马克思主义思想理论。瞿秋白宣传党的三大、四大的路线、方针、政策，论证了中国共产党的正确指导思想，批判了陈独秀等人的右倾思想，使《新青年》越来越成为中国社会革命的思想先驱。瞿秋白主编的《新青年》具有很强的批判性和战斗性，他组稿批判了其时思想界较为盛行的张君劢的不可知论和胡适的实用主义，促使马克思主义逐步成为思想界的权威和理论指南，这些文章也成为中国马克思主义思想理论发展史上著名的学术文献。

（三）瞿秋白和《前锋》

1923 年 6 月，党的第三次全国代表大会召开，正式确定了党的统一战线方针。同年7月1日，由瞿秋白主编的中共中央机关刊物《前锋》由中共中央出版发行机构上海书店发行，为转移注意，假托广州平民书社发行。此刊的主要任务在于宣传党的三大制定的统一战线的方针，以党的统一战线方针为指导，宣传国民运动，较侧重于发表经济方面的理论文章。瞿秋白对促成国共合作并维护统一战线作出了直接的贡献，他受中央委派同共产国际代表一起与孙中山商议会谈落实改组国民党方案，为国共第一次合作立下汗马功劳，同时不放弃又团结又斗争的原则，为维护统一战线做出了积极的努力。从当时建立和维护国共统一战线的中心任务来看，他主编的《前锋》成功地完成了它的历史使命，注重理论联系实际，全面剖析了帝国主义的侵略本质，充分暴露反动军阀的嘴脸，积极宣传进步的革命建设经验，具体研究中国革命现状，为联合一切进步力量推动中国革命发展发挥了重要的指导作用。瞿秋白也是《前锋》杂志的主要撰稿人之一，在创刊号上他就发表了《中国资产阶级的发展》《现代中国的国会制与军阀》《帝国主义侵略中国之各种方式》三篇政论文。他还在创刊号和第二期的“寸铁”栏目发表了《无用的人与东方文化》《世界的结局》等多篇杂文，立场鲜明、思想敏锐。瞿秋白主编《新青年》和《前锋》时期是国共第一次合作的建立、发展和最终破裂时期，国内思想战线斗争激烈，瞿秋白认真履行党的办刊思想，为党领导的无产阶级革命提供了强大的思想武器，推进了国民革命的发展。

（四）瞿秋白与《热血日报》

1925年5月30日，上海学生、工人在公共租界大马路（今南京路）举行爱国宣传，被租界巡捕抓去一百多人，数万群众自发地聚集起来，为营救被捕学生与英国巡捕发生了冲突，在混乱中租界巡捕竟然开枪射杀无辜群众，制造了“五卅”大惨案。中共中央及时进行了决策，召开紧急会议成立行动组织以领导这次自发的群众运动，通过联合工商学界进步力量以罢工、罢市、罢学的形式共同抵抗帝国主义的侵略罪行，同时创办《热血日报》，以强化党的理论宣传和指导。之所以选择“热血”作为刊名，是党以无产阶级进步立场对惨案后所谓“公理”的虚幻宣传的清醒回应，瞿秋白直接发问："哪有公理？只有热血。"这份报纸是中国共产党创建的第一份日报，由瞿秋白任主编，及时传达党的方针、政策和理论。《热血日报》的发刊词写道：

> 洋奴，冷血，这是一般舆论所加于上海人的徽号！可是现在全上海市民的热血，已被外人的枪弹烧得沸腾到顶点了！尤其是大马路上学生、工人同胞的热血，已经把洋奴、冷血之耻辱洗涤得干干净净。
>
> 民族自由的争斗是一个普遍的长期的争斗，不但上海市民的热血要持续的沸腾着，并且空间上要用上海市民的热血，引起全国人的热血；时间上要用现在人的热血，引起继起者的热血。
>
> 创造世界文化的是热的血和冷的铁，现世界强者占有冷的铁，而我们弱者只有热的血；然而我们心中果然有热的血，不愁将来手中没有冷的铁，热的血一旦得着冷的铁，便是强者之末运。
>
> 本报特揭此旨，敢告国人！

整篇发刊词饱含着热血沸腾的力量，文字具有鼓动力和革命性，产生了指引方向、团结力量、共同对敌的积极效果，明确表达了报刊反对帝国主义压迫，寻求民族独立自由，创造新的世界秩序和文化的决心和信心。《热血日报》密切配合革命斗争，坚持舆论宣传向导的正确性和战斗性，为了赢得读者的关注，注重文章行文的通俗性、群众性和多样性。《热血日报》是一份用革命者鲜血铸造的红色报纸，立场鲜明地宣传党的立场和主张。瞿秋白作为主编和主要撰写者之一为些倾注了大量的心血。

三 第二次国内革命战争阶段弘扬无产阶级革命精神领导革命建设

第二次国内革命时期，为了配合艰难的第二次国内革命战争，瞿秋白在中共中央的领导下创办了《布尔塞维克》，并被任命为苏区《红色中华》主编，完成了宣传科学理论，贯彻党的政策，推进革命进程，领导苏区建设等多方面的历史任务。

(一) 创办《布尔塞维克》，揭露国民党的反动统治，宣传土地革命和武装斗争

1927年9月，中共中央机关迁回上海，由瞿秋白主持工作，他还同时肩负着领导党的宣传工作的任务，之前的《新青年》《向导》等因为革命形势发展变化均已停刊，因此中央临时政治局常委召开会议，决定在上海创办新的中央机关刊物，由瞿秋白、邓中夏、王若飞、罗亦农、郑超麟组成五人组编委会，瞿秋白任主任，创办《布尔塞维克》，初为周刊，后改为半月刊，再改月刊。1932年7月停刊，共出版52期。在白色恐怖下，曾用《小学高级用新时代国语教科书》和《中国文化史》等名称秘密发行。瞿秋白注重促使《布尔塞维克》在党中央的领导下发挥思想战线上的优势积极展开工作。1927年秋，当时的临时中央决定设立由瞿秋白、蔡和森、毛泽东等26人组成的中央党报编辑委员会，瞿秋白任总编辑，要求按周召开编委会议，以加强编务工作对中央意见的执行力度，同时亦规定每位编委为《布尔塞维克》撰稿的下限，要求每周不少于一篇，具体地指导并活跃了编务工作。《布尔塞维克》创刊号上发表的瞿秋白撰写的《〈布尔塞维克〉发刊布露》指出："中国现在的时期是社会斗争剧烈到万分的时期。国民革命因为国民党领袖的背叛革命而受着非常严重的打击——国民党，中国最早的革命政党已经因此而灭亡了。中国共产党曾经向导国民党，使他从腐化崩溃之中复活起来（国民党第一次代表大会的改组）；中国共产党曾经向导中国民众实行近三年来伟大的革命斗争：反对帝国主义，反对军阀、豪绅的斗争，——国民党的复活改组，也完全依赖这种向导，完全因为他接受了反对帝国主义及军阀的政纲。但是，革命正在这种向导之下进行的时候，国民党的领袖一批一批的背叛革命，背弃他们自己的三民主义。"文章还指出：《布尔塞维克》在"革命思想方面，比'向导'时期尤加十倍的必须有真正无产阶级政党——布尔塞维克主义的领导。只有布尔塞维克的精神：无产阶级坚决的向国内、国外资产阶级实行阶级斗争；勇猛的领导农民及一般贫

民推翻豪绅资产阶级的统治，消灭封建式的剥削，没收地主阶级的土地；群众的革命的独裁——歼除一切反动分子，下层民众直接起来行使民权，实行苏维埃的政治制度；只有本着这种精神，反对一切豪绅资产阶级的反动思想，扫除一切小资产阶级的机会主义妥协主义；只有建立这种布尔塞维克的精神和布尔塞维克的思想，然后中国革命之中方才有强固的健全的无产阶级政党做领导，才能彻底的完成中国之资产阶级民权革命的任务，亦就是真正推翻帝国主义军阀的统治，急转直下的进于社会主义的道路。谁能解放中国，使中国最大多数的工农贫民自己得到政权，开展真正社会主义建设的道路？只有布尔塞维克！”立场鲜明、总结国民革命经验教训，直达办刊宗旨，宣传党的土地革命和工农武装暴动的总方针，报道工农群众武装反抗国民党的英勇斗争等内容。这样，《布尔塞维克》成为党最重要的思想宣传阵地。《布尔塞维克》内容丰富，刊物设有《国内政治》《国际状况》《职工运动》《农民暴动》《中国革命问题》《列宁主义理论问题》《寸铁》《经济与财政》《妇女问题》《青年问题》《地方通讯》《读者之声》等专栏。1928 年瞿秋白前往莫斯科后由李立三、张闻天相继担任主编，瞿秋白始终关心和指导着刊物编辑工作，并为其撰稿。1932 年以后，随着白区工作日益遭到破坏，《布尔塞维克》被迫于 1932 年 7 月 1 日停刊，总计出版 52 期。

（二）主编《红色中华》，宣传苏维埃政权，指导苏区建设

《红色中华》报创办于 1931 年 12 月 11 日，开始定为周刊，后改为三日刊、双日刊，是中国共产党在革命根据地创办的第一份中央级铅印大报，发往各革命根据地。该报的办报宗旨是促进中央政府对中国无产阶级革命的积极领导，宣传根据地建设和武装斗争。1934 年初，主编沙可夫因病去苏联治疗，瞿秋白被任命为社长兼主编。1934 年 2 月，瞿秋白遵中央之命到达中央苏区江西瑞金，任中央执行委员会委员、中央人民教育委员会委员、国立苏维埃大学校长，主编《红色中华》报。1933 年秋，瞿秋白还未到达苏区前曾在党的内部刊物《斗争》上发表《关于〈红色中华〉报的意见》，意见指出：

《红色中华》报（从第一号起到七十二号——中间缺少十四号到三十几号）的确能够反映中央苏区的各方面的生活，并且产生政治上的领导作用。这里，我们看见苏维埃政府和民众之间的联系日益密切起来（虽然还是非常不够），我们看见工农群众的热烈斗争的各种运动，看见土地分配问题、司法和肃反问题、经济政策问题、反富农和反投机商的斗争的开展和种种进步。最主要的是：《红色中华》一般的说来，的确是一个斗争的机关报。在赞助红军和革命战争的发展方面，这个报虽然还不能够充分的执行自己的任务，然而总路线是没有错误的。这里，我们只说一说《红色中华》的几点缺点：

第一，《红色中华》在最后二十几期已经声明改组为苏维埃临时中央政府、苏区党的中央局和全国总工会的中央局的联合机关报，但是，报上所反映的党部在一切政策和群众之中的领导作用是非常之模糊的。“党的建设”——各级党部的情形、各级党部在苏维埃地方政府之中的作用、各级党部的发展、各级党部的优点和错误等等，必须反映在这个报纸上。照现在的几期看来，却只有“苏维埃建设”，而没有“党的建设”。同样，工会的作用更看不见。

第二，“自我批评”在这报上也已经有相当的发展，但是，还不够。而且有这样一个缺点：就是一些坏的现象倒是具体的指出来的（这当然很好），而群众的积极性，各种伟大的运动，总之，苏区一般的社会改革，从政治经济的大问题直到种种人情风俗、日常生活上的问题，却只有笼统的叙述。往往可以读到这样的通信，说某某乡、区春耕运动“胜利了”，“田野都是一片绿色”，而没有具体的描写，没有“有名有姓的”叙述。这是应当改正的。关于优点和胜利的记载要更具体些。再则，“铁锤”栏暴露一切坏现象和缺点的时候，往往不提起党的纠正政策，例如读到“乡苏维埃主席剥削民众”的标题之后，找不到当地党部对于这个主席怎样处置的消息。

第三，消息的编辑方面也有很大的缺点。这报虽然还只是三日刊，而照性质说，应当担任日报的任务。因此，必须使当前最主要的事实和运动（不论是战线上的新闻，还是春耕或秋耕运动的进展，或是退还公债的运动等等），都有明晰的叙述，一期一期的继续下去，给读者以极清晰明了的概念，使他们认识革命的各种战线上的具体情形。而现在的《红色中华》报，却偏重于鼓动性的报告胜利的标题（这当然也是必要的）。自然，在军事方面，尤其是军事方面，有些消息是应当秘密的，但是，这不过为着作战的利益。同样为着作战的利益，应当使红军和工农群众每天明了战斗的总阵势——军事方面是这样（常登载地图等），其他方面也是这样。所以我们以为消息和新闻的编辑方法是应当改良的。

第四，社论和一般论文的指导作用还应当加强，反对命令主义的倾向。《红色中华》报上对于有些问题的解决，往往是机械的，至少，说服性质太缺乏些。例如对于婚姻问题，对于红军士兵和家属通信的问题，以上的答复就太机械，不能够针对着群众之中一些人的怀疑，而作有力的解释。再则，我想对于好些新的问题：例如帮助本籍红军士兵家属耕田的问题，调动耕田队耕种红军公田的问题，扩大红军的问题……还需要时常有指导性的解释论文。单是指出某某地方用强迫手段的错误是不够的，还要指导各级政府和党部怎样去解释，这就是说用这中央机关报的名义直接对一般民众说明某种政策的意义和具体的办法，这样可以大大的帮助简单的法令，可以领导民众反对官僚主义的恶习。

第五，我们以为工农兵通信运动对于这中央机关报以及一切军营、城市、作坊的小报，可以有很大的帮助，可以使苏维埃的新闻事业发展到更高的一个阶段。第一是特约通信（现在已经有一点，然而看来是偶然的外来的投稿，不是《红色中华》自己去组织的），这可以用报馆特派记者到各个重要战线、各个重要的区域，但是这还不是工农兵通信运动的本身。第二是要组织每个地方、每个战线的工农兵通信协会，帮助能够开始写些通信（关于当地的事实和批评的通信）的士兵、贫农、工人组织起来，有系统的"发稿"给各种小报、壁报，而《红色中华》报可以利用这些稿子，加以编纂而使得自己的新闻栏更加丰富起来。

第六，除《红色中华》之外，还应当由中央局出版一种《工农报》（像联共中央的《工人报》和《贫农报》），就是真正通俗的、可以普及到能够勉强读得懂最浅近文字的读者群众的。这在苏区，尤其是中央区，现在特别需要，而且也许是可能的了。

《关于〈红色中华〉报的意见》充分肯定了《红色中华》的积极作用，概括了它在舆论宣传中作出的杰出贡献，同时也敏锐地指出了报纸存在的问题，提出了建设性的意见，体现了瞿秋白丰富的新闻报刊编辑思想。这些问题在瞿秋白成为《红色中华》主编后逐步得到改进。在他主编《红色中华》报的一年里，报纸的宣传思想更加明确，在群众中的反响亦不断提升。至1934年10月，红军被迫战略转移离开苏区，瞿秋白作为留守苏区主管宣传工作的领导，在日益恶劣的环境中，克服重重困难，继续以中央政府机关报的名义刊发《红色中华》报，他报道战争通讯，刊载各苏区捷报，在完成掩护红军主力撤离任务的同时，坚持完成了机关报刊思想宣传和革命指导的职能，直至1935年初为配合开展游击战争的需要撤销后方办事处为止，瞿秋白坚持到了最后一刻，体现了一个新闻人崇高的职业精神和一个知识分子的气节和风骨。

四　瞿秋白关于新闻报刊编辑思想的理论通观

瞿秋白的新闻报刊编辑实践始于《新社会》，终于《红色中华》，历经15年，伴随了他革命生涯的始终，他的新闻编辑实践和思想，是他作为马克思主义理论工作者和无产阶级革命家留给后人的宝贵财富中重要的组成部分。他关于党的新闻报刊编辑事业的重大贡献不仅体现在他的编辑、报道和撰稿的实践方面，也表现在他在马克思主义新闻理论建设方面。他在一生的新闻报刊编辑实践当中，自觉地坚持了马克思主义的指导，着重从中国革命现实出发研究和解决具体问题，形成了较为系统的新闻思想体系。这些观点理论集中地体现在他的相关著述当中，比如《组织问题决议案》《关于〈红色中华〉报的意见》和《谈谈工厂小报和群众报纸》等。

（一）党的新闻报刊应该成为宣传无产阶级革命思想的阵地

瞿秋白在具体从事新闻报刊编辑工作中，始终坚持着无产阶级的革命立场，使党报党刊成为宣传无产阶级革命理论的思想阵地。他清楚地认识到报刊对于传播进步思潮、推动社会变革的重要作用，并把这一思想贯彻于实践工作中。早在 1923 年 6 月，担任改版《新青年》主编时，瞿秋白就在改版创刊的“共产国际号”特刊中，以《新青年之新宣言》的形式阐明过这样的观点，他指出曾经在中国革命进程中担任进步革命思想先驱的《新青年》，亦应为中国无产阶级革命发挥指引方向的重要作用。瞿秋白在《关于〈红色中华〉报的意见》一文中指出党报应该产生政治上的领导作用，并反映党的建设。

（二）党的新闻报刊应坚持密切联系群众

在瞿秋白看来，党报党刊宣传功能的发挥，离不开与广大人民群众的密切联系，需要贯彻群众办报的路线。在党的六届三中全会上，瞿秋白对这一问题进行了集中阐述，在《组织问题决议案》中明确指出加强党报党刊的领导，就必须使他真正深入到广大劳动群众中去，使党报和群众密切联系起来，建立群众的发行网和发行路线。瞿秋白在 1932 年 3 月 11 日发表于《红旗周报》上的《谈谈工厂小报和群众报纸》一文中指出：“工厂小报必须和群众有密切的联系。首先，工厂小报要组织自己的访员，自己的通信员。最好要在工厂的每一个部门（例如细纱间、粗纱间），在这一工厂的工人住宅的每一个区域（例如一个弄堂，一个胡同），都有自己的访员，要他们能够按时的报告当地的‘新闻’。工厂里的通信员就要能够学习着自己写消息，写简短的文章。工厂小报的编辑委员会要在自己的访员、通信员之中做有系统的教育工作，逐渐的扩大他们的组织。工厂小报的编辑委员会要吸收非党的工人参加，要讨论而共同决定对于每次事变的态度和政策，而写成功指导群众的社论。然后指导自己的访员和通信员根据这篇社论，到工厂的各部门去，到工人住宅的各区域去，发展群众之中的讨论，反映群众的意见，对于群众的意见，要会正确的批评，给他们相当的教育。单纯的咒骂落后群众的‘消极’，甚至于‘工贼’等等，是不容许的。对于工贼走狗的暴露和攻击，也必须有正确的策略，必须要使最落后的群众也看得见工贼的真面目。”①

（三）瞿秋白提出报刊的文风应该简洁朴实、真实具体、通俗易懂、短小精悍

瞿秋白在办报过程中坚持倡导通俗朴实的文风，要求报刊做到文字通俗，尽量口语化，使群众能看得懂、喜欢看。他在《谈谈工厂小报和群众报纸》一文中重点阐述了这一思想，“第一，工厂小报用什么话来写呢？用群众日常口头上讲的普通话来写呢，还是用知识分子的新式‘白话’——不成其为白话的白话来写呢？答案是很清楚的。可是，现在一般同志差不多完全没有注意到这个问题，简直没有想到有这样一个问题！我们必须纠正这种错误。一定要用口头读出来普通工人可以懂得的话来写”；“第二，工厂小报必须着重在具体的、切实的、绝对不夸大不吹牛的消息”；“第三，工厂小报要根据党的政策，运用这些具体的事实，去动员群众。这就是要登载简单明了的论文”；“第四，工厂小报必须和群众有密切的联系”；“第五，讲到群众的报纸”；“第六，群众报纸和工厂小报都需要发展工人通信员运动”；“第七，群众报纸和工厂小报都应当组织读者的读报会”②。他还总结道：“党的宣传，首先是要‘脸向着群众’。工厂小报和群众报纸是在真正广泛的群众之中的宣传武器，这不是给少数革命的青年学生和工人之中千分之一的知识程度较高的人看的，这是给真正广大的工人劳动者读的，甚至于不识字的人听的。所以一般同志都要切实的注意这个问题。”③ 瞿秋白经常深入到群众中去了解情况，

---

① 瞿秋白：《瞿秋白文集（政治理论编）》第7卷，人民出版社2013年版，第395页。
② 瞿秋白：《瞿秋白文集（政治理论编）》第7卷，人民出版社2013年版，第393—397页。
③ 瞿秋白：《瞿秋白文集（政治理论编）》第7卷，人民出版社2013年版，第397页。

为了满足广大工农读者的需要，瞿秋白要求报刊编辑文字通俗浅显，以便使更多的读者读懂。瞿秋白自己的文章更是深入浅出、明白晓畅，为党的早期新闻工作树立了光辉的典范。

（四）党报党刊应发挥思想宣传优势，在党的中心工作中完成革命任务

瞿秋白在《〈共产杂志〉发刊词》中把党报联系当地实际工作进行宣传和报道作为杂志办刊的一个重要任务，他认为另一个不容忽视的任务，就是以科学的理论武装党，使之成为在中国激烈的革命实践中适应本国需要的理论武器。具体而言，要能明确鉴别并坚决批判主张改良主义的社会民主党的理论，无情揭露其反革命本质面貌。瞿秋白认为，完成这种理论武装任务最有效的文体形式是评论和社论，这种文体能够为紧张激烈的革命斗争提供及时而准确的理论支撑，因而在无产阶级革命过程中占据重要的地位，其宣传报道功能同样及时有力，在党的方针政策、根据地工作中获得的成绩和问题等方面的报道亦为无产阶级的革命作出突出贡献。关于批评与自我批评工作，瞿秋白在具体报刊工作中对此给予了详细说明，他在对《红色中华》报提出具体指导意见时指出，这份报纸在自我批评方面取得了一些成绩，但也存在着另一个问题，即在自我批评的过程中消极方面超越了积极方面，同时在曝光缺点错误时没有及时地阐明纠正政策，这些都应该引起高度重视。在批评方面，瞿秋白认为及时反映工作中的问题，克服缺点是我们党的新闻工作者的职责。瞿秋白在党报党刊撰写了许多锋利的对工作和作风的批评意见，秉持坚定的马克思主义立场与错误的思想路线做坚决的斗争，对党的工作作出了不可估量的贡献，是新闻工作者的典范。

瞿秋白是党内杰出的新闻家和编辑家，为党的早期新闻报刊编辑工作作出了巨大的贡献，他的新闻报刊编辑思想丰富而系统，成为党的新闻工作者的典范。在新的历史条件下梳理回顾他的马克思主义新闻报刊编辑思想，对推进党的新闻事业，繁荣社会主义文化，推动马克思主义中国化都具有积极的现实意义。

第四章

价值意蕴：瞿秋白文化哲学思想及其价值取向

瞿秋白不仅在符号表征层面就文字符号、艺术实践的时代化、现代化转型发展发表了一系列真知灼见，而且在积极传播马克思主义进步文学作品、大力创造符合中国现代化转型发展方向的新作品上，实践了“以文化人”的文化价值理念。在此基础上，瞿秋白从“形而上”的思维高度，就文化的本质、类型、结构与功能，以及古今中西文化之间的矛盾进行了深入的思考，体现了瞿秋白关于文化发展及文化价值一般规律的哲学逻辑思维，彰显了瞿秋白的文化精神和价值取向，形成了独树一帜的瞿秋白价值意蕴的文化思想。

第一节　瞿秋白的文化哲学思想

纵观瞿秋白对文化符号表征的思考与具体文化实践活动，瞿秋白视野中的文化有其内在的逻辑层次，就一般意义而言，文化是其特定内容与具体形式的统一体，“以文化人”的基本要求是表情达意、言之有物与形式不一、方式得当；就其出场逻辑来看，遵循了从声到形的逻辑进路，即语言、文字、符号的载体形式，从“形而下”的具体化表现形式、表达方式，到“形而上”的理念、价值的意念化呈现方式，这正是瞿秋白文化思想变化发展的“实践、理论、价值”三位一体的基本路径。瞿秋白的文化哲学思想，是中国现代文化哲学宝库中的一枝耀眼的思想之花，在马克思主义文化思想中国化的历史进程中占有重要地位。

一 瞿秋白文化哲学理论形态

瞿秋白的文化哲学思想有其特殊的时代情境和思想根基，是在中国近现代社会的时代转型过程中产生的，是对既有中国文化哲学传统的继承与超越，也与同时代的文化界领袖人物的思想形成了对话与互补，鲜明地表达了瞿秋白对马克思主义文化观“大众化”的文化价值取向。

（一）文化哲学概述

文化是人的独特存在方式，体现着理性反思的人的日常生活和社会变革的存在世界，文化活动不仅仅是具体的文化现象，也不是简单地描述、重复既有的文化现象，而是应该研究纷繁复杂、异彩纷呈的文化，从一般意义上解释文化现象、建构文化体系，从文化的普遍性、多样性、一般性等层面进行理性认识和反思，不能仅满足于文化的实证研究，还要研究文化的模式、文化的形态，也就是要研究文化的规范体系、观念体系、发展图式和变迁图景。

所谓文化哲学，是以哲学的思维方式研究文化的形成、文化的构成、文化的形态、文化的功能与模式，探讨文化交流、冲突、批判，以及文化的转型和发展的一般规律的学科。中国和西方文化哲学精神都关注人的对象化的存在意义，都重视文化的社会价值功能，当然也有明显的不同，中国传统文化哲学包含着尊崇自然、顺其自然的朴素唯物主义情结，重视“内省”“整体”“体验”“教化”，强调“熟人社会”的家庭本位、社会本位化的个体存在的价值意义，强调整体性思维，明显缺乏自我理性和独立人格精神，在文化争鸣中日益走向文化统一、思想统一的道路。西方文化哲学传统强调“外求”“理智”“分析”，注重论辩推理、理智分析、“征服”，注重个性张扬、法纪契约的价值。

文化哲学是有别于文化具体现象的，以哲学的视角研究文化的发展规律的学科视野。可以说，文化哲学体现了认识主体在不同的认识场中，对人这一对象化的存在，具有不同的解释范式、价值范式、现象范式，在平衡自然属性的人与文化属性的人、现实属性的人与理想属性的人、实体属性的人与功能属性的人之间具有内在张力，从个体与个体、个体与群体、个体与社会的视角阐释文化发展现象及其规律。

（二）同时代思想领袖人物的文化哲学思想

瞿秋白作为中国共产党早期的革命家和领袖人物，在时代的大潮中与陈独秀、李大钊等其他领袖人物形成了熠熠生辉的领袖群体，其革命实践共同扎根于处于水深火热之中的中华大地，其革命思想互相影响、砥砺前行。同时，瞿秋白的文化哲学思想与当时胡适等人的文化哲学思想可谓是“道不同，不相为谋”。

第一，陈独秀的文化哲学思想。陈独秀是深受中国传统文化影响的一代思想人物、革命斗士，其文化哲学思维深受传统文化关于强弱、刚柔等一分为二的朴素辩证法思想的影响，一方面，他认为中国文明属于东方文明，不同于西方文明，西方文明以法兰西文明为蓝本，西方文明以天赋人权思想、进化思想、社会主义思想三大武器改变了文明发展的路径；世界各国文明的共同之处是宗教、法制、文学共同作用的，提出了新质与旧质的区别。另一方面，对中国传统文化束缚人性的不合理因素进行了批评，特别是批评了中国国民的劣根性，提出要通过文化改造运动把真、善、美、爱置于人们的血脉之中，唤起民众、启迪觉悟、开展新文化运动造就新国民，指出了文化的价值归宿。

第二，李大钊的文化哲学思想。李大钊的文化哲学思想涉及了文化的含义、文化的意义、文化的冲突、文化的作用、文化的发展等系统问题。特别是李大钊从马克思主义唯物史观关于物质与精神的视角看待文化的内涵，认为文化对一个国家和社会风气、人心、变革具有重要价值。一方面，李大钊详细阐释了中西方文明的异同，认为以中国为代表的东方文明有其不足之处，主要表现在：人生态度上的厌世主义，缺乏进化、改变观念；懒惰性情较重；对个性的尊重不够；忽视个体精神，个体生存价值为集体生存价值吞没；对妇女不尊重；人与人之间同情心缺失；

过于迷信神的权力；政治和社会生活的专制主义等。[①] 另一方面，李大钊认为，哲学可以分为神明的哲学、自然哲学、人的哲学三种类型[②]，文化科学、文化哲学作为观念形态的人类的意识，与人的主观性有重要的关系，“故不得不云价值含于其中”[③]。另一方面，李大钊立足物质变动谈到了文化发展问题，认为必须坚持从“物心两面”改造、“灵肉一致”改造[④]，特别是在和胡适关于问题与主义的论争中明确提出了必须从理想和实用两个方面理解主义，必须运用主义改变社会、寻求问题的“根本解决”；此外，在文化发展具体实践中，正确理解新文学的内涵、扩展思想学理的深度、坚定信仰主义、注重文艺形式优美、坚持博爱的精神、开展社会写实。

第三，胡适的文化哲学思想。胡适是中国近现代史上著名的思想人物，虽在时空隧道之中名噪一时，但是世人对其思想可谓是褒贬不一。胡适的文化哲学思想具有明显的时代局限性，一方面，胡适过于夸大了西方思想文化的优越性，对西方文化表现出了盲目崇拜的严重倾向，认为西洋文明是理想主义的典型代表，对西方价值观诸如平等、自由、博爱过于迷恋，主张中国文化发展的出路在于全面向西方学习，这就是近代以来典型的“全盘西化”思潮。另一方面，胡适主张全面、系统地清理和批判中国的传统文化，主张深刻“反省”传统文化的不足之处，甚至提出了在传统文化存在着“祖宗的罪孽”，彻底抛弃传统文化，认为中国文化和中国社会的出路在于走西方资本主义“文明”道路、发展西方资本主义文化。再一方面，胡适明确反对具有共产主义思想的先进人物诸如陈独秀、李大钊等人宣传的社会主义革命思想，反对中国走俄国社会主义革命的道路，主张在社会发展和文化发展方面的点点滴滴中传播

---

① 参见李大钊《东西文明根本之异点》，载《李大钊全集》第 2 卷，人民出版社 2013 年版。

② 参见李大钊《史学与哲学》，载《李大钊全集》第 4 卷，人民出版社 2013 年版。

③ 中国李大钊研究会编注：《李大钊全集》第 4 卷，人民出版社 2013 年版，第 430 页。

④ 参见李大钊《我的马克思主义观》，载《李大钊全集》第 3 卷，人民出版社 2013 年版。

改良主义。

瞿秋白的文化哲学思想正是在时代思想的浸润之下，在反复的思考、鉴别、再思考之中，在自己投身火热的社会革命实践和文化建设实践的过程中逐步形成的，瞿秋白的文化哲学思想在继承前人合理思想因子的基础上，也注入了个体独特的思考，形成了具有瞿秋白特质的文化哲学思想。

二　瞿秋白文化哲学内涵

瞿秋白的文化哲学思想，是瞿秋白从社会发展进程中广义的文化层面观察人类社会取得的思想结晶，其文化视域不仅是从社会现象来审视，而且从自然现象的客观因果关系来审视，这里的文化哲学不仅仅涵盖了文学艺术、道德观念、法律认识、风俗习惯等，而且从文化的视角审视经济、政治的变迁与革新。瞿秋白的文化哲学思想，集中体现了瞿秋白对文化本质理论、文化革命理论、文化建构理论等问题的深入思考，是一个相对完整的思想体系。

（一）文化本质理论

文化是人类特有的社会化、对象化的存在方式。究竟何为文化，尽管学术界历来众说纷纭，但基本上已经形成共识，即广义上是指人类社会取得的物质文明成果和精神文明成果的总和，狭义上是指包括观念形态的，与经济、政治并列的，有关人类社会生活的思想理论、道德风尚、文学艺术、教育和科学等精神方面的内容。瞿秋白运用马克思主义社会学、哲学的基本理论，对文化进行了深刻的思考。

第一，瞿秋白在一般意义上探讨了文化的产生、发展与演变规律。瞿秋白认为，根据马克思主义的基本观点，文化是伴随着人类社会的进步而不断前进的，他指出："研究社会科学，当严格的以科学方法研究一切，自哲学以至于文学，作根本上考察，综观社会现象之公律，而求结论。况且无产阶级，不能像垂死的旧社会苟安任运，应当积极斗争，所以特别需要社会科学的根本智识，方能明察现实的社会现象，求得解决社会问题的方法。"[①] 瞿秋白认为，哲学不是高深莫测的，"最初不过是一切智识的总称"[②]。后来，各种科学门类的划分，是基于哲学知识的分类而成的，是方法论和认识论的统一；而哲学是探求宇宙、刨根问底的专门的学问。文化是哲学的具体化的分支，应该坚持以客观为出发点，着眼于主观性的思维建构。瞿秋白认为在文化的形成方面有两种取向，一种是从自然出发的尊重客观事实的现实主义；另一种是古代"万物有灵论"的"以神话解释自然现象"的神话、神秘的路径。

瞿秋白认为，文化是社会意识的表现形式，意识是对外界的反映，"所谓客观的真实一定是外界或自然界，而绝不是什么绝对意识和绝对精神。人类的思想能观察外物，能有系统的总和和分析一切事实及现象，——因而日益丰富进步。无论什么样的思想，绝不是一个人的创造或想象"。因此，文化是现实世界的反映，绝不是心灵凭空创造出来的，是适应人类的需要而形成的，必然随着人类社会的变化而不断变化。文化的变迁，必然根植于社会的经济之中，"精神不能外乎物质而存在；物质却能外乎精神而存在，物质先于精神；精神是特种组织的物质之特别性质。——物质当然是宇宙间一切现象之根本"[③]。因此，瞿秋白认为，文化的本质是主体的人作为对象化的存在对外部世界和自身存在的主体性把握。

第二，瞿秋白分析了中国的旧社会旧文化的本质，指出了中国社会新文化的基本属性。瞿秋白认为，"中国古代思想亦是很实际的，纯任自然的哲学居多"[④]，但是，中国传统思想中有很多属于旧社会的旧文化。瞿秋白以文化领域的法律为例进行了分析，他认为"历史的进展，几千年来只是种种奴隶制度及其剥削制度的更替。法律是不平等的产物，用

① 瞿秋白：《瞿秋白文集（政治理论编）》第 2 卷，人民出版社 2013 年版，第 9 页。
② 瞿秋白：《瞿秋白文集（政治理论编）》第 2 卷，人民出版社 2013 年版，第 305 页。
③ 瞿秋白：《瞿秋白文集（政治理论编）》第 2 卷，人民出版社 2013 年版，第 435 页。
④ 瞿秋白：《瞿秋白文集（政治理论编）》第 2 卷，人民出版社 2013 年版，第 311 页。

以维持这种种奴隶制度的工具”①。法律的变迁，是对经济关系变迁的反映，统治阶级的更迭，必然导致法律的自然更换。瞿秋白认为，无产阶级的国家法律适应无产阶级的经济改造政策，阶级、政权、私产等完全消灭，“文化极高，应用科学方法组织经济，并施教育；群众受社会生活的熏陶，心理上生理上的病状尚且日益减少，人人能以自力调节自己的欲望，罪恶决难存在——法律当然消灭”②。这一分析思路，揭示了旧社会旧文化的阶级属性，预言了新社会新文化的全新教化功能。

瞿秋白认为中国的旧社会旧文化是封建式强制主义的、以宗族礼法为教义，以思想保守、自我封闭为基本特征，“以‘孝悌’为天经地义，灭汩一切个性”③，实质是社会约束的具体形式，以等级为文化划分依据，依尊卑名分的控制性、强制性为实施特征。瞿秋白认为，资本主义社会以商品经济为基础的文化，“有钱买货”成了金科玉律，“欠债还钱”竟是人格标准，资本主义旧道德带有欺骗性、虚伪性，而日益走向没落，将为无产阶级道德所取代。瞿秋白鲜明地指出，无产阶级新道德“以团结力、奋斗力为德行”，人人有道德，有集体主义的新的风俗、革命的人生和革命的艺术，揭示了中国社会新文化的基本属性。

第三，瞿秋白认为东方文化与西方文化是两种文化，“有相异之处”④，也是互补性的文化。瞿秋白认为，以中国为代表的东方文化，在本质上是以农业文明为代表的文化形态，其强调的天人合一、人与自然和谐、“以文化人”等思想具有重要的人文价值，是人类文明宝库的奇葩，要合理吸收其因素加以现代性传承，而西方文化，“现已经资本主义而至帝国主义”。在此认识的基础上，瞿秋白认为：“社会科学本无国界；仅因历史的关系造成相隔离的文化单位，所以觉得各国有各国的‘国粹’，其实不过是社会的幻觉，泥滞于形式上的差别。中国受文

① 瞿秋白：《瞿秋白文集（政治理论编）》第2卷，人民出版社2013年版，第558—559页。
② 瞿秋白：《瞿秋白文集（政治理论编）》第2卷，人民出版社2013年版，第561页。
③ 瞿秋白：《瞿秋白文集（政治理论编）》第2卷，人民出版社2013年版，第564页。
④ 瞿秋白：《瞿秋白文集（政治理论编）》第2卷，人民出版社2013年版，第14页。

化上的封锁近三千多年，如今正是跨入国际舞台的时候，非亟开豁世界观不可。”① 特别需要指出的是，瞿秋白认为，东方文化与西方文化是“时间上的迟速，而非性质上的差别”②。

（二）文化革命理论

瞿秋白关于文化革命的思考，体现了瞿秋白的文化自觉精神，这得益于瞿秋白对中国文化发展趋势的理性把握，文化革命理论集中解决了谁来进行文化革命、进行什么样的文化革命等基本问题。

第一，瞿秋白阐明了中国民主革命语境中的文化革命的基本问题。

在中国共产党幼年时期，以苏维埃为样板的革命思维方式在中国共产党内占有重要地位。1929 年 10 月，中共中央宣传部根据党的六届二中全会所通过的《宣传工作决议案》成立了中央文化工作委员会，潘汉年任书记。1931 年秋，瞿秋白为中央文化工作委员会起草的《苏维埃的文化革命》集中体现了瞿秋白的文化革命观。

关于文化革命的实质，是革命的文化运动的大众化。关于中央文化工作委员会的任务，是在文化战线上动员广大民众参加无产阶级领导的革命；劳动民众是文化革命的运动的主体性力量，文化革命运动必须联系一般的政治和经济斗争；在革命文化团体中要善于发动群众，反对帝国主义对中国的侵略，反对国民党和军阀出卖民族利益和种种压迫，为建立真正的民众政权而斗争；必须善于动员党外的劳动民众和革命的知识分子进行文化革命。

关于文化革命的使命，是在文化战线上彻底完成民权革命的任务，为社会主义而斗争。为此，要看到资产阶级在文化问题上对封建残余的投降倾向，帮着帝国主义和军阀实行愚民政策和一切的种种欺骗，要把反封建思想文化意识的斗争同反对一切买办的以及资产阶级的意识的斗争结合起来，尤其难能可贵的是，瞿秋白较早明确提出了“为着文化运

① 瞿秋白：《瞿秋白文集（政治理论编）》第 2 卷，人民出版社 2013 年版，第 11 页。

② 瞿秋白：《瞿秋白文集（政治理论编）》第 2 卷，人民出版社 2013 年版，第 14 页。

动的无产阶级的领导权而斗争"① 的口号。

关于文化革命的性质，是五四新文化运动任务的继续和发展。五四新文化运动的任务，是树立新的革命营垒，开始真正的群众性的文化运动，破除儒释道等宗教的迷信和神话，打破社会层面存在的封建宗法社会思想的束缚，反对资产阶级和富农的思想，反对封建意识和资产阶级意识。

第二，瞿秋白在民主革命的实践中批判了逆文化革命发展倾向的价值理念。

一方面，瞿秋白深刻批判了蒋介石政府在法律等文化层面的欺骗行为。1928 年 12 月，国民党政权在形式上暂时获得了中国的统一，蒋介石的南京政府也面临着张学良割据北方、阎锡山割据山西等现实的困局，瞿秋白批评了蒋介石宣扬的"大赦""约法""国民会议""澄清吏治""发展经济"等政策，是要用"和平统一"的招牌，实行战争的准备，其实质是"企图欺骗民众，缓和革命斗争的发展"②，搜刮民众，出卖民族利权。同时，瞿秋白明确提出了"反对国民党的鬼法律"③，具体来说就是反对国民党的工会法和工厂法，国民党不准工会领导罢工，只准许调解，调解就是欺骗，深刻反映了国民党法律体系的虚伪性和欺骗性。

另一方面，瞿秋白揭露了中国人权派等第三种力量的文化发展观的缺陷。瞿秋白对当时大学教授胡适、罗隆基等人组织的中国人权派的主张进行了剖析，他们主张制定约法、确定法治基础、保障人权，但是，"现在中国的政治是异乎寻常的黑暗，豪绅地主资产阶级的统治是异乎寻常的露骨，民众一点儿自由也没有，一点儿'人权'也没有"④，中国人权派的真正面目是反对共产党及其一切革命活动，"人权派主张的'自

① 瞿秋白：《瞿秋白文集（政治理论编）》第 7 卷，人民出版社 2013 年版，第 228 页。

② 瞿秋白：《瞿秋白文集（政治理论编）》第 7 卷，人民出版社 2013 年版，第 66 页。

③ 瞿秋白：《瞿秋白文集（政治理论编）》第 7 卷，人民出版社 2013 年版，第 268 页。

④ 瞿秋白：《瞿秋白文集（政治理论编）》第 7 卷，人民出版社 2013 年版，第 167—168 页。

由’绝不是要平民群众自己得到什么自由”，“人权派所主张的‘自治’也绝不是什么真正的平民群众的民权主义”，“是豪绅资产阶级压迫剥削工农的更有效力的工具——比国民党的统治来得更加有效力！这就是人权派在反革命大竞赛之中的旗帜”①。

（三）文化构建理论

瞿秋白从马克思主义的立场科学分析了文化的构成，认为文化是人类一切的“所作”，包括社会生产力的基本状态、社会经济关系、社会政治组织、社会心理及其思想系统等，这一认识符合广义文化的定义。同时，瞿秋白也从狭义的视角，对文化的建构问题进行了深入的思考。在瞿秋白投身无产阶级革命文化实践活动的历程中，他始终认为，文化的建构要站在无产阶级的立场上，立足物质生产关系的变动，要大力发展真正有价值的文化工具和知识，发动新的文字革命，建立新的文化媒介，要大力发展和普及儿童教育和成年教育，开展“‘平民教育运动’和识字运动”②。

第一，文化的建构要坚持必然性与偶然性相统一。瞿秋白认为，在文化建构方面要遵循历史的必然，这种必然性，既是原因的必然，又是愿望的必要，遵循“从前，现在，将来，是什么”这一思路，体现了文化发展的历史进程的客观性趋势与主观性愿望，体现了对客观规律的尊重、服从与充分发挥主观能动性的有机统一。文化发展进程中的偶然因素与社会发展进程中的偶然因素是同一逻辑的，文化作为一种社会现象，“社会现象成于各个性的意志、情感、行动等之相交”，“社会现象随时随地地规定个人之意志”③，因此，个人意志的不同会对包括文化在内的社会形象产生不同的影响，“因为无论怎样小的事迹，实际上亦有影响于将来的发展，不过是影响的大小不同而已。此种影响可以说是很小，然而

① 瞿秋白：《瞿秋白文集（政治理论编）》第7卷，人民出版社2013年版，第172页。

② 瞿秋白：《瞿秋白文集（政治理论编）》第7卷，人民出版社2013年版，第229页。

③ 瞿秋白：《瞿秋白文集（政治理论编）》第2卷，人民出版社2013年版，第424页。

决不等于零"[①]。文化建构过程中，要从中国社会发展的历史进程来审视文化发展，注意培养一代文化新人。

第二，文化的建构要坚持个体与环境的有机互动。瞿秋白分析了"社会的人"和人的"社会性"，人与人之间的有机互动组成了社会，社会是现实的个体人的综合，但不是许多人加起来的总数，社会是现实的综合不是逻辑的综合，是许多个人之间错综复杂的互动关系的综合系统。人是社会性的高等动物，社会是伴随着人类的进步而变迁的，社会变迁必然导致人的"天性"也会随之发生变迁，瞿秋白认为："人既然客观上永久是社会的动物，各个人便永久以社会为其环境。社会既是个人的环境，所以社会便能规定个人的发展。"[②] 在瞿秋白看来，个人在家庭生活、学校教育、街头市井受到了种种不同的"训育"，种种影响作用于个体，个体的思想行为是社会的产物，是对前人在社会生活中确定下来的观念的自觉学习与践行，社会风尚习俗影响着个人，社会生活陶养着个人，"每一个人都包孕着'社会的内容'"[③]。但是个人在社会生活中不是被动的，是能够对社会发展产生一定作用的，社会联系形成的无形的力量造就个人的力量。因此，文化建构必须立足于个人与社会的互动关系，"决不能只看见英雄，而不看见'庸众'"[④]。

第三，文化的建构要坚持"突变论与渐变论"[⑤] 的一致。瞿秋白从马克思主义的唯物辩证法出发观察文化现象，坚持了唯物史观的基本观点，深刻认识到了包括文化在内的社会现象是永久变动的、互相联系的，科学、宗教、习俗、人与人之间的关系都是流变不止的，文化的变化发展也遵循了这一基本规律。瞿秋白继承了量变与质变辩证关系的基本原理，"数量的增加，到一定的限度时，要经过突变而发现质量上的变更"[⑥]。瞿

---

① 瞿秋白:《瞿秋白文集（政治理论编)》第2卷，人民出版社2013年版，第427页。
② 瞿秋白:《瞿秋白文集（政治理论编)》第2卷，人民出版社2013年版，第467页。
③ 瞿秋白:《瞿秋白文集（政治理论编)》第2卷，人民出版社2013年版，第468页。
④ 瞿秋白:《瞿秋白文集（政治理论编)》第2卷，人民出版社2013年版，第470页。
⑤ 瞿秋白:《瞿秋白文集（政治理论编)》第2卷，人民出版社2013年版，第452页。
⑥ 瞿秋白:《瞿秋白文集（政治理论编)》第2卷，人民出版社2013年版，第452页。

秋白认为，就广义的文化来看，社会领域的突变与自然界的突变都是存在的，文化的突变源自于社会革命，瞿秋白举例说明了英国的革命、法国大革命、欧洲的一八四八年革命、俄国的一九一七年革命，无论什么人、无论是什么圣贤的理论都不能否认革命突变论的文化意义和社会价值。社会的发展需要与社会结构之间的冲突，便会发生革命式的突变。瞿秋白指出，社会和自然界每一次的突变都开始了新的发展方向的渐变，渐变引起质变，质变引起新的渐变，新社会、新文化取代旧社会、旧文化。

第四，文化建构的方向是社会主义、共产主义新文化。文化建构方向是事关文化发展的根本性问题，是文化建设的价值指向。瞿秋白翻译了俄国《创造》杂志第 2 期凯仁赤夫的《共产主义与文化》，对苏维埃俄国的文化建设给予了详尽的介绍，反映了瞿秋白对文化建设发展方向的高度关注，彰显了瞿秋白对文化建构方向的理性自觉意识。其主要做法是：作为无产阶级革命政府的苏维埃政府第一步的重要任务是特别注意文化教育，而且留意文化上的建设；在教育上要自觉坚持不懈地改造鄙野而无知无识的国民，造就优良的教师队伍，普及现代学校教育；无产阶级教育文化事业不能完全引用资产阶级的文化遗物，无产阶级要创造自己的新文化，对旧文化采取批判、借鉴的态度；无产阶级的教育主管机关要重新确定教育制度，完善教育投入与保障机制，对儿童给予格外的关注与关照，建立学校教育体系与校外教育体系相结合的工作模式，发展图书出版事业、文学艺术事业等。这些创新性的做法，无疑对新文化的创建具有重要借鉴意义。

三　瞿秋白文化哲学思想的意义

瞿秋白的文化哲学思想内容丰富、意蕴深刻、思想深邃，无论是在当时的思想界还是在今天来看都具有重要的历史地位，在推进中国新文化建设的过程中提供了可资借鉴的宝贵思想资源，对毛泽东文化哲学思想的形成与发展具有承前启后的历史价值。

（一）对中国文化发展的意义

第一，对于进一步认识中国传统文化的全貌具有辩证性的启迪价值。关于中国传统文化的认识问题，历来是中国思想文化界争论的基本问题，也是事关中国文化发展的前提性问题。对于中国传统文化的认识态度，主要有三种观点：一是全面肯定的观点。思想文化界有人认为中国传统文化是中华文明的根本，是中华民族生生不息的命脉所在，中国传统文化博大精深、耀眼夺目、成就巨大、思想深刻，是中华智慧来源的无穷宝库，是不容怀疑的、没有任何错误与不足的。二是全面否定的观点。这一思想的产生，始自于鸦片战争之后，中国国门在西方列强的武装暴力下被打开，有些文化界的思想人物认为这是西方文化打败了东方文化，是中国传统文化的失败，其实质是缺乏文化自信，更谈不上文化自觉，是民族文化悲观主义、失败主义的典型论调，必然导致政治上的投降主义。三是辩证认识中国传统文化的观点。这种观点主张充分肯定中国传统文化的主流是好的，中国传统文化是中华民族凝聚力的重要源泉，是中华民族生生不息的精神动力，是当代中国文化建设和文化发展的重要涵养源泉。

瞿秋白坚持了辩证地看待中国传统文化的马克思主义科学观点，主张对中国传统文化要在充分肯定其历史地位、时代价值的基础上，对其包含的进取精神、民本情怀、诚信理念、道德修养等具有人类普遍价值的思想，在新的时代赋予其崭新的内涵而加以传承；对于其所蕴含的非民主成分、对待妇女的歧视性政策、对人性的压抑、对个性的泯灭要认真加以清理、鉴别，对于由于时代、认识等造成的文化局限性，要加以历史、科学分析；对待中国传统文化及其历史上的思想人物，不能全面否定也不能全面肯定，必须实事求是地历史地给予评价。在实践活动中，要积极投身新文化运动，造就新社会，成就新文化，“从文化运动——新社会，中间须经历的过程有多少！大家务必要注意才好”①。

① 瞿秋白：《瞿秋白文集（政治理论编）》第1卷，人民出版社2013年版，第70页。

第二，对于正确处理中国文化与外来文化的关系具有重要的思想价值。中国文化与外来文化的交流，自古代开始就已经通过一系列渠道得以发轫并勃兴，古有张骞出使西域、丝绸之路、玄奘西游、鉴真东渡，以及意大利人利玛窦来华等历史佳话，中外文化交流既是中华文化生机勃勃的重要表征，也是外来文化传入中原而不断中国化的基本途径。近代以来，中外文化交流有两条路径：一是和资本主义国家的非对称关系下的交流，中国实质上处于被动的不利地位，这种交流充满了历史的屈辱感，而交流的结果是中国日益失去了独立国家的内外自主权，在西方占主导的世界一体化进程中处于劣势地位和边缘化境地；二是俄国十月革命之后，与社会主义国家的交流交往，在相当长一段时期内，给中国文化注入了新的时代气息。

瞿秋白敏锐地参透了历史发展的时代脉搏，主张在中外文化交流中应该坚持平等的态度，西方文化不能凭借物质的富足、武器的精良而干涉东方国家，不能在文化领域损害东方文化的形象，对于资本主义和帝国主义国家的军事侵略和文化侵略，要保持高度警惕，当然，对资本主义文化的合理成分诸如民主、自由、平等、博爱、天赋人权、自然进化与社会进化等具有一定的社会价值的观念，要善于汲取其合理的、有益的、能够为东方文化所吸纳的成分；也要看到，西方资本主义文化是一种世界性的强势文化，不能过分迷信其社会存在的价值。对于以苏俄为代表的社会主义的文化，要站稳无产阶级的立场，以自觉的文化精神借鉴并坚持大众化的文化方向，充分认识坚持无产阶级文化领导权的重要价值。这些思想，有助于正确处理中国文化与外来文化的关系，有助于厘清资本主义文化的优劣，有助于坚持新民主主义文化发展的历史方向。

第三，对于建设中国新民主主义文化和社会主义文化具有重要的原则性和具体性的指导价值。瞿秋白关于文化本质、文化革命、文化建构的一系列见解，深刻指出了无产阶级必须变动中国社会的生产关系，发展中国社会的生产力，建立崭新的代表人民群众权利的政治组织，以全新的思想文化意识更新社会民众的心理；文化革命就是广大人民群众在无产阶级领导下，革旧文化旧思想的命，发展以社会民众为根本主体、目的的新文化；这些思想，为新文化建设提供了重要的原则性指导。

特别是瞿秋白对文化建构方面的见解，为建设新民主主义文化和社会主义文化提供了具体性的指导意见。首先，无产阶级的文化发展具有历史的必然性，这种历史的必然性是中国社会发展的历史必然性，也是中国共产党及其领导的文化建设的必然性，在文化发展中，文化人才的培养则是必然性和偶然性共同作用的结果，必须注重发挥文化人才的重要作用，着力培养符合无产阶级要求、代表文化发展历史方向的文化人才队伍。其次，要从变革社会出发，营造良好的文化发展环境，变革社会基础的一环就是改造社会的个体，从思想理论、价值观念、文化教育、社会风气等方面改变个体，社会作为个人的环境，反对文化建设的文化精英的“英雄论”，重视个体在文化建设中的作用。最后，瞿秋白提出的突变论实质是推进社会革命、政权建设，其渐变论主张在新的社会、新的社会氛围中推进文化建设，建设人民大众的新文化。

（二）对毛泽东文化哲学思想的意义

第一，毛泽东文化哲学思想与瞿秋白文化哲学思想，是马克思主义文化理论中国化前后相继、同株开花的历史写照。毛泽东的文化哲学思想在马克思主义文化理论中国化的历史进程中，具有十分重要的历史地位，是马克思主义文化理论中国化的时代佳作。毛泽东对文化问题有着深入的研究，从时间性来看，毛泽东把文化分为中国古代文化、中国近代文化、中国现代文化；从地域性来看，毛泽东把文化划分为西方资本主义文化、马克思主义的社会主义文化、中国的新民主主义文化和社会主义文化；从科学性来看，毛泽东把文化划分为先进文化和落后文化；从主体性来看，毛泽东把文化划分为人民大众的文化、统治阶级的文化。不仅如此，毛泽东还从文化在社会结构中与经济基础和经济发展、政权性质和政治发展的关系，发表了符合马克思主义立场的具有时代性的指导意见；毛泽东深刻阐明了在文化发展中文化创造的人民性、思想性、艺术性的统一，响亮地提出了古为今用、洋为中用、推陈出新、百家争鸣、百花齐放的文化艺术发展方针，明确提出了运用无产阶级思想加强文化队伍建设的指导原则，谱写了马克思主义文艺理论中国化的崭新乐章。

在瞿秋白短暂的三十六年的人生历程中，其革命生涯中阐发的文化哲学思想，既有马克思主义中国化早期进程中马克思主义的有益滋养，又有瞿秋白独特的文化实践和文化体验。瞿秋白关于文化的产生、发展与演变规律的探讨，关于中国的旧社会旧文化的本质、中国社会新文化的基本属性的认识；关于东方文化与西方文化的分析；关于中国民主革命语境中的文化革命的实质、性质、使命的理解，对其他社会势力逆文化革命发展倾向的批判；关于文化的建构要坚持必然性与偶然性相统一、个体与环境有机互动、突变与渐变相协调、社会主义、共产主义新文化的建构方向等，是马克思主义文化思想中国化早期进程中不可忽视的重要思想发展轨迹和思想进程。

第二，瞿秋白文化哲学思想对于毛泽东文化哲学思想的形成和发展具有基本的思想资源的重要价值。任何时代性思想的形成与发展，都不是孤立进行的，都有其思想资源来源的广博性。毛泽东文化哲学思想的形成和发展，得益于中国优秀传统文化的终身滋养，得益于早年和成年后对西方启蒙文化的涉猎，也得益于在革命历程中与其他思想家、革命家的思想交流、思维碰撞。瞿秋白在其文化哲学思想中涉及的唯物史观的文化认识路径、积极投身文化实践的文化建设精神，无疑给毛泽东以潜移默化的文化影响；瞿秋白对文化的本质、发展等规律性问题的认识，对于中国共产党早期的文化观给以重要的影响；其中瞿秋白谈到的文化的新旧之分、东西方之别、文化发展的历史方向等基本问题，实质是中国文化发展和文化转型的核心问题，是任何思想家、革命家都不能回避的问题。需要指出的是，瞿秋白一度作为党的主要负责人，其在党内的特殊地位，使得瞿秋白对这些问题的认识和看法具有辐射全党的典型意义。正是从这个意义上说，瞿秋白文化哲学思想对于毛泽东文化哲学思想的形成和发展具有基本的思想资源的重要价值。所以，毛泽东文化哲学思想涉及的实践观点是文化建设基本观点，大众化是文化建设的方向，文化领导权问题是文化建设的核心问题等，这些论断，都能从瞿秋白文化哲学思想中找到思想因子。

由以上可知，瞿秋白从哲学的视角审视文化作为主体的人的对象性存在的基本问题，在文化的本质、发展规律以及文化革命取向、文化建构原则等问题上阐发了一系列宝贵的思想认识，在马克思主义文化思想中国化的进程中具有承上启下的重要思想价值，是毛泽东文化哲学思想的重要思想资源。

第二节　瞿秋白的价值取向

文化作为主体的对象性的存在，包含了实践、理论、价值的基本构成要素，坚持真理性原则与价值性原则的统一是社会实践的基本要求。无产阶级的革命活动是包括文化在内的社会生产生活实践，不仅仅是个体或者群体参与的一种社会性的实践方式，而且渗透了主体的价值追求和价值理念。瞿秋白的文化思想从哲学的高度赋予了文化实践以价值意义，包含了瞿秋白的价值立场、价值观点、价值取向，深刻反映了瞿秋白的世界观、人生观、价值观，凸显了瞿秋白的献身精神、自我批评精神、革命精神，是瞿秋白道德品格和文化性格的集中体现。

一　瞿秋白的世界观、人生观和价值观

人类社会实践的主体即人是复杂的生命形态，人的实践活动反映了人的世界观、人生观、价值观。瞿秋白积极投身社会革命、文化革命和文化建设，反映了瞿秋白对中国社会状况的理性思考，体现了瞿秋白对中国与世界关系的正确认识，表明了瞿秋白积极入世的处世态度和不懈奋斗的人生风范，集中体现了瞿秋白把自我人生价值融入社会价值、追求个体价值与社会价值完美结合的价值立场。

（一）瞿秋白的世界观

社会生活中的每一个人都有自己独特的世界观，世界观是社会行为

主体对世界的物质现象与精神现象的根本看法和观点。瞿秋白身处风起云涌的中国社会，自身命运与国家命运紧密相连，瞿秋白眼中的世界既包含了世界发展一般问题，同时包含了对中国社会的看法，也包含了对中国与世界关系的看法，还包括了对世界重要问题的基本看法。

第一，瞿秋白认为马克思的唯物论和辩证法是观察世界的重要指导思想。瞿秋白认真阅读了介绍马克思的唯物论著作，对唯物论的宇宙观进行了详细的阐释，这充分反映了瞿秋白对唯物论的高度认同，是瞿秋白选择、建构自己世界观的真实写照。瞿秋白高度赞同辩证唯物主义是马克思主义的基本观点，指出唯物论的方法是用物质的种种性质和人类与动物有机体的种种组织解释人的心理和社会的心理；唯心主义则不然，是以精神的某种性质来解释宇宙现象的原因；物质与精神谁是宇宙现象的最初动力，这是划分唯物论和唯心论两大派别的基本依据。

此外，瞿秋白也谈到了二元论，承认物质与精神是各自独立的存在。在世界观的问题上，瞿秋白坚持了物质不灭、物质世界之统一的基本观点，认为生命与意识之发源是客观自然界由低级到高级逐步演化的，瞿秋白指出："物质和心理并非两件不同的东西，乃是同一东西的两面——外观和内省。"①

瞿秋白认为，宇宙间的物质具有唯一性，精神不能和物质相离，独立的精神世界绝对是没有的，认识的唯一根源是外界物质，符合实际的认识便是真理等。当然，从马克思主义哲学发展的历史来看，瞿秋白对马克思主义世界观的阐释并不是十分完美的，但是，在当时确实具有冲破既有旧思想束缚的思想解放意义。

第二，瞿秋白分析了中国社会的发展状况。瞿秋白认为中国社会是典型的以农耕文化为核心文化的东方国家，封建的田园牧歌式的宗族社会权力结构，尊崇儒教的礼法秩序世界，具有社会结构的稳定性作用；但是，中国社会具有经济根基的保守性质，不思变革的整体性思维模式，

① 瞿秋白：《瞿秋白文集（政治理论编）》第4卷，人民出版社2013年版，第11页。

缺少个体独立的精神追求和认知分析研究的态度。瞿秋白认为,中国的工人阶级状况,符合中国农业国度的基本特征,需要将中国的工人和农民组织起来为自己的权利和幸福而斗争;瞿秋白认为中国人人数虽有增加,但“无产阶级的大多数是由农民组成的”,“大多数工人是手工业者”[①],中国工人队伍的觉悟程度是非均衡的,大城市工人觉悟程度是较高的,这对于形成无产阶级的领导层是十分有利的。瞿秋白指出,中国的真实状况是,野蛮的军阀和卑鄙的官僚统治着我们的人民,这些军阀和官僚根本不关心人民的福利,他们考虑的只是自己的一己之私,中国人民生活在难以描述的苦难之中。瞿秋白较早提出了中国的无产阶级加入世界的革命运动,以及中国青年“到民间去”的重要思想,体现了理论联系实际的卓越见解。这些思想在建党之前就已经提出,进一步回答了面向未来的中国革命的领导力量、基本动力、革命对象等关键问题,是认识中国社会和中国革命形势的重要文献。

第三,瞿秋白关注世界形势的发展,对世界发展大势有着独到的见解。一方面,瞿秋白关注资本主义世界的发展变化,对资本主义第一次世界大战的发展形势给予了高度的关注,早在五四运动期间就分析了巴黎和会上中国北洋军阀政府外交代表团不在和约签字的问题,提出了山东问题必须得到公正的解决,号召国民“抵制日货,坚持勿懈”[②]。另一方面,瞿秋白也格外关注俄国十月革命的发展动向,高度关注俄国十月革命对中国发展的启迪意义,发表了大量的文章介绍俄国的工人运动情况,对苏俄建立的劳农政府的内政外交的新局面给予了高度评价,对苏俄的新经济政策给予了相当的关注,称其政策“想必引起全世界的注意”[③]。瞿秋白在革命实践中与苏俄革命人士如鲍罗廷(Borodin)等保持着良好的通信关系,一直把苏俄视为中国革命的同情者、支持者,而且多次赴苏俄亲历了世界第一个社会主义国家的火热的生活实践。随着革

① 瞿秋白:《瞿秋白文集(政治理论编)》第1卷,人民出版社2013年版,第166页。
② 瞿秋白:《瞿秋白文集(政治理论编)》第1卷,人民出版社2013年版,第3页。
③ 瞿秋白:《瞿秋白文集(政治理论编)》第1卷,人民出版社2013年版,第287页。

命形势的发展，瞿秋白对国共合作和国内局势的发展，特别是外国帝国主义对中国革命可能的干涉保持了应有的警惕性，揭露了帝国主义对中国侵略和干涉的阴谋。

当然，也要看到，在后来瞿秋白成为中国共产党的主要领导人时，瞿秋白对世界形势的变化发展的认识不是完美无瑕的，对革命形势的判断有时候是有失偏颇的，这主要是由于幼年的中国共产党处于与苏联和第三共产国际的复杂关系之中，中国革命的矛盾没有充分暴露，中国革命的规律有待进一步的总结和探索。

（二）瞿秋白的人生观

社会行为主体的世界观是对世界的整体性看法，世界观直接影响着人生观，人生观反映了社会活动参加者的人生态度，是自我对认识自己、改造自己、创造自己的能动性自觉，其主要是解决主体和客体的实践性矛盾，力求摆脱盲目性的困扰而实现人生“从心所欲，不逾矩”的理性境界。瞿秋白的人生观，集中体现了瞿秋白对人生主体、人生追求、人生价值和人生道路的认识。

第一，瞿秋白对人生主体的认识。瞿秋白对人生主体的认识坚持了马克思主义的基本观点，毋庸置疑，人是人生的主体力量，但是对人的本质的理解和人生真谛的理解是因人而异的，古往今来对人的本质的理解存在着模糊性的认识，有的认为人的本质是利己的、自私的，其实，人的本质属性是人之所以为人的根本属性，也就是区别于动物的社会性，人的本质不是虚无缥缈的、难以捉摸的，不具有抽象性，而是具有具体的现实性，是一切社会关系的总合；当然，自私利己是人存在的重要行为模式，但是自私利己的行为可能泯灭人性的光辉，诸如杀戮、欺骗等。瞿秋白从唯物史观审视了人是自然界长期发展的产物，自然界对人的活动有限制，但是人能够改造自然造福人类，同时，如前所述，瞿秋白认识到了人生与社会的环境之间的相互关系。瞿秋白认为人生的真谛是追求包括自身幸福在内的全人类的幸福，而不是自私的、可怜的利己主义。正是基于这一点，瞿秋白短暂而璀璨的一生，是为中国人民和中国革命而奔波的一生。

第二，瞿秋白对人生追求的认识。每个人的人生追求包括人生需要、人生目的、人生理想、人生幸福和人生信仰等。瞿秋白认为，人生的需要有基本的生存方面的需要，这是广大的中国劳动民众生活的基础；人生需要的满足，需要个体和群体的抗争与奋斗，必须不断完善社会环境才能为实现人生的需要创造基本的条件。瞿秋白认为，人是有目的性的高级动物，人生目的受阶级立场和世界观的制约，剥削阶级诸如政客、官僚、军阀等追求自身利益是其人生目的。瞿秋白指出，社会主义、共产主义是人类社会发展的正确方向，科学认识社会发展的方向是建立科学的人生目的的基本前提，高尚性、务实性、人民性是科学人生目的的基本特征。在人类社会生活中，存在形形色色非科学的人生目的论调，比如胡适的实用主义、西方中世纪的禁欲主义、尼采的权力意志主义等，都是不正确的，人生目的是人生观的核心问题，工人阶级和农民群众应该树立为全体民众谋福利的人生目的。瞿秋白认为，人生理想是在批判现实的基础上对未来人生、社会的美好向往，要立足现实、追求崇高而又美好的人生理想。瞿秋白认为，在人生信仰方面，要树立科学的信仰也就是马克思主义的信仰；在人生幸福的问题上坚持个人幸福与集体幸福的统一、享受幸福与创造幸福的统一。

第三，瞿秋白对人生道路的认识。人生道路是人在社会实践中为了实现人生追求所采取的方式、方法和途径。瞿秋白选择了为民众而呐喊、为国家前途而奔走、为民族命运而抗争的革命道路，在学习方面，自觉接受中国传统文化和马克思主义文化的熏陶，选择了马克思主义文化方向；在工作层面，选择了职业革命家，走上了命运漂泊的革命之路；在生活方面，瞿秋白选择了并不富足的革命生活方式，追求高尚精神生活，追求忠贞爱情的幸福家庭生活。当然，他的人生道路不是一帆风顺的，是曲折性与前进性的统一，瞿秋白在中国共产党内的地位变化，没有影响瞿秋白对革命事业的信心，瞿秋白的政治人生道路是充满坎坷的，瞿秋白以英勇就义的人生结局诠释了一个革命家的人生道路。

（三）瞿秋白的价值观

瞿秋白的价值观是瞿秋白对人生价值等问题的认识，人生价值是作为客体的人对主体人的需要及其满足程度。瞿秋白认为，按照马克思主义的观点，人的需要的满足程度取决于社会条件、个体条件，人生价值应该体现自我价值与社会价值的统一、索取与奉献的统一、物质价值与精神价值的统一、坚持集体主义原则等，瞿秋白价值观的核心是为生民立命的价值取向。人生价值的实现需要作为客体的人提高自身的素质，自觉加强自我道德修养、知识水平、思维能力、行为能力等。与人生价值相联系的是人生责任，人生责任包括对自己负责、对家庭负责、对社会负责、对国家负责。瞿秋白很好地履行了人生责任，在执着中为责任而不懈努力。同时，瞿秋白树立了正确的人生态度，包括对善与恶、美与丑、苦与乐、公与私、真与假、荣与辱、生与死等基本问题的看法，人生态度是对一定社会关系影响下基于生活体验的人生问题的稳定性看法。人生价值与人生尊严密切相连，瞿秋白有着高度的人生尊严自觉，最为感天动地的是瞿秋白面对死亡时的大义凛然、义无反顾。

在价值观的认识与建构方面，瞿秋白积极传播马克思主义的价值观。马克思主义的价值观认为，应该将人生价值放在个体的人所处于的社会历史的、具体的、现实的关系之中进行考察。首先，瞿秋白将个体的人生价值放在了价值客体的位置，个体是否具有价值有其客观的评价标准，这种标准不是占有多少社会财富、拥有多么巨大的社会权势，而应该是对于他人和社会的存在价值，也就是对他人、对社会的正面意义，而不是个人从他人和社会那里获得需要的满足程度。其次，瞿秋白认为，人的需要的满足程度和需要的具体内容，因时代变迁和社会条件的限制而不同。从人作为价值关系的考察对象来看，人的自我存在是在满足了基本的衣食住行之类的基本需要的基础上得以不断提升的，这是人之所以作为价值客体的重要依据，由此形成了个体的需要与社会对个体需要的满足之间正比例的关系演变图式。但是，社会究竟能在多大程度上满足个体的需要，不以个体的主观愿望为条件，取决于社会财富的丰富程度、社会生产力现实的可能水平、社会关系的合理程度等。

瞿秋白认为，个体只有对社会的贡献大于自身的索取时，个体才具有真正社会意义上的价值。个人虽然在社会生活中处于主体与客体不断转变的社会环境，但是，如果一个个体对于社会、对于他人总是索取而不是为社会和他人作出自己应有的贡献，提供对社会发展和个人发展有意义的正向价值，这样的人生只会对社会的存在和他人的存在带来负面的影响，这是人生负价值的重要体现；相反，个体积极投身社会实践，为他人的福祉而奔波与呼喊，为社会的发展而进行创造性的工作，对社会的创造和贡献大于从社会那里的索取时，这样的人生才真正对社会和他人具有价值。如前所述，瞿秋白充分认识到了个体与社会是一个有机的统一体，个人的存在和发展有赖于社会各个组成部分的有机结合和统一协调。

可见，瞿秋白的"三观"具有鲜活的时代气息，契合了马克思主义的"三观"思想，扎根于瞿秋白一生的革命实践、文化活动、家庭生活之中，体现了瞿秋白的文化底蕴和文化气质，是中国共产党一代领袖人物风范的集中体现。

二　瞿秋白的精神

瞿秋白精神体现在瞿秋白参加的革命实践活动中，渗透在瞿秋白文化实践历程中对文化发展规律、文化现代化尤其是文化革命、文化救国的独特情结，其中献身精神、批判精神、革命精神是瞿秋白精神的核心灵魂。

（一）瞿秋白的献身精神

瞿秋白的献身精神主要蕴含着奋斗、牺牲、为民的精神气质，瞿秋白的一生是献身中国革命的一生，是为中国文化的现代化转型发展殚精竭虑的一生，其孜孜不倦地奋笔疾书彰显了瞿秋白的忘我奋斗精神，其为革命抛头颅洒热血的牺牲精神，其始终为民生和权利呐喊的为民情怀，集中诠释了瞿秋白崇高的献身精神。

瞿秋白的献身精神，体现了瞿秋白对中国传统文化中优秀成分的自觉弘扬，也体现了瞿秋白对无产阶级革命事业必胜的坚定信念。纵观中国传统文化中名垂青史的人物事迹，有屈原投汨罗江而“求索”的精神；孔夫子曾经说“朝闻道，夕死可矣”，充分体现了对正义、仁义的舍身、杀身的牺牲精神；宋代岳飞对国家的献身精神等都是献身精神的典范。在世界历史上，尤其是在社会主义的发展史上，献身精神是成就事业和民众幸福的无形动力，可以说，无产阶级革命道路的开辟、革命的胜利是无数革命者英勇奋斗、不怕流血、敢于牺牲的结果。

一方面，瞿秋白自觉体认文人与书生的社会身份，对文化事业充满了自觉的热爱和主动的学习精神，瞿秋白的文化献身精神达到了忘我的境界。瞿秋白于中国儒家、道家等名家的传统典籍有着很好的文化修养，几乎达到了手不释卷的自觉程度，瞿秋白对近代以来的著名人物洪秀全、梁启超、谭嗣同、严复等人的著作多有涉猎；瞿秋白在上海大学担任教师的职业生涯中，教授的知识面很广博，对古今中外的知识可谓储备充足、旁征博引，讲解说理透彻、便于理解记忆、引人入胜，这些都得益于瞿秋白自觉地孜孜不倦地追求学问。

另一方面，瞿秋白的献身精神主要体现为对人民群众生活世界的格外关注与怜悯之情，对拨正中国社会发展航行方向的自觉精神、奋斗精神。瞿秋白对中国社会中的各种非正常、不合理的政治生活状态进行了大胆的勇猛的批评，对军阀、政客、官僚们作威作福、欺压民众、玩弄政治的各种劣行展开了无畏的批判，对徘徊在国民党与共产党之间的标榜中间道路的派别及其代表人物的错误言论和主张进行了不留情面的分析与指摘；瞿秋白对帝国主义针对中国的侵略开展了批评与抗争，对国家命运表现了知识分子的良知与正义呼声，对帝国主义不怀好意的对华行为坚决抵制，深刻表达了社会大变革时代寻求国家出路的呐喊强音。

（二）瞿秋白的批判精神

批判性是马克思主义观察社会发展时的思想方式的重要特征，是马克思主义革命家必备的基本理论特质和实践特质。瞿秋白的批判精神既包括评判他人的精神也包括自我批判的精神，这种批判来自于不满现实的境况，这种不满体现了对国家与社会现实的深刻体察，也反映了对人生成长过程中自身不足与缺点的自我体认与主动诀别的自新态度，更反映了对外部世界完美性的追求。

瞿秋白深刻批判了资本帝国主义对世界弱小国家的侵略，对弱小国家正当权益的漠视和侵犯，瞿秋白主要是通过近代中国与外国在政治方面的不平等关系进行了剖析，对资本帝国主义对中国主权、领土和利益的幕后交易和正面侵犯做出了深刻的指责，对国人对国家命运的麻木态度进行了无情揭露；在国家与社会层面的批评、批判，不是为了批评而批判，而是为了认清国家发展的内外形势和社会发展的现实状况而针砭时弊，以批判性的态度警醒国人自觉肩负国家兴亡的社会责任，以建设性的态度为国家和社会开出医治问题的良方。瞿秋白以批判性精神对国家命运与社会发展的关注，体现了瞿秋白积极进取、匡扶正义的主体精神。

瞿秋白在为学为人方面秉持了中国传统文化的求真务实的优良作风，体现了宽广的个人胸襟和深厚的个人修为。瞿秋白的自我批判精神，体现了瞿秋白追求完美人格的主体性自觉，表明了瞿秋白对真善美的价值性追求，反映了瞿秋白自我认知的主动性和自知之明。瞿秋白的自我批评精神，主要表现在：在为国家命运、人民福祉寻求别样出路的探索中，瞿秋白敢于自我剖析，对自己思想历程的演变进行了总结，对自己在成长过程中的不成熟的思想进行了大胆的自我剖析。在大革命之后负责中央工作期间，瞿秋白对自己工作中的不足与失误，在党的重要会议如党的六大上，做了深刻的自我批评，分析了工作中存在问题的主观原因和客观原因，对作为主要负责人责任的勇于承担，以主体性的自觉意识勇于纠正工作中的失误与不足，这在当时党内是值得充分肯定的，也是独树一帜的。

（三）瞿秋白的革命精神

瞿秋白所处的时代是世界和中国的文化革命、政治革命、经济革命风起云涌的时代，以自由观念、民主诉求、民生福祉、科学思维为基本内涵的社会层面的革命运动此起彼伏，中国自新的新文化运动和爱国的五四运动、国共两党联合发起的国民大革命、中国共产党领导的民主革命，见证了中国革命的时代演变，也见证了瞿秋白关注革命、投身革命的生命历程，更见证了瞿秋白的革命精神。

关于文化革命是灵魂性的革命。瞿秋白从中国文化的生成环境出发，从中国重农抑商的历史传统之中寻找中国传统文化出发的原点，以此体认中国革命的文化基因。瞿秋白自觉投身于中国文化从传统向现代转型的历史节点，他认为中国传统文化深入中国人骨髓、融入中国人的日常生活，封建的伦理纲常维护了社会的日常生活秩序，也束缚压抑了个人的自由追求、个性张扬，遵从自然、顺应自然包含了人与自然和而不同、和谐统一的思想，也造就了进取心不足、顺从天命、任人摆布的奴隶心理；与此同时，西方文化中的自由、民主、科学精神契合了中国社会现代转型的文化需求，但需要在批判的基础上加以合理的鉴别，揭开其虚伪、欺骗的面纱，汲取其人类普遍价值的合理成分。瞿秋白认为，马克思主义的辩证唯物主义的宇宙观、在历史观方面的唯物史观，从物质与精神的辩证关系、社会经济状况考察文化现象的理论是适合中国的科学理论，改变中国人的精神世界，必须改变中国的社会生活，从文字革新、新文学的创造与普及入手变革民心，为社会革命提供文化支撑，因此，文化革命作为触及灵魂的革命，需要锲而不舍地以磅礴的力量大力进行。

关于政治革命是文化革命的保障。文化是社会生活的反映，文化是阶级的文化而不是超阶级的文化，文化在任何社会之中都深刻打上了占有社会统治地位的阶级的思想烙印，因此，政治革命是文化革命的重要保障。政治上占统治地位的阶级不仅掌握着国家政治权力，而且左右着意识观念形态的文化生活。瞿秋白认为，马克思主义关于政治革命的理论在俄国的成功，为中国社会提供了现成的可资参考借鉴的范式，苏维埃政治革命通过建立新的国家政权使社会民众成功掌握了自己命运。在社会民众占主导地位的新的国家政权，为文化建设提供了这种保障文化大众化发展的政治条件。中国的政治革命不是涅瓦大道式的一帆风顺的，必然是在各种激流中凭借革命者的坚强意志和不屈精神而奋力前行的。瞿秋白为中国的政治革命而奔走，寻求中国社会政治发展的良策，为政治革命呕心沥血、奋笔疾书、著述颇丰。

关于经济革命是文化革命的基础。瞿秋白在介绍马克思主义的论著中指出马克思主义关于从社会的物质基础考量社会的精神状况，从经济的内在关系思考社会关系，特别是瞿秋白运用马克思主义的观点对社会学有着独到的研究，认为“因生产力的状态而成当代的经济关系；因经济的关系而生政治制度”[①]。瞿秋白认为爆发资本主义革命的法国，“贫富之间的矛盾，不但不消灭，反而更加厉害了。根据于资本主义而发达的工业，使劳动群众的贫苦变成现代社会制度的常态。商业愈益变成投机垄断的性质”[②]。瞿秋白大胆预言，资本主义经济制度与其他以前的各种经济发展方式一样，仅是一个时期的经济现象，随着社会生产力的进步和阶级斗争的进步资本主义制度必定败灭。瞿秋白认为，有资产阶级的发展，同时就会有无产阶级的发展，私有制度又变成生产发达的障碍，经济的公有制变成了现代的经济的要求。瞿秋白从苏俄的经济形式看到，社会公有了生产资料，运用于直接的共同生产，那时候各个人的劳动，无论种类怎样不同，都自然而然是直接的劳动。

三　瞿秋白的个性特点

个性是个体基于社会特定环境下通过自己独特的社会阅历而形成的稳定的心理状态、人格气质、道德德性、行为风格。从一般意义而言，个性的形成与家庭成长环境、学校所受教育、社会具体实践以及人生同伴影响等多种因素具有密切的关系，个性一旦形成就具有相对稳定性。瞿秋白的个性特征与瞿秋白的人生阅历密切相关，主要包括道德品质和

① 瞿秋白：《瞿秋白文集（政治理论编）》第2卷，人民出版社2013年版，第302页。

② 瞿秋白：《瞿秋白文集（政治理论编）》第2卷，人民出版社2013年版，第330页。

文化性格两个层面。

（一）瞿秋白的道德品质

道德是人类社会生活中所独有的，是建立在一定的社会经济关系基础上的被社会公认的，主要依靠外在的社会舆论、风俗、习惯和内在的主体信念发挥作用的社会文化现象。道德品质是社会行为主体在社会生活中表现出来的道德观念、道德修养、道德行为的综合现象。瞿秋白的道德品质体现了知识分子的人文情怀，体现了无产阶级革命家的高尚品德，瞿秋白的道德品质主要体现在以下几个方面。

求真。瞿秋白作为文化界的一员，对中国古代的士文化有着良好的修养，古代思想家从司马迁的秉笔直书，到汉代河间献王刘德的实事求是，在治学态度上留下了求真的传统道德精神。纵观近代以来中国与世界的互动，能否以求真的精神观察中国与世界，直接决定着对世界形势的判断和外国发展水平的理性体认，无论是晚清政府闭关锁国、与世隔绝的夜郎自大，还是孙中山辛亥革命之后，对外国资本主义的非理性认识，以及对本国封建顽固势力的失真性判断，都直接导致了社会实践效果的不尽如人意乃至于实践受挫。瞿秋白对马克思主义的追求，表现在始终以求真的精神理解、领会、解读、传播马克思主义的理论观点；对中国社会性质的认识、对中国革命系列问题的分析，秉持了求真的精神和务实的态度，正是这种态度造就了瞿秋白耿直的个性、务实的作风。

向善。善恶观是评判社会行为主体的重要考量指标，对善的自觉追求、对恶的自觉批判，是善恶分明的基本表征。任何善都是一定社会一定阶级的善，不是无原则的超阶级的善，对敌人的善良就意味着对自己的残忍。瞿秋白在社会生活中表达了对贪官污吏的深恶痛绝，对中国旧文化现象的社会之恶，表达了改造文化的正义呼声，对人民群众的人间疾苦和对美好生活的追求表现了强烈的自觉担当，瞿秋白的向善是对人民的大善，是严格要求自我的宽容之心的善。

正义。正义的事业是革命的、先进的、群众的，瞿秋白积极投身文化革命事业，立志于以新的文化范式解决文化的落后性问题，以无产阶级革命价值观思考社会正义的实现途径。在社会问题的理解与认识方面，瞿秋白敢于对社会非正义现象亮明自己的态度，敢于揭露资本帝国主义的各种非正义的劣行；对以苏联为代表的苏维埃这一崭新的人民的事业秉持热情的欢迎态度，大力传播社会主义事业，自觉在中国担负起实行社会主义的革命责任。

为民。在人的社会实践活动之中，“为了谁”的问题是考量人的价值立场的根本之问。瞿秋白认为，中国社会存在着大量的以自己的利益为唯一追求的个体，这对中国社会发展是十分不利的；马克思主义的社会主义价值观，要求正确处理个体与社会、个人与群体、个人与他人之间复杂的利益关系，坚持知识分子的社会良知，努力践行修齐治平的传统社会理想和利他主义、集体主义的价值观念。

（二）瞿秋白的文化性格

文化性格是在文化活动中表现出来的主体的选择性倾向，文化性格实质是文化主体的选择、理解、建构文化的心理状态、行为方式，瞿秋白的文化性格坚持了辩证的思维方法。

一方面，继承传统又勇敢地创新。瞿秋白在文化实践活动中，没有抛弃中国传统文化的根脉，而是根植于中国传统文化以儒释道三家为主、杂家为辅的文化实践指向；没有脱离中国几千年来的文化传统和社会文化环境来思考中国文化的未来发展方向，没有脱离中国的社会现实来谈论十月革命和社会主义在中国的可能性和必要性。瞿秋白对中国的文化传统做出了一分为二的分析，既肯定了传统文化蕴含的民族文化的精华内容，也实事求是地指出了传统文化的历史局限性，提出了以马克思主义改造中国文化，进而实现中国文化的现代转型。在中国文化现代转型的艰难过程中，要敢于尝试新的文化形式，要敢于革新文化的既有内容，以文化建设的自觉谱写文化现代化的时代华章。

另一方面，立足中国文化吸纳世界文化。自古以来，封闭性不是中国文化发展的特征，更不是中国文化发展的历史主流，文化交流与互相借鉴是文化之树常青的必要条件。瞿秋白以开阔的眼光观察世界文化的发展动态，对世界文化人物及其思想有着跟踪、了解、研究的文化自觉，这不仅体现在瞿秋白引经据典的文化实践活动中，更体现在瞿秋白一生对中国文化现代化的自觉追求之中。中国文化不能离开世界文化，中国文化属于世界文化，世界文化反哺中国文化，二者是有机联系、互鉴共生的。瞿秋白正是基于这样的认识，才自觉学习、研究马克思主义，才对资本主义文化保持了高度的文化清醒。

通过以上分析可知，瞿秋白坚持了唯物辩证的世界观，树立了追求高尚的人生观，践行了为民奉献的价值观；瞿秋白在其文化实践和革命实践之中，留下了启迪后世的献身精神、批判精神、革命精神；瞿秋白对文化发展的高度自觉与自信，彰显了中国优秀知识分子的社会良知。

第五章

瞿秋白文化思想评析

文化作为一个国家和民族的血脉，是昭示人类前进的灯塔和指南。鸦片战争所引发的中国文化危机是中国传统文化走向现代化的重要契机，而如何对待传统文化、如何迎接外来文化，则是中国近代史上历久弥新而又不得不明确回答的重大问题。近年来，瞿秋白研究尤其是其文化思想研究成为热点，如何在新的时代条件下重新认识瞿秋白探索中国先进文化的历程和思考，成为学者关注的普遍问题。从文化视角考察瞿秋白的一生，既是认识当时中国共产党探索推动马克思主义中国化的重要维度，也是进一步深化瞿秋白研究的必然。如何认识和评析瞿秋白文化思想的主要特点、重要贡献及不足之处、其探索中国先进文化的当代价值等是这一章内容需要回答的主要问题。

第一节　瞿秋白文化思想的主要特点

作为伟大的马克思主义者，瞿秋白自觉地以马克思主义理论观点观察思考中国文化问题，在领导和参与中国革命的过程中留下了丰富的文化思想。在中国近现代文化史上，瞿秋白首次将唯物主义辩证法应用于文化研究领域，站在哲学高度为文化研究确定了正确的指针，他还运用马克思主义唯物史观的科学理论，指明了文化产生的根源乃是人类实践，并由此全面系统地阐明了文化的内涵。从宣传苏俄文化到深刻剖析中国传统文化，从如何对待旧文化到创造新文化等，瞿秋白都有比较系统的论述。纵观瞿秋白探索中国新型文化的历程，可以看到，革命性、批判性、民族性、创新性和人民性是贯穿其文化思想始终的主要特点。

一　瞿秋白文化思想的革命性

作为党的领袖，瞿秋白文化思想首先应该被放到中国革命的大背景中去考察。有学者认为，文化革命思想是理解瞿秋白文化思想的钥匙。[①]这种看法是符合历史实际的，革命文化是瞿秋白文化思想的关键点，他坚信“革命的理论永不能和革命的实践相离”[②]。换言之，革命性是瞿秋白文化思想的首要特点，而科学性、民族性和大众化等则是其革命性的体现。

首先，革命性表现在具有极为强烈的科学、民主意识上。在中国近现代史上，民主和科学是新文化运动中最响亮的口号，是两面旗帜。如何在闭关锁国、文化落后的国度里认识和宣传科学和民主，反对愚昧和落后是早期中国共产党人、马克思主义者关注的主要问题。针对反科学的言论，瞿秋白批驳了“科学无能”和“科学破产”的谬论。他把“科学”作为新文化运动的一个重要内容，认为科学正是针对东方文化的落后愚昧的利器，而颠覆旧社会只有依靠科学的力量，也正是因此他才痛感广大工农群众缺乏文化和科学知识的苦楚，大声疾呼要“研究科学，传播科学”。他还把科学与新文化的建设、两个文明的建设、个人文化生活自由发展紧密结合起来，认为只有大多数的平民能够掌握科学的武器，并应用这一利器扫除封建宗法社会的愚昧，新型文化才能得以建立，而这样的科学的普及，还能减少体力劳动的数量，解放劳动群众，增进社会福利，他同时还讲到“精神文明愈舒畅，文化生活愈自由”，“各个人

① 参见杨慧《“文化革命”：瞿秋白文化思想之匙》，《辽宁大学学报》（哲学社会科学版）2009 年第 3 期。

② 瞿秋白：《瞿秋白文集（政治理论编）》第 4 卷，人民出版社 2013 年版，第 407 页。

的个性亦可以自由发展”①。

其次，革命性还表现为坚持反帝、反封建的文化使命上。文化的革命性是文化对政治反作用的体现，中国民主革命反帝反封建的目标亦体现在文化使命当中，瞿秋白批判性地指出中国封建宗法社会文化的落后属性，并对“五四”之前的数次革新运动进行了评价，认为包括维新新政、辛亥革命在内的数次革命并没有带来真正的革新，原因在于总是带着“‘君子小人’主义的色彩”②，亦就是人们头脑中残留的封建意识的影响。基于这样的认识，瞿秋白对新兴的无产阶级提出了继承“五四”遗产的要求，大力弘扬民主与科学的精神，在思想文化领域倡导一场新的无产阶级领导的，针对封建意识的新的文化革命。他明确地提出反对所有思想意识领域的封建残余，并结合当时中国受帝国主义国家侵略、帝国主义与封建势力勾结统治中国的社会现实，在反封建的同时提出了反对帝国主义和买办阶级的思想意识问题，明确了反帝、反封建的文化使命。当然，瞿秋白强调的是科学、民主的新思想，他通过对各种非马克思主义的思想观点的深刻分析和无情批判，显示出民主科学的新思想的革命性，以及其在反帝、反封建的思想文化革命中的重要地位。

二　瞿秋白文化思想的批判性

批判性思维是科学思想体系所具有的最深刻的特性，“破”与“立”的辩证统一是马克思主义哲学的重要观点。要实现中国文化的现代化，首先就是要破除旧文化，铲除新文化道路上的障碍。瞿秋白对文化问题的认识和理解从不囿于传统的思维方式，素有研习哲学的积习并对辩证关系大加推崇的他，正是在对中国各种非马克思主义文化进行全面审视和深刻批判的过程中，系统确立自己独特的马克思主义文化思想理论的，因而批判性自然成为其文化思想的重要特征。

① 瞿秋白：《瞿秋白文集（政治理论编）》第2卷，人民出版社2013年版，第24页。

② 瞿秋白：《瞿秋白文集（政治理论编）》第1卷，人民出版社2013年版，第25页。

首先，瞿秋白凭借马克思主义唯物史观对中国封建社会宗法文化展开了猛烈批判。瞿秋白是从对东方民族文化派的批判阐明对中国封建社会宗法文化的态度的，而马克思主义唯物史观关于社会发展的生产力与生产关系、经济基础和上层建筑辩证关系的科学原理，则成了瞿秋白揭示东方文化落后实质的利器，他借此阐明了东方文化派竭力维护的正是逆社会历史潮流而动的文化的落后本质。针对中国宗法社会下的落后文化，瞿秋白从两个方面进行了具体的分析，他一方面明确了中国宗法文化在东方文化中处于代表性地位，指明了其没落前途。近代中国宗法文化是由封建社会开始衰败和帝国主义侵略双重因素决定的，其中帝国主义国家相对进步的资本主义文化不仅没有给传统的中国社会文化带来丝毫的发展，相反却因为帝国主义与封建势力的勾结给中国近代社会的变异带来了更严重的中国近代文化的衰落。瞿秋白在另一方面也指出了东方文化派的积极意义，他认为如“和平好让”“孝悌礼教”等东方文化派曾积极推崇的道德标准自身就有一定的价值，在维护社会秩序方面曾在历史上发挥重要作用，他说：“东方文化的‘恶性’决非绝对的，宗法社会的伦理也曾一度为社会中维持生产秩序之用。”① 在五四新文化运动对中国传统文化普遍持全面否定态度的大背景下，能够辩证地、客观地对东方文化派进行理性批判，实属难能可贵。当时的进步知识分子大多从当时最为先进的“进化论”的视角出发，推崇全面实行西方文明以挽救东方文明危机，对东方文化派的批判亦是以此为理论基础，不仅没有找到问题的要害，而且不能以客观理性的态度进行批判。正如毛泽东后来总结五四时期先进知识分子们进行理论批判时的态度说的，“那时的许多领导人物，还没有马克思主义的批判精神，他们使用的方法，一般地还是资产阶级的方法，即形式主义的方法。他们反对旧八股、旧教条，主张科学和民主，是很对的。但是他们对于现状，对于历史，对于外国事物，没有历史唯物主义的批判精神，所谓坏就是绝对的坏，一切皆坏；

① 瞿秋白：《瞿秋白文集（政治理论编）》第2卷，人民出版社2013年版，第23页。

所谓好就是绝对的好，一切皆好”①。此外，瞿秋白还看到了封建社会宗法文化与帝国主义侵略对中国社会文化发展的严重阻碍作用，明确指出了清除中国封建宗法思想遗毒对于抵御帝国主义国家侵略的重要意义，进而对于中国新文化的重要意义。他视马克思主义共产主义理想为最终目标，指出要开展共产主义革命，就要同传统的观念实行最彻底的决裂。

其次，瞿秋白还对五四新文化运动进行了批判性的反思。目光敏锐、思维活跃的瞿秋白，在观察思考问题时常常能获得超越常人的独到见解。在20世纪30年代初他就站在建立无产阶级文化的立场之上，对五四新文化运动进行了深刻反省。他指出，以建立中国的新文化目标角度来审视，五四新文化运动并未完成自身的历史使命，甚至连彻底批判旧文化的任务都没有完成，需要在无产阶级建立的自己的政治基础之上继续予以实现。这种不彻底性突出地表现为封建宗法社会的思想遗毒和资产阶级反动意识在当时中国民众思想中的普遍流传，旧有的礼仪教化道德规范仍旧统治着束缚着广大劳动群众，这也正是阻碍中国社会发展的最为坚固的力量，因此瞿秋白急而生恨，对旧有思想文化进行了饱含愤怒之情的斥责，甚至运用了“吃人的”“淫滥了的”等词汇来形容反动落后的思想文化。客观地评价瞿秋白对五四新文化运动的认识，特别是从当前我国文化建设仍然面临的艰巨任务仔细思考我们认识到，五四新文化运动，一方面推翻了封建思想文化在中国社会的统治地位，但同时在破除封建宗法遗毒对广大人民群众的思想束缚方面的革命任务仍未彻底完成，另一方面其提出的民主科学口号在中国社会得到广泛传播，也扩大了马克思主义在中国的影响，但以这种新型价值取向为基础的新型文化并未建立起来，无产阶级应以科学理论作为指导，继承“五四”革命传统，在创建新型经济基础之上的思想文化领域进行系统建设。

最后，瞿秋白还对代表各种不同阶级利益的思想流派进行了彻底批判，集中体现在反对当时文艺领域新兴的非马克思主义派别针对无产阶

① 《毛泽东选集》第3卷，人民出版社1991年版，第831—832页。

级理论的攻击斗争之中。

三 瞿秋白文化思想的民族性

文化的民族性是马克思主义文化史上的重要问题。列宁和斯大林对此有过精辟论述，严格意义上说，为了避免马克思主义的零碎化，以实现世界革命，列宁是反对文化的民族性的提法的，但列宁的反对只是在特定的语境下作出的。回顾近现代文化思想史，我们可以清晰地看到，中国文化在西方社会现代化的过程中处于世界后进，学习西方进步文化是发展壮大的必然选择，这是每个先进的中国人的共识。但这并不等于说中国就应该完全抛弃自己的文化传统，全面认同西方文化。一个独立的民族，它不仅具有人种学上的意义，在文化学上亦有其存在的价值，在漫长的历史长河中民族共同体在一定的地域范围内创造并传承了属于自己民族的思想文化，从这个角度来说，不同民族的文化是难分轩轾的，它们均适应了各民族自己的生存和发展的需要。

第一，强调民族文化的个性特质。瞿秋白以其敏锐的洞察力较早认识到文化的民族特征并给予了高度重视，他在苏俄进行文化考察期间就由衷赞叹俄罗斯民族文化的伟大，并明确认识到中华民族与俄罗斯民族在思想文化上的差异。他的眼光比同时代的人更高远，在于他把民族文化子系统放到世界文化的母系统去考察，强调民族文化与“交融洽作”“集体而又完整”的世界的紧密联系，既反对虚无主义，又反对保守主义，建设具有“动的民族性”“实现自我的个性”的新文化。当然，这样的新文化仅仅在一个民族地域范围内的发展是不够的，它需要通过吸收借鉴世界各种进步的新文化实现自己的与时俱进，认识到这一点的瞿秋白亦提出了符合文化自身规律的文化发展理论，他认为文化最终追求的目标是人类的全面自由发展，而在追求这一目标的过程中，“自我的个性”① 的实现不可或缺。

① 瞿秋白：《瞿秋白文集（文学编）》第1卷，人民文学出版社1985年版，第212页。

第二，辩证看待民族性与世界性的关系。瞿秋白在对中华民族新文化的整体设计思考当中，时刻渗透着对民族与世界的辩证理解，在他看来，任何民族的文化在发展过程中，表现出来的固守本民族文化特征拒绝融合借鉴的态度，不顾本民族文化传统全面移植附庸的态度，均非促进文化发展的正确选择，他认为中华民族的新文化，应当在对各民族文化的整体分析基础之上，学习先进，为我所用，使得中华民族文化同时具备世界性和民族性双重特征。

瞿秋白对文化民族性的思想认识，长期以来对中国新型文化建设发挥了重大历史影响作用，它不仅仅以重要思想资源的身份对革命的新民主主义文化理论有着举足轻重的意义，而且从当前和平时期的社会主义文化建设大局来看，在全球化趋势当中，在兼具世界眼光广为吸收借鉴的同时，继承优秀传统凸显民族特色，亦是其文化民族性观点对于中国特色社会主义文化理论的重大启示。

四　瞿秋白文化思想的创新性

创新是一个国家和民族进步的不竭动力，对文化发展来说尤为如此。伟大导师恩格斯关于时代发展与理论进步的观点深刻说明了这一点，他指出理论思维在人类社会发展的不同历史时期，“具有非常不同的形式”①和内容，不能与时代共同进步的思想文化必然将为历史所淘汰，从而走向没落。创新成了先进的思想文化的永久印记。瞿秋白在形成自己的文化思想的过程中，始终坚持着与时俱进的思考，从坚信“人类文化的希望只在世界劳动阶级”始，终身致力于“为全人类文化而奋斗”，“行‘新式的’无产阶级化”②。

第一，要坚持社会主义文化方向。在瞿秋白眼中，中国文化的发展前途必然是在科学理论指导下先进阶级领导下的社会主义方向。当他置

① 《马克思恩格斯全集》第20卷，人民出版社1971年版，第382页。

② 瞿秋白：《瞿秋白文集（文学编）》第1卷，人民文学出版社1985年版，第57页。

身世界上第一个社会主义国家，体验着稚嫩并有着诸多的不完美，同时经受着各种反动文化挑战和阻挠的无产阶级新型文化时，他看到的是这种文化因为代表着时代的诉求而具有的光明未来。也正是因此，他拟“黎明”为题作为记录自己在苏俄心路历程的散文集开篇，以自然界“本来是‘夜余’而又是‘晨初’”① 的景象，比拟创建代表着进步方向的新型文化虽困难重重但必然光明的情况，热情地赞颂了无产阶级文化似朝阳般充满希望的前途。当然，他是将文化变革作为社会变革的先声来思考，以社会发展前景阐明文化前途的。这一点在他初入社会时所写的《文化运动——新社会》中有着清晰的表述，他认为要追求新社会，着手点必然是“只有真正有实力的‘文化运动’”②。

第二，要把文化运动和创立新社会联系起来。瞿秋白认为，从近代中国社会现实来看，帝国主义侵略中国是以与封建落后的统治阶级相勾结的形式进行的，中国社会面临的是帝国主义和封建势力双重的压迫，文化危机亦是在这样的条件下一步步紧迫的。因此，他主张一定要将文化重建与社会革命、反帝反封建的任务结合起来。从东方民族文化发展面临的最为迫切的需要来看，首先要实现民族的独立，在此基础上还要彻底清除落后的宗法封建遗毒，完成反帝反封建的历史使命，“方是行向新文化的道路”③。在明确了文化运动亦要实现反帝反封建的社会运动的认识基础上，瞿秋白在《五四和新的文化革命》一文中，全面阐述了自己文化革命的思想，他首先明确了文化革命的领导力量、目标前途等核心问题，又提出了批判与建设相结合、继承与创新相统一的原则，对文化革命过程中将面临的困难和阻碍进行了如实的预测，同时也坚定了必胜的信心，正如他的比喻所说，“‘产生’的痛苦”④ 是获取新生命的必经阶段。

---

① 瞿秋白：《瞿秋白文集（文学编）》第1卷，人民文学出版社1985年版，第117页。
② 瞿秋白：《瞿秋白文集（政治理论编）》第1卷，人民出版社2013年版，第69页。
③ 瞿秋白：《瞿秋白文集（政治理论编）》第2卷，人民出版社2013年版，第25页。
④ 瞿秋白：《瞿秋白文集（文学编）》第2卷，人民文学出版社1986年版，第108页。

第三，要以历史的眼光对待文化遗产问题。创新不是在一片空地上另立文化的高楼大厦。作为人类所创造的财富，文化如同人类一样拥有自己的发展历史，这是文化发展创新的根基。马克思曾以历史唯物主义阐明了其中的科学原理，指出作为创造历史的主体的人，在推进创新实现发展的过程中亦是从现实的、具体的条件出发的，在“过去承继下来的条件下创造”①。历史不能被割断，文化也是如此。即使在批判传统文化的五四时期，瞿秋白也保持着一种难得的理性。在打倒孔家店的呼声中，他指出了创造新文化的紧迫性，针对社会普遍充斥着的对传统封建社会思想道德的彻底批判，他提出了不同的看法，以四六分的比例，阐明了攻击旧道德与创建新道德应占有的分量，并对原因进行了分析，在他看来，创新必然包含着破除旧有的内涵，但反过来却并非亦然，如果单单批判攻击旧道德而不创建新的思想道德，割断了新旧思想文化之间的历史联系，“就只能引起怀疑，因此每每发生误会”②。所以，在瞿秋白的心目中，创新无不是建立在科学的理论指导之下，客观理性地分析评价，继承优秀的传统精华，最终才能得以实现的。即是说，文化的创新必然建立在文化继承的基础之上，有继承才有创新。对此列宁曾有过明确的论述，他认为，认识和掌握整个人类发展过程中所创造的所有文化，吸收借鉴其中有益的精华部分，在淘汰摒弃有害部分基础上实现改造，“才能建设无产阶级的文化”③。

五　瞿秋白文化思想的人民性

瞿秋白主张新文化应该是大众的。他大力宣传、贯彻列宁关于文学应该为“千千万万劳动人民服务”和“艺术是属于人民的”思想。他曾发表一系列相关主题文章，如《普罗大众文艺的现实问题》《大众文艺的问题》等，探讨文艺大众化的理论问题，并带头创作了不少通俗文艺作

① 《马克思恩格斯全集》第8卷，人民出版社1961年版，第121页。
② 瞿秋白：《瞿秋白文集（政治理论编）》第1卷，人民出版社2013年版，第18页。
③ 《列宁选集》第4卷，人民出版社2012年版，第285页。

品。他提出“文艺大众化问题，就是无产阶级文艺运动的中心问题”，这种大众文艺不同于以往各种文艺类型的最大特征，在于它所表现的主体力量是广大无产阶级，这也是中国文艺理论发展史上，第一次明确提出要描写工农兵的生活和斗争的观点。与此同时，他还提出进步的文艺工作者要深入广大无产阶级的生活中去，学习并掌握工农群众熟练使用并易于接受的浅显通俗的语言工具，继承并创造崭新的文艺形式，在学习大众提高自身普及文艺的同时提高大众文艺能力等，真正实现与大众的结合。集中了瞿秋白文艺大众化思想精髓的《普罗大众文艺的现实问题》一文，在中国文艺理论发展历程中影响深远，到抗日战争时期由毛泽东在《在延安文艺座谈会上的讲话》中发展至新民主主义革命阶段的极致。这一系统的理论观点，不仅在革命时期发挥了重要的历史作用，在进行中国特色社会主义文化建设的今天，仍具有积极的借鉴启示意义，比如瞿秋白提出进行“俗话文学革命”，即主张运用通俗语言，对改善当前一部分学者利用文白混杂的语言形式求新求异的学风具有重要的现实意义。

第二节 瞿秋白文化思想的历史贡献

瞿秋白文化思想，阐述了先进文化的内涵，明确了古今中外关系的定位，传播了马克思主义，推动了马克思主义文艺理论中国化等，瞿秋白文化思想在近现代文化史上占有光辉的一席，具有不可替代的作用。

一 较早系统阐述唯物史观，充分肯定了无产阶级文化的先进性

瞿秋白在宣传马克思主义、推动中国革命文学事业的发展、运用传媒工具党报党刊传播先进文化方面贡献突出。在近现代文化史上，瞿秋白第一次阐述了先进文化的内涵，他指出“任何先进文化都是一定时代‘社会精灵的结晶’”。这样的时代精华因为顺应了社会发展规律，以先进的姿态指引着社会发展目标的实现和人的彻底解放，使人能够摆脱蒙昧

时代受制于自然的现象，随着文化发展的步伐，“行近自由”①。瞿秋白是伟大的马克思主义者。马克思主义是人类历史上最正确最科学最革命的真理，它揭示了自然界、人类社会和思维发展的普遍规律，是认识世界、改造世界的有力武器。

传播马克思主义，就是传播先进文化。不仅如此，由于马克思主义的传播，中国新文化的发展才找到了正确的方向和科学的方法。瞿秋白500多万字的著译，主题词就是马列主义。他在向国内人民系统介绍和阐释马克思主义辩证唯物主义理论方面贡献卓越，突出了马克思列宁主义科学体系中最根本的基础和贯穿始终的观点，即辩证法唯物论。他撰写了《社会哲学概论》《现代社会学》《社会科学概论》专著，系统而全面地阐释了辩证唯物主义的基本观点，包括真理观、反映论、范畴、规律等。从瞿秋白介绍辩证唯物论，到艾思奇的《大众哲学》，他们都在普及马克思主义哲学观上起了很大的作用，使得中国的青年一代，不再经由达尔文（Charles Robert Darwin）的进化论而走向唯物史观，如鲁迅所走过的那样，而是直接从科学的世界观和方法论角度接受唯物史观，并与其他唯心论哲学派别划清界限，这正是瞿秋白不同于李大钊和陈独秀的特色和贡献所在。

充分肯定了无产阶级文化的先进性。他不仅十分重视文化研究，还力图从文化的发展和趋势，去发现经济的动因。他在考察苏俄文化现象时，就注重突出经济基础的决定作用，从苏俄资产阶级在社会中经济地位的撼动和无产阶级经济权力的获取，来分析论证文化领域无产阶级取代资产阶级的现实趋势，来认识理解“夜之余”和“晨之初”② 的差异。瞿秋白赴苏俄考察时曾反复说明，自己是“东方稚儿”，而他要去的则是世界东西文明、新旧文化激烈碰撞斗争的战场，在这里，落后的旧有文化的朽木上新文化的枝椏茁壮成长，亦成为东方古文化国建立新文化的

---

① 瞿秋白：《瞿秋白文集（政治理论编）》第2卷，人民出版社2013年版，第293页。
② 瞿秋白：《瞿秋白文集（文学编）》第1卷，人民文学出版社1985年版，第118页。

参谋处，特别是要学习它同时应对西方资本主义反动文化和东方封建遗留落后文化的“战略”和“计划”①。经过考察他认为：资产阶级文化已经破产，只有无产阶级才能保持发展人类文化。因而坚定地树立起马克思主义的信仰，凭借着辩证唯物主义科学理论的指导，立志要为人类文化的发展进步，更是为了“光复四千余年文物灿烂的中国文化”②，贡献自己的力量。

与五四新文化运动时期其他思想文化派别的对比，更能够凸显瞿秋白肯定无产阶级新文化先进性的历史意义。当时影响较大的东方文化派，在对待东西文化的态度上，无法做到如口头宣称的客观考量，维护巩固传统文化的目标注定使这种思想派别出现转身向后逆势落后的本质。另外如全盘西化派，肯定了西方文化与东方文化相对而言的历史进步性，但却主张采用复制移植的方式，无视西方文化弊端和中国特殊国情地照搬资本主义文化，更不承认无产阶级新文化的先进属性加以拒斥和阻滞，因而在本质上是反动不可取的。而无产阶级运用历史唯物主义科学原理创建社会主义文化的选择，则是实现了对资本主义和封建落后文化的超越，顺应社会发展规律的体现，代表了先进文化的发展方向，瞿秋白较早地认识到并肯定了这一点，并为之作出了突出的贡献。

二 宣传马克思主义文艺理论，推动马克思主义文艺理论中国化

20 世纪 30 年代初期，瞿秋白凭借自己深厚的文学造诣，熟练的俄文基础和马克思主义理论功底，开创了中国现代文学事业新领域，亦将马克思主义文艺理论民族化推向了新的高峰，他的名字与他的卓越功绩共同载入史册，以奠基人的特殊身份为后人怀念。

离开政治领导核心地位，瞿秋白毅然投身文坛继续为无产阶级革命事业贡献自己的聪明才智，他分析了当时革命文学自产生以来长期式微的现状，认为坚强而专业的领导的缺失是其中至关重要的原因，因而携

① 瞿秋白：《瞿秋白文集（文学编）》第 1 卷，人民文学出版社 1985 年版，第 84 页。
② 瞿秋白：《瞿秋白文集（文学编）》第 1 卷，人民文学出版社 1985 年版，第 213 页。

挚友兼知己鲁迅共同领导了左翼文艺运动，绘就了中国现代文学史上第一个巅峰。他将中国的革命文学运动作为系统工程进行思考，首先以熟练掌握的俄文工具，翻译介绍了大量俄文版马克思主义经典作家关于文艺的思想著述，以及世界上第一个社会主义国家进步作家的作品，编写成《现实——马克思主义文艺论文集》，从此，中国革命文学事业有了科学的理论指导。他还积极地进行文学创作，不仅写成中国现代散文的典范，还成为唯一能与鲁迅杂文比肩的代表。他亦充分运用文艺批评武器，在与各种反动势力斗争过程中明确了马克思主义文艺立场，培养了大批进步文艺工作者。假如说毛泽东的《在延安文艺座谈会上的讲话》是对革命文艺运动历史经验的总结，那么，瞿秋白的文艺思想正为其提供了丰富的素材和一些粗线条的轮廓。他在文艺创作方面提出了“辩证唯物论的创作方法”，这显然受到拉普派的影响，它和后来很长阶段中国革命文艺上过分强调文艺为工农兵服务，过分强调世界观指导创作方法等是相吻合的。

三　关注无产阶级在民主革命中的地位，率先形成文化领导权思想

关于无产阶级在中国民主革命中领导地位的观点，是瞿秋白马克思主义理论中浓墨重彩的一笔，他是中共早期较早论述这一理论的领袖，早在五四新文化运动时期刚从苏俄回来不久，就曾撰文阐明这一观点，他在《新青年之新宣言》中指出中国的独立富强只有进行真正彻底的革命这唯一道路才能实现，而当时仍具有进步意义的中国资产阶级却因为天生软弱无法坚定地完成反帝反封建的民主革命任务，只有无产阶级“方能担负此等伟大使命”①，而且是“自然处于革命领袖的地位”②。同年的另一篇文章《自民权主义至社会主义》中，他再次强调了无产阶级在中国革命中的领导地位。对于这种领导权的取得，瞿秋白进行了深入

① 瞿秋白：《瞿秋白文集（政治理论编）》第2卷，人民出版社2013年版，第7页。

② 瞿秋白：《瞿秋白文集（政治理论编）》第2卷，人民出版社2013年版，第9页。

思考，在最初明确无产阶级领导地位的必然性天然性基础上，经过五卅运动教训洗礼的他，更深刻地认识到争取领导权的重要性，指出无产阶级“要用自己的力量去争来”[①]。在分析了中国农业人口众多的现实国情后，瞿秋白还在《中国革命之争论问题》一文中，针对获取农民运动领导权的问题提出了对策，指出关键在于纲领中能否体现农民利益，运动中能否解决农民问题，并基于此坦承自己起草的三大党纲的最大失误在于没有“解决农地问题”[②]。

意大利共产党领袖葛兰西（Antonio Gramsci）从西方发达国家现实出发，首次全面系统阐明了文化领导权理论，与他生活在同一历史时期的瞿秋白，亦是在中国第一个提出文化领导权理论者，因为中国不同于发达国家，处于首先需要经过政治革命建立无产阶级政权的现实国情，瞿秋白的文化领导权理论不如葛兰西的整体逻辑建构，但其首创意义却是不容抹杀的，其影响亦是重大而深远的，在新民主主义文化和社会主义文化建设进程中都具有重要的历史和现实意义。在强调民主革命中的无产阶级领导权，支持农民运动，提出重视武装斗争这几个有关中国革命战略的关键问题上，瞿秋白都有着承前启后的作用。当然瞿秋白关于这一系列问题的论断，主要是从理性上去认识和肯定的，更富于理论思辨的色彩。

四　积极引导中国文化发展，树立自立、自主、自强信念

文化的发展在于文化的交流，中国近代历史上，在谋求社会发展文化进步而与西方文化交流互动进程之中，处于被动挨打的不利地位。它在被迫卷入以西方价值观念为主导的世界文化的发展进程中以后，文化自主性和安全感的丧失，使其不得不处于尴尬境地。为此，先进的中国人曾多次效仿西方，尝试变革，然而从师夷长技、农民政权、洋务运动、

① 瞿秋白：《瞿秋白文集（政治理论编）》第3卷，人民出版社2013年版，第430页。
② 瞿秋白：《瞿秋白文集（政治理论编）》第4卷，人民出版社2013年版，第478页。

戊戌变法，直至推翻了封建制度的辛亥革命，冠以“革新”称谓的数次运动均没有带领中国走出文化危机的阴霾，面对历史，瞿秋白不止一次地询问努力的方向、复兴的道路问题，这是时代赋予先进的知识分子的责任。

瞿秋白探索创造先进文化的一个重要特征，是他能够以人类文化发展大势为坐标系，以苏俄先进文化发展经验教训为参考借鉴，以中国文化历史现状为出发点。他在这些方面的认识论述因而也就有力地推动了中国文化的现代转型，这不仅是科学、文艺等文化领域的进步，更是民族心理、精神上的自强自立，是东西文化交流过程中能够以主体的身份参与其中，为我所用而不是被动屈辱卷入的改变。包括他在大革命之后认识到中国革命要取得胜利，必须将科学的指导理论与具体的现实生活紧密联系，永远不能相离。具体来说要结合时代民族地域的特殊条件，将马克思主义与国情结合起来，“断不可一日或缓”①。他运用马克思和列宁著作中的光辉思想，引导推动了思想文化阵线上统一战线的建立。不仅包括世界范围内的无产阶级文化统一战线，还包括左翼文化运动中对进步力量的争取和保护，他的论述和理论，在革命实践中为推动文化发展进步发挥了积极作用，与此同时，亦强化了文化中精神心理的积极凝聚力量，形成了适合文化国情的科学指导思想，已经奏出了马克思主义中国化的先声。

五　努力探寻中国出路，提出“文化问题，政治解决”的方案

瞿秋白提出的“文化问题，政治解决”的方案，从中国当时所处的国内国际环境来看，实际上也是唯一能够行得通的途径。从他们的议论中，人们不难感到在中国实行“反帝反封建的民主革命”的号召已是呼之欲出。

第一，他将“东方文化”放置于社会发展的历史上来评估。他以社

① 瞿秋白：《瞿秋白文集（政治理论编）》第4卷，人民出版社2013年版，第408页。

会发展是经济形态的一次演进的理论，论证了社会发展遵循的是社会生产力决定规律，渐次影响经济关系、政治组织以致建立之上的各种精神心理系统。于是，他断定所谓中国所代表的“东方文化”，无非是落后于西方资本主义制度的封建宗法社会制度的体现，是滞后于西方市场经济的自然经济的体现。所以，主张要保存和提倡这种“东方文化”，就等于要保存封建宗法的“人间地狱”。

第二，他把资产阶级的“西方文化”也列为批判的对象，说它如今已经成为时代文化发展的障碍。与当年陈独秀、胡适之对照着批判东方文化落后、称颂西方文化先进不同，瞿秋白明确宣布“我们也绝不歌颂西方文化”①。他认为，东方的封建宗法文化和西方的资产阶级文化的功能，随着历史的演进而发生了变化，现今它们都已经沦为社会发展的障碍，他客观指出，无论是在中国破除奴隶社会桎梏的封建宗法社会文化，还是在西方国家横扫封建思想遗留建立起资本主义文化，都因为顺应了社会历史发展规律除旧立新而曾具有历史先进性，但随着时代和实践的不断发展进步，特别是社会生产力的继续发展，这些曾经进步的上层建筑日益显露出其落后性和束缚性，必然逐渐成为“苟延残喘的废物”②。

第三，他把文化问题与埋葬帝国主义、埋葬一切剥削制度的无产阶级世界革命这个总目标联系在一起来考察。他认为在当今时代下，中国文化受到“殖民地式的国际地位”的制约，中国原本的宗法封建文化已被帝国主义攻破，中国沦为了殖民地；那么中国文化变成了什么性质呢？他没有明说，但实际上答案已经明示，就是说中国文化如今已经沦为殖民地文化。他认定，现今世界局势，根本不是“什么‘科学破产’，不过是宗法社会及资产阶级文明的破产罢了”③。今后的出路唯在于将全世界无产阶级联合起来，与各个殖民地受奴役受压迫的劳农大众一起，在各殖民地追求民族独立的世界革命范围的革命运动中追求自己的解放。当

① 瞿秋白：《瞿秋白文集（政治理论编）》第2卷，人民出版社2013年版，第21页。
② 瞿秋白：《瞿秋白文集（政治理论编）》第2卷，人民出版社2013年版，第23页。
③ 瞿秋白：《瞿秋白文集（政治理论编）》第2卷，人民出版社2013年版，第23页。

然，世界革命的结果是实现全人类文化的进步，而无产阶级的文化进步亦是在解放人类实现文化进步的过程中得以实现的，正如瞿秋白详细描述的，社会生产力以科技进步的形式迅速发展，阶级剥削，私有财产均得以消灭，社会所需要的体力劳动不断减少，人从繁重的求生存而迫不得已的体力劳动束缚中解放出来，"'求乐'的时间亦愈多了"①。只有在这个时候，人类文化才真正实现自由，个性才真正自由发展，民族文化亦真正突破地域限制得以自由。

十分清楚，瞿秋白在此并没有致力于分辨东方文化与西方文化的异同，而是另辟蹊径，鲜明地提出了一个"文化问题，政治解决"的方案。这样一改既往从文化角度探求中国政治出路的流行思路，直截了当地提出从政治革命的途径改变社会制度、改变社会经济结构和政治体制，以求革新文化的主张，在中国近代文化思想史上，应当算得上是破天荒的创见。后来的历史实际进程证明，中国的出路，中国新文化的出路，的确也只能有赖于民主革命来实现社会制度的根本改革。

六 在新民主主义文化形成过程中，发挥了承前启后的关键作用

自五四运动无产阶级登上历史舞台，成为中国民主革命的领导力量，至建立新中国建设社会主义，中国共产党始终高度重视文化问题，在新民主主义革命的历程中创建了新民主主义文化理论这一思想明珠，其成熟的标志即毛泽东《新民主主义论》的发表，但其形成却是在新民主主义革命过程中，由功勋卓绝的革命家理论家共同努力的结果，瞿秋白在其中发挥了承前启后的关键作用。

继李大钊、陈独秀在国内初步宣传运用马克思主义理论，瞿秋白以其精通俄文研习马克思列宁主义，考察苏俄社会主义建设的经验，对在中国创建马克思主义指导下新型文化的诸多具体问题进行了创造性的探索和概括。例如五四新文化运动时期在批判东方文化派的唯心主义文化

① 瞿秋白：《瞿秋白文集（政治理论编）》第2卷，人民出版社2013年版，第24页。

观点时，瞿秋白明确了建设中国新文化必然反封建反帝国主义的革命目标，通过无产阶级的世界革命建立中国新文化的特殊道路、无产阶级中国民主革命，乃至中国文化革命的领导阶级的观点，他对文化与经济、政治的关系的认识等；20 世纪 30 年代围绕“全盘西化”论和“本位文化”论的论争，瞿秋白关于中国新型文化应该具备民族性，应该是科学理论指导下的文化，应该是与人民大众紧密结合的文化的思想认识等理论观点，都被直接接受或发展创新。

毛泽东在相关问题的阐述上虽然与瞿秋白的表述不尽一致，但基本思想认识却一脉相承，例如他明确了要在中国建立拥有新文化的新社会新国家的前途理想，进一步从中国历史中论证了与这种新文化格格不入的旧文化，是建立在半殖民地半封建社会基础之上的，因而要建立这种新文化自然而然具备反帝反封建的革命要求和目标；毛泽东还对中国革命的历史特点进行了分析，认为中国民主革命阶段由于有了无产阶级的领导而开启了新民主主义革命新征程，这一新阶段从革命的同盟者队伍上划分，“属于世界无产阶级社会主义革命的一部分”①，这样的革命不同于旧民主主义革命以资产阶级作为自己的领导，而是在新兴的无产阶级的坚强领导之下建立各革命阶级联合专政的新社会，这也是建立新民主主义文化的必然道路；他以马克思主义唯物史观作为理论基础，在吸收瞿秋白关于经济基础对文化的决定作用、文化与政治的直接联系等观点认识的基础之上，从与经济政治关系的角度为文化做出了经典界定，指出“一定的文化是一定社会的政治和经济在观念形态上的反映”②，从而将新民主主义文化同节制资本、平均地权的新民主主义的经济，同反帝国主义反封建势力的新民主主义政治紧密联系在一起，从而明确了新民主主义文化是无产阶级领导的人民大众反帝反封建的新型文化；毛泽东还详细论述了这种新民主主义文化的特性，着重从追求独立体现特色的

① 《毛泽东选集》第 2 卷，人民出版社 1991 年版，第 667 页。
② 《毛泽东选集》第 2 卷，人民出版社 1991 年版，第 694 页。

民族性，反对封建迷信主张客观真理的科学性和服务民众追求民主的大众性三个方面进行了阐释。

比对瞿秋白关于在中国建设无产阶级新文化的思想理论观点和毛泽东的相关论述，我们不难发现，瞿秋白文化思想中正确的观点理论，与毛泽东的新民主主义文化理论有着普遍的相似相通之处。不仅如此，在对新文化的宣传领域，瞿秋白的贡献亦得到毛泽东的肯定，明确指出他负责编辑的《向导》与当时进步的国民党刊物，共同为反帝反封建的民主革命目标的实现做出积极努力，在思想理论、教育文学等各个领域成了新文化的典范。这些都说明，瞿秋白在中国建设新文化上的诸多闪耀着真理光芒的理论成果，成了新民主主义文化理论毫无疑义的来源基础，亦是毛泽东思想必不可少的构成部分。

第三节　瞿秋白文化思想中的若干局限性及评价

瞿秋白文化思想是早期中国共产党人探索中国先进文化出路的一个缩影。作为中国共产党早期领导人，瞿秋白的文化思想产生于新民主主义革命前期，不免带有那个时期的思想痕迹，因而在评述其文化思想的过程中，一方面应当看到决定其局限性的时代因素，不能将其完全归咎于个人原因而贬低瞿秋白文化思想的历史意义，另一方面亦不能无视历史条件的限制，不以发展的眼光和历史的态度进行客观评价而片面拔高瞿秋白文化思想的地位。具体而言，由于主客观条件的限制，包括应用马克思主义指导国内革命和建设初期经验的缺乏，当时世界社会主义运动整体态势的影响，中国民主革命敌对势力的险恶和形势的迫切，以及瞿秋白对马克思主义掌握的局限性等各个方面，瞿秋白的文化思想理论存在某些偏激或者片面的问题，例如在极力倡行无产阶级新的文化革命的过程中对“五四”革新意义的低估，在突出强调革命的现实主义文艺创作方法时对创作者世界观多重关联的忽视，在紧张的革命进程中过分强调文艺阶级属性和党性原则，对文艺发展自身特殊属性的忽略等。因而我们认为，中国五四时期的马克思主义传播，只是马克思主义在华传播漫长而曲折过程的开端，不可估计过高。目前对瞿秋白文化思想的研究，多以谈贡献为主，对其文化思想的局限性，着墨较少。著名学者陈铁健反思到，以往的研究者，对五四时期马克思主义在中国的传播，以及瞿秋白的马克思主义理论水平，估计甚高。① 本节拟对其文化思想中存在的若干历史局限性进行概括和评述。

一 相对片面理解了文化的武器功能

把宣传功能当成了文艺的根本功能，忽视了文艺本身的独特性。瞿秋白认为，如果将文艺放在整个社会发展的宏观背景下来看，其宣传作用凸显于其余各种功能之上，特别是在革命战争条件下，文艺简直可以被认定“是政治的‘留声机’”②。他进一步进行了论证，在激烈的阶级斗争环境中，每个阶级都充分运用手中掌握的宣传工具进行战斗，评判文艺的标准就集中于看这种宣传工具到底是为哪个阶级服务，其宣传功能发挥得如何。

通观瞿秋白关于文艺是政治留声机的观点，我们认为，一方面他的这些论述并非绝对的观点，而是在科学阐明文艺与社会生活相互关系的基础上，突出强调文艺的工具属性，要求无产阶级在激烈的阶级斗争形势下掌握这种有效工具。他明确指出艺术对人的思想意识的形成具有重要作用，认为文艺与现实间的关系，不仅仅是现实决定文艺，文艺反映现实的关系，而是文艺“影响着现实”，这就承认并突出了文艺对社会生活的重要作用，指出新生的先进阶级在革命过程中要充分发挥这种作用，“用文艺来帮助革命”③。当然，这种功能的发挥亦是通过改造思想意识世界观的方式得以实现的。另一方面，从当时特定的历史条件来看，突出文艺的工具功能，特别是为革命斗争服务的功能，亦是客观条件使然。

---

① 陈铁健：《书香人多姿》，社会科学文献出版社 2012 年版，第 26 页。

② 瞿秋白：《瞿秋白文集（文学编）》第 3 卷，人民文学出版社 1989 年版，第 67 页。

③ 瞿秋白：《瞿秋白文集（文学编）》第 3 卷，人民文学出版社 1989 年版，第 65 页。

瞿秋白不仅仅是一个文人，他更是中国共产党的领袖，他在思考文化问题时，自然而然地从中国无产阶级革命的大局出发，在当时激烈的政治斗争的大环境下得出这样的观点，亦是带有时代特征的必然结果。

瞿秋白处于五四新文化运动前后这一新的历史转折时期，这不只是一个需要巨人并且产生巨人的时代，更是一个中西文化互相撞击，思想格外活跃的时期，同时又是一个新旧思想杂陈，彼此消长衍变的动荡时期。一方面封建思想文化还在顽固地坚守自己的营垒，不肯轻易让出其统治地盘，另一方面资产阶级思潮以其新异的姿态登上了中国的思想文化舞台，与此同时无产阶级的社会主义学说也传入中国，并以更为强大的生命力吸引着先进的知识者，且逐渐为其中部分知识分子所接受和传播，以至于从幼稚而趋向成熟。

二　侧重强调了文化的阶级属性

马克思主义文化观认为，文化属于上层建筑，由经济基础决定。毛泽东关于文化的经典界定，明确指出文化、政治、经济之间的相互关系，突出了“经济是基础”① 的决定地位，亦由此强调了文化的阶级属性。瞿秋白以阶级分析方法看待文化问题，分析中国文化的现状，值得充分肯定。但也要实事求是地看到，瞿秋白过度强调文化的阶级性所留下的历史缺憾。

在与胡秋原等的论争前期，瞿秋白认为他们是“反对阶级文学的理论”“是超阶级论者”“是将文学摆脱无产阶级而自由”“是有着某种政治目的”。张闻天就曾批评过瞿秋白，“虽然右倾机会主义也是目前文学运动中的主要危险，但是，使左翼文学运动始终停留在狭隘的秘密范围内的最大障碍物，却是‘左’的关门主义”。当然不能不看到瞿秋白的论述里存在着早期马克思主义者绝对化的“阶级文化论”的偏狭。他采用绝对化的“阶级分析法”，把阶级社会中的文化一概分门归类为各属于对

① 毛泽东：《毛泽东选集》第 2 卷，人民出版社 1991 年版，第 664 页。

立着的不同阶级的不同“文化种群”。这样的“阶级文化论”只承认文化具有阶级性质，而否认了文化具有的普遍性；只承认某阶级的文化在社会发展的特定阶段上具有“时代的合理性”，否认了人类文化所具有的超越历史阶段的长期积累、连续传承的功能。值得肯定的是，他后来形成了批判自身存在的机械化、教条主义的理论，这种做法，使马克思主义文艺理论中国化至少在这个问题上得到了深化。

瞿秋白一方面以文艺的阶级属性作为依据，构建起凸显政治意蕴的文艺理论体系，突出了文艺的宣传工具特色；另一方面又尊重与理解文艺的内部规律，强调文学理论“学术话语”的重要性。他这样复杂而又矛盾的思想，是在应用马克思主义理论处理具体时空条件下的文化问题过程中产生的，他能够自觉地创造性地应用，并不等于一定能够实现科学理论与文化现实的良好结合，实践告诉我们，在中国这样一个国情特殊的东方大国里领导革命，以马克思主义作为指导思想运用于具体实践，并不是通过主观愿望或者简单践行就能够彻底实现的，即使是在深刻理解马克思主义精神实质，坚定坚持马克思主义指导思想，时时注重理论联系实际的基础上，都有可能因为种种个别条件或者经验不足而出现各种问题，瞿秋白对文艺的阶级性的过分强调即是此类。

三　凸显了意识形态间的对立隔阂

以确立马克思主义主体地位为根本目标的“文化革命”思想，是瞿秋白文化思想体系的核心内容。受苏俄考察和列宁思想的影响，在他看来，“文化革命”有着获得意识形态斗争胜利，建立先进文化的内在要求，是创建并捍卫无产阶级政权的必要途径，因而也是中国共产党的中心任务之一。为此瞿秋白系统思考文化问题，以“文学革命”“文腔革命”“文字革命”的路线方案，着重从文艺大众化、知识分子改造、国民教育宣传等领域，对各种非马克思主义进行了系统的批判和坚决的斗争。由于身处民族文化危机的特殊时代和试图力挽狂澜的迫切愿望，加之瞿秋白关于政治革命能够更加直接有力地作用于社会改造的认识，他的部分观点不自觉地凸显了意识形态间的矛盾对立，使其科学性打了折扣。例如他在针对庸俗社会学影响左翼文学运动而开展文艺批评时，曾使用“辩证唯物主义创作方法”代替“现实主义创作方法”，就是以哲学意识形态阐释文学创作方法的表现。此外，他为彻底消灭封建贵族专制特权，破除“知识私有制”而设计的汉字拉丁化改革方案，也因为过分凸显意识形态对立的思维模式，使他提出了彻底“废除汉字”的偏激主张等。

统治阶级的意识形态在任何社会任何时代都占据着统治地位。近代中国半殖民地半封建的社会性质，决定封建意识形态和资产阶级意识形态牢牢盘踞在近代中国思想文化领域，为继续维护反动统治辩护。五四新文化运动使广大进步青年接触到揭示了人类社会发展规律的科学理论马克思主义，从当时的历史条件出发，要挽救民族危亡，实现社会现代转型，必须最大范围凝聚思想共识，坚定崇高信仰，充分论证无产阶级政权先进性合法性，坚持和巩固马克思主义在意识形态的指导地位。瞿秋白“文化革命”思想的实质，就是掌握文化领导权，必然要求与各种落后的思想意识形态进行坚决斗争，体现了瞿秋白高度的文化自觉和坚实的信仰定力。但在实践中探索马克思主义先进文化创建途径、表现形式等问题时，过多强调意识形态矛盾对立，易于使对方法策略层面的认识受到政治斗争的限制，影响对客观规律的准确认识和把握。

值得指出的是，瞿秋白领导的“左联”作为一种政治性的文艺组织，尽管由于种种原因有过一些失误，但在与“自由人”“第三种人”的论争中，较好地控制了论争的走向，无论是在政治上团结革命的小资产阶级知识分子，还是在文艺上向马克思主义的正确方向上引导，都起到了一定的积极作用。特别是后一方面，使中国的马克思主义者第一次开始正视和面对马克思主义文艺理论的研究问题，第一次开始严肃思考文艺如何为政治服务的问题，也第一次比较正确地处理了与小资产阶级知识分子的关系问题。虽然这一切尚显被动，尚不成熟，但基本方向却是正确的。

四　未能始终辩证对待各种形式的旧文化

瞿秋白对待以中国传统文化与资本主义文化为代表的各种旧文化，未能始终辩证地分析与思考，基于此的观点立论亦表现出种种的简单和片面的缺憾。概括来看，出于对旧社会旧思想的深恶痛绝，瞿秋白对新生活新文化充满感情，他关于在中国建设无产阶级新文化的思想认识亦是在这种新旧简单对立的思维模式中构建起来的，在当时无产阶级作为新生力量，世界社会主义建设只有苏俄一国经验的历史条件下，瞿秋白对无产阶级新型文化发展模式、内涵构成进行了单一的认识，即使在分析文化模式领域，由于上述原因他亦没有表现出以往其他领域中所擅长的辩证思维，因而可以说他对中国新旧文化之间关系的认识是复杂而粗糙的。在瞿秋白眼中，无产阶级新文化之前的所有文化都属于“旧文化”的范畴，关于中国传统文化这种旧文化，他曾在《东方文化与世界革命》中，对其“恶性”进行了辩证分析，认为“宗法社会的伦理也曾一度为社会中维持生产秩序之用”①，但在进一步从本质至形式的深入探讨中，他却认为“宗法社会的文化”决定它只能是维护封建专制统治的工具，决定了它所承载的文章词赋，不过是“贵族淫昏的粉饰”。虽然他对传统文化中腐朽落后的糟粕予以的彻底批判，是对阻滞社会发展力量的消除，必然推动社会进步，与此同时还“促进了文化自身的建设和发展”②，但对文章词赋等传统文化具体表现形式不加区分地进行批判，以及简单地将“旧”等同于“落后”的片面思维，限制了他论证的科学影响力。瞿秋白在这方面存在的不足，还可以从当时他与文化保守主义思想家的论辩交锋中对资本主义文化的分析里反映出来。瞿秋白并没有完全否定资本主义文化，他从历史发展的角度阐明了早期资本主义文化的积极意义，但对于已经发展至帝国主义阶段的资本主义文化，他则侧重于将其作为

---

① 瞿秋白：《瞿秋白文集（政治理论编）》第2卷，人民出版社2013年版，第23页。

② 沙健孙、龚书铎：《五四运动与20世纪中国历史道路》，人民出版社2001年版，第77页。

阻碍当时代发展的落后文化，批判其各种弊端。借此他指出，资本主义制度限制着社会文化的发展进步，要实现世界文化的发展，代表着先进文化发展方向的无产阶级就要对资产阶级“行剧烈的阶级斗争”①。瞿秋白对资本主义文化针对新时代的落后属性的认识具有一定的进步性，也是其革命坚定性的体现，但他忽略了中国资产阶级文化的独特特征，对由此决定应采取的不同斗争策略也没有给予应有的重视。

瞿秋白是中国探索文化发展道路上的伟大开拓者，他致力于将科学的理论指导应用于具体的民族环境中，为中国化马克思主义理论的形成作出了突出贡献，同许多革命先行者一样，他的思想主张虽然有着历史的、时代的局限甚至缺陷与不足，但对一个在理论领域内披荆斩棘的开拓者来说，是难以完全避免的。② 特别是他在革命进程中的“左”倾盲动错误，对其文化思想必然产生消极影响。这并非他一人的错误，应该说是那个特殊的历史时期中的一次集体失误。李维汉有过这样的评价，他认为瞿秋白是众多并不完美的有着各种缺点的真实的历史人物之一，在他的革命生涯中犯过的最重大的错误就是“左”倾盲动的错误，这是没有疑义的，但是分析认识这样的错误不能仅从他一人身上找原因，要结合历史现实全面认识这一问题，当时的中国共产党还处于幼年时期，作为共产国际的支部，其行动决策基本受共产国际的遥控指挥，年仅二十八岁的年轻领袖瞿秋白从个人特点上分析，是个谦逊正派的君子，在听取各方意见特别是来自共产国际代表的观点时带有认识上的教条主义倾向，况且他在最短的时间内深刻反省并彻底改正了自己的错误，因而瞿秋白所犯的“左”倾盲动的错误，“主要责任在国际代表”③。这段回忆和总结，概括出瞿秋白“左”倾错误的主要原因在于：其一缺乏经验仍未成熟的中国共产党，在应用马克思主义处理具体国内问题方面能力欠

① 瞿秋白：《瞿秋白文集（政治理论编）》第1卷，人民出版社2013年版，第426页。

② 尉健行：《在瞿秋白诞辰100周年座谈会上的讲话》，《人民日报》1999年1月30日第1版。

③ 李维汉：《回忆与研究》，中共党史资料出版社1986年版，第237页。

缺；其二瞿秋白等早期中国共产党人对于具体实际情况的掌握不足；其三党内各种错误思想的影响。

第四节　瞿秋白文化思想的时代价值

回顾历史是为了观照现实。作为文化视域下马克思主义中国化个案代表的瞿秋白的文化思想，是在探索解决近代中国文化危机（即在追求无产阶级新文化的进程中实现中国文化由传统向现代转型）的历史问题中发展完善而成的中国化的马克思主义文化思想理论。当前，文化视域下马克思主义中国化历史进程面临着建设社会主义文化强国的崭新时代问题，系统梳理瞿秋白文化思想的形成发展过程及其具体内涵，挖掘其对于当前文化建设的有益启示，是在文化领域推动马克思主义中国化实践的现实需要，也是本书研究的重要落脚点。

一　高度的文化自觉自信是建设中国特色社会主义文化的思想前提

中国共产党历来高度重视用先进文化引领前进方向、凝聚奋斗力量、推动事业发展，在革命、建设、改革各个历史时期，总能从不同时期党的不同中心出发，树立起指引方向的文化旗帜，制定具体的纲领政策，实现社会文化和党的事业共同发展进步。可以说，中国共产党对于文化的自觉是一以贯之的。当今世界，文化多元竞争发展格局越发明显，思想观念交流交融交锋更加频繁。面对新的文化发展环境，文化自觉的目的就是要在深刻把握民族文化历史传承、现实状况以及发展趋向的基础上，既保持本民族文化鲜明特色，又自觉主动地推动文化在新的历史条件下创新发展，使中华民族能够以独有的、积极的精神面貌屹立于世界民族之林。从瞿秋白探索中国文化出路的历程可以看出，没有坚定的文化自信和高度的文化自觉，是不可想象的。这也是中国共产党早期领导人毛泽东、陈独秀、李大钊等所具有的共同认知。

第一，对文化地位作用的高度自觉。文化具有很强的渗透性，能够以无形的意识、无形的观念，广泛作用于经济社会发展和人们的生产生活，深刻影响人类的历史进程。恩格斯曾将文化发展同人类的自由作为同步的历程来对待，但是，就像空气一样，我们在享受文化进步的种种益处时，又往往意识不到或完全忽视了它的地位作用。所谓的文化自觉，最为基础的就是要在思想认识上突出文化的地位作用，只有这样，才能在实践中自觉地推动文化的发展。中国共产党一贯重视文化的重要作用，毛泽东在阐述革命文化理论时，就对其地位进行了形象的说明，指明了它是人民大众必不可少的武器的重要地位，认为在革命之前要在思想中高度重视仔细准备，在革命过程中则是主要战线。

第二，对文化发展规律的高度自觉。文化与经济相互交融，但是又有着自身的特点和发展规律。文化是一个非常复杂的领域，仅对于“文化”的定义，目前学术界就有不下百种。因此，文化自觉就必然要求我们自觉地探寻、遵守社会主义条件下文化建设的规律，避免行动上的盲目性和随意性。

第三，对自身应承担的历史责任的高度自觉。中国共产党是中国先进文化的代表，始终以用先进文化引领社会进步为己任。中华民族是世界上唯一流传至今的文明古国，有着上下五千年漫长的发展历史，作为精髓的独具特色的中国文化传统，在这块地域上影响了一代又一代的中国人，它凝结了本民族自强不息的精神追求和历久弥新的精神财富，是我们建设中华民族共有精神家园的重要支撑。

中国共产党肩负着将中国优秀的传统文化继往开来发扬光大的历史使命，因而就需要站在历史的高度全面系统了解中国传统文化，自觉地去粗取精，努力促其保持民族特色的同时与社会和时代发展同步，这不仅仅需要对文化有彻底觉悟，还要对本民族文化具有坚定的信心，在不断推陈出新突破发展的过程中勾勒出中华民族新时代新文化的思想理路。

文化自觉、文化自信最终是为了实现文化自强。这种自强在中国则体现为社会主义文化的大发展大繁荣，为此，我们应当凭借高度的文化自觉充分把握文化的地位作用，充分尊重文化的发展规律，强化对自身文化价值的充分肯定、对文化发展方向的坚定信心。进入新世纪新阶段，文化在一国内的经济社会发展和民族凝聚力创造力的培养，在世界范围内的综合实力竞争过程中均扮演着日益重要的角色，特别是随着中国的改革开放不断深化，广大人民群众在享受丰富的物质资源的同时，对精神生活的要求亦日益提升，促进文化繁荣发展，建设社会主义文化强国，成为历史的要求和时代的课题，需要不断培养高度的文化自觉自信，在新的历史起点上，通过革新束缚文化发展的体制机制，推动社会主义文化大发展大繁荣，为实现中华民族伟大复兴作出应有的贡献。

二 深入把握中国文化国情是建设中国特色社会主义文化的深厚土壤

瞿秋白始终以中国现实国情作为出发点，以其作为文化取舍的关键因素，在文化引进和继承发展方面留给我们一笔宝贵财富。对文化国情的深刻把握，对中国传统文化的全面认知是题中应有之义。

瞿秋白是在揭露批评东方文化派复古逆行和唯心反动本质的过程中阐述自己对以传统文化形态表现出来的中国文化的认识和理解的。在他看来，东西文化的差异是发展阶段的差异，具体而言西方国家文化的发展已经进入建立在市场经济基础上的资本主义帝国主义文化时期，而东方国家的文化仍处于自然经济基础上的宗法封建文化时期，明显滞后于西方国家一个时代。而东方文化派对这种落后性视而不见，抱残守缺地固守传统文化，还利用帝国主义文化的对外扩张本质导致的战争破坏，即资本主义文化的落后因素否定科学民主这样的积极因素，阻挠新文化的建立发展。瞿秋白一针见血地指明了这种狂妄无知态度的本质错误，对所谓的“东方文化”进行了深刻剖析，认为它无非是三种决定因素结合的产物，其一是传统的农业大国得以长期保留实行的小农经济基础，这种经济基础决定了对于自然的臣服和对假借天子之名的封建帝王及其为维护自身统治而推行的纲纪伦常的遵从，建立在这样经济基础之上的东方文化，早已经成为经济社会发展和历史进步的桎梏，绝没有重新实行的可能和必要。

其二是因内外条件共同影响而形成的畸形封建社会制度。自然经济基础上建立的封建社会制度，在明末清初萌生的资本主义萌芽和帝国主义侵略植入的资本主义因素共同影响之下畸形发展，表现形式亦颇为复杂，至清朝末年虽维持着形式上统一的君主专制政体，但事实上早已经没有任何集中的权力，辛亥革命推翻了这一形式上统一的君主政体，树立起民主共和的招牌，但中国资产阶级的天然软弱性使其根本无法完成民主革命的历史使命，残余的封建势力和帝国主义联合起来割据而治，分裂扭曲的封建制度仍在中国蔓延，建立在这种从民主退向专制制度之上的东方文化，被瞿秋白称为“人间地狱”，断然不能恢复。

其三是帝国主义侵略造成的殖民地式的国际地位。东方民族由于在经济社会发展上滞后于西方发达国家，势必在与这些发达国家接触过程中处于受制于人的弱势地位，资本主义国家发展到帝国主义阶段，对外扩张成了基本特征，也就注定了东方民族沦落为其殖民地，在这样的殖民地上，处于社会底层的平民没有任何公平的权利，没有任何的民主可言，建立之上的东方文化亦没有任何可以骄傲的理由。

瞿秋白对东方文化的剖析，以科学的理论阐明了东方文化落后的本质，详细地展示出其因经济基础和社会制度和国际地位上的变更而不再适应社会发展需要的特点，与东方文化派盲目固执地宣扬“孝悌礼教”等所谓东方道德伦理形成鲜明对照。也正是在这一意义上，瞿秋白明确指出，东方民族要实现文化的发展，必须要彻底破除宗法封建社会的遗毒和帝国主义的侵略。我们注意到，瞿秋白对东方文化派的批判，是针对东方文化派逆时代发展要求的反动主张而进行的，这与全面否定东方文化即传统文化是不一样的，他还专门指出了东方文化即传统文化的积极意义，认为它曾发挥了维护社会秩序的必要作用，在历史上有不可抹杀的地位，同时亦指出，批判并不意味着要否定其过往的历史，而是就当前的时代发展现实而言，要站在进步的立场之上避免开历史的倒车，这并不排斥对传统文化遗产的继承，而是要以代表着先进文化发展方向的无产阶级的立场观点和方法，科学地鉴别文化遗产中的积极因素，在继承的基础上不断创新发展。

三 开阔的国际视野和民族情怀是建设中国特色社会主义文化的情感支撑

文化自信和自觉不是自发产生的，它需要文化交流、文化融合、文化碰撞。随着社会的进步，不同类型间的文化交流的规模与速度必然会加速推进。世界文化趋同的趋势是人类文化进步的必然，要想故步自封，建设纯粹体现一个国家特色的“本位文化”，绝无实现的可能。然而文化趋同的大势，并不意味着世界文化就会成为绝对的“一体化”。世界文化不会成为一个模式，既不会成为“西方文化”的一统天下，也不会成为“东方文化”的一统天下。

人类文化的健康状态，在于呈现愈来愈多的文化共同性的同时，又呈现愈来愈丰富的多样性，而不是削弱或消除多样性。文化发展中存在着的两种力量是促进文化多样性的保证：一是文化具有的传承性能，二是文化具有的创新性能。文化自然会日益现代化，但是只要人民在文化交流中能够保持和发扬传承的自觉，现代的人类文化必然将呈现为越来越多姿多彩、争奇斗艳的多元局面；整个世界文化绝不会“全盘西化”，五大洲的文明绝不会都变成一副面孔的怪模怪样。文化的发展进步是建立在对各种文化精华批判吸收的基础之上的，马克思主义对此有着深刻的认识，明确地强调了文化发展进程中对于历史文化遗产的传承创新和对于外来文化的借鉴和融合。中国新型文化的建设，就应当在积极继承和弘扬优秀传统文化积极因素的基础之上，充分展开同其他不同地域不同民族的先进异质文化的交流互动，在吸收学习中实现自身发展。世界文化的发展历史已经证实，不同地域不同民族文化之间相互交流碰撞，必然产生相互渗透的结果，也正是在这样的进程中，加速了文化发展的步伐，随着全球化趋势的不断发展和世界各国经济社会的发展，以开阔的国际视野谋划文化发展大局已成为符合文化自身发展规律的重要经验。

瞿秋白很早就提出“对于中国的国民性，格外注意”① 的观点，这是对文化民族性特征高度自觉的体现。从文化形成的角度分析，任何一种文化总是在一定的地域范围内的民族群体中发展成熟起来的，在这一群体的价值追求、观念意识、思维方式等思想文化领域中体现出来的共同特征，即是文化的民族性的具体表现，这是文化形成和发展必不可少的本质特征，也是决定文化能否获得独立发展地位的关键因素。还在苏俄进行文化考察时期，瞿秋白就曾由衷地赞叹俄罗斯文化的灿烂辉煌，这是俄罗斯民族伟大精神和独特价值追求的长期积淀的产物。他亦由此联想到中华民族，充分肯定了中华民族思想文化的积极本质，认为中国传统文化是数千年以来中华民族世代相传的共同的价值追求、社会心理等的“精采的凝结累积”②，不仅在历史上曾创造出举世瞩目的文化盛世，流传至今仍体现着光彩夺目的民族特质。建设和发展当代中国文化，一方面要从中华民族发展的历史现实出发，珍惜传统文化在内容和形式上的独特民族风格，传承中华民族在精神价值追求上的优秀传统，创造和发掘具有时代特色的民族文化新形态，总而言之，坚持文化的民族特征。另一方面，亦要坚决避免因此而陷入狭隘的民族主义的泥沼，强调民族性的同时忽视创新对文化发展的关键作用，这种对传统文化抱残守缺的态度必然导致“为陈死的旧时代而牺牲”③ 的结局。

对于文化的世界性特征，瞿秋白在五四新文化运动时期就曾有过明确的论述，他在关于世界大战的一篇文章中指出，民族文化的发展应当具备“世界的眼光”，特别要能够洞悉世界发展的方向，顺应潮流大势所趋，不要畏惧有其他民族特征的文化因素的传入，这并非是民族文化的湮灭，而恰恰相反，却是具有时代特征的民族文化生命力的表现。在中国代表着先进文化发展方向的新生力量，特别是肩负着领导中国革命和

① 瞿秋白：《瞿秋白文集（文学编）》第2卷，人民文学出版社1986年版，第247页。
② 瞿秋白：《瞿秋白文集（文学编）》第1卷，人民文学出版社1985年版，第117页。
③ 瞿秋白：《瞿秋白文集（文学编）》第1卷，人民文学出版社1985年版，第212页。

建设重要历史使命的先进政党组织，更要汲取世界优秀文明成果，“接受世界的文化成绩”[①]。他认为，中国的新文化建设资源囊括了既对立又互补的两种不同民族地域特征的思想文化，即“东方与西方”[②]，对待这两种文化资源，首先要从中华民族的文化传统出发，吸收借鉴西方文化精华，要体现世界性特征。作为中国现代文化建设指导思想的、产生于西方文化背景中的马克思主义，同样是外来文化的一种，但这一先进文化在与中国传统文化的交流碰撞过程中，自觉地改造剔除了传统文化中腐朽落后的内容，创造出葆有民族文化形式，内涵却产生了质的飞跃的中国化马克思主义的崭新文化形态，可以说是以世界眼光建设发展中国文化的典范。值得进一步强调的是，坚持文化的世界性并非主张割断历史全盘西化，民族历史特征始终是支撑文化存在和发展的根本基础，丧失了这一基础的文化即使移入最先进的文化形态也必将如同丧失了灵魂的躯体一样没有未来。

在珍惜和尊重民族文化遗产的基础之上，以开阔的眼界、开放的心胸广集世界优秀文化精华，是建设和发展现代文化应有的态度，瞿秋白的文化思想，就是传承中华民族优秀文化传统，吸收借鉴西方文化积极因素，实现民族文化与马克思主义这一外来文化的融合创新的产物，他对待文化民族性和世界性的态度值得我们思考和学习，并需要在当前的社会主义文化建设进程中灵活运用。

四　秉承传统和创新并重之道是建设中国特色社会主义文化的永恒主题

瞿秋白立足于无产阶级立场之上，凭借科学的理论依据，客观评判文化价值取向，在继承传统的基础上，通过积极创新准确地把握住了中国现代文化的深刻内涵，探索出符合时代要求的文化发展道路，这对于

① 瞿秋白：《瞿秋白文集（文学编）》第1卷，人民文学出版社1985年版，第494页。
② 瞿秋白：《瞿秋白文集（文学编）》第1卷，人民文学出版社1985年版，第213页。

我们在当前日新月异的时代背景条件下建设中国特色社会主义文化带来的启示，首先在于我们要重视对文化传统的传承。文化继承是文化创新的前提条件，要在创新中推进当今的社会主义文化建设，我们就不仅要从源远流长的中华民族传统文化中汲取有益养分，还要继承“五四”以来争取民族独立的革命文化传统和追求国家富强的革新文化传统，与各种形式的历史虚无主义做最为坚决的斗争。

这种启示更体现在结合时代发展和实践进步要求大胆进行文化创新上。瞿秋白文化思想的创新性体现在很多方面，比如他率先在中国传播世界上第一个社会主义国家进行文化建设的经验，第一个将社会科学的概念引入中国并积极运用这一科学武器研究中国社会，在东方民族国家进行无产阶级革命进程中首倡文化领导权的主张，结合中国社会现实系统倡行文艺大众化的观点，将文化革命和社会革命联系起来进行全盘思考等，但其中最为关键也是对当前文化建设意义最为重大之处，还是他最早运用马克思主义科学理论准确揭示了文化概念，为深刻把握文化内涵奠定了基础，进而明确了依据文化体系理路，分层次体系化地进行新型文化建设的特殊路径。

在瞿秋白的思想认识中，文化是人的本质力量的对象化，它内在地包含了价值意蕴（对象化主体的本质力量）、实践形态（对象化的过程）、符号表征（对象化的结果表达）这一完整的体系，新型文化的建设必然是在这三个层面上不同文化领域内系统进行的，瞿秋白亦是依据这样的途径在中国新民主主义革命的历史环境中为无产阶级文化建设作出创造性探索的。时至今日，和平与发展成为时代的主题，建设中国特色社会主义文化的伟大事业，即是在马克思主义指导之下的中国共产党进行新型文化建设的具体时代课题，社会主义核心价值观的提出，正是在价值意蕴层面树立起的社会主义新型文化标准和旗帜，它的践行不仅仅体现在个体主体行为之上，更是在文学、教育、传媒等各个实践形态中的贯彻落实和新型话语体系、艺术形式的普遍表征，这样系统的文化建设是符合文化发展规律，为新民主主义文化建设实践所验证的有效途径，因而对于今天中国特色社会主义文化建设具有重要的历史启示意义。

当前知识经济时代，各国之间的较量集中体现为以文化为主的综合国力竞争，文化的发展创新日益成为各民族国家普遍最为关切的焦点问题，瞿秋白秉承传统和创新并重的建设思路，特别是他关于系统进行新型文化建设的创新理念，对推动社会主义文化大发展大繁荣，早日实现中华民族由文化大国转变为文化强国的理想，实现中华民族伟大复兴的中国梦而言，是弥足珍贵的历史遗产，需要我们随时代的发展进一步深入挖掘。

结　　语

中国现代文化的创立即肇始于20世纪初的马克思主义中国化进程，发展至今日，两者已经因为一衣带水的渊源关系而密不可分了，离开了马克思主义中国化孤立地探讨中国现代文化问题，就无法正确认识中国现代文化的历史和未来，同样，脱离中国现代文化的场域单纯思考马克思主义中国化问题，则丧失了马克思主义中国化应有的本质内涵和鲜明的时代属性，也正是因此，将两者结合起来的研究已经因为理论和实践的双重需求而成了学界关注的热点。

文化视域下马克思主义中国化研究正是其中之一，核心问题是马克思主义与中国传统文化的结合，内容涵盖文化传播、文化选择、文化融合和文化创新各个环节，研究强调马克思主义的文化属性，依循文化发展规律，针对现实文化问题，突出文化创新成果。在当前建设社会主义文化强国目标下推进中国化马克思主义文化建设，无论是在文化传播、文化选择、文化融合，还是文化创新环节，都面临一系列亟须解决的理论和现实问题，特别是文化融合和文化创新两个环节，如何进一步实现马克思主义与中国传统文化的全面融合？中国化马克思主义文化体系到底有着怎样的内涵？都需要我们结合历史经验教训认真解答，这就凸显了研究党的早期革命领袖，特别是在思想文化领域有着完整系统思考和丰富理论建树的代表人物文化思想的必要性。

瞿秋白是出生于19世纪末20世纪初期，融政治领袖和文化精英双重角色于一身的特殊代表，他关于文化的思想理论，不仅在形成过程中完整地展现了文化传播、文化选择、文化融合和文化创新这一马克思主义与中国传统文化相结合的整体进程，而且在现实意义重大的文化创新环节凸显了马克思主义的科学性，以其文化范畴为基础，形成了包括符号表征、实践形态和价值意蕴在内的文化体系的认识，对当前中国特色社会主义文化建设具有重要启示意义，因而成为文化视域下马克思主义中国化研究的个体典范。

从瞿秋白文化思想形成过程的角度来看，近代中国社会文化双重危机和瞿秋白家庭变故的遭遇，使这位中国传统文化之子在文化话语背景下开始接触马克思主义；由于精通俄语而有机会赴俄，目睹依据马克思主义建立的新型文化，坚定了瞿秋白基于价值判断基础上对马克思主义的选择；他进而从中国文化实际出发，在应对各种文化挑战过程中明确了革命这一建设中国新型文化的必然途径；对于这种新型文化，瞿秋白从符号表征、实践形态和价值意蕴三个层面进行了系统思考。

从瞿秋白文化思想的内涵角度来看，他对文化的马克思主义诠释和理解是其中的关键和基础，在瞿秋白心中，文化实质上就是人的本质的对象化。在批判东方文化派唯心主义文化观时，他侧重强调人的本质，从人是一切社会关系的总和的角度阐明了文化囊括一切人类所作的概念，凸显了其中生产力状况的物质性和基础性特点；在思考建立无产阶级新型文化时，他侧重突出“对象化”，自然而然地涉及作为对象化主体本质力量的主观心态领域、作为对象化过程的实践形态领域和作为对象化结果的符号表征领域，在其关注最多也最为擅长的语言文字和艺术，文学、教育和新闻报刊编辑，以及文化哲学和精神心理等具体方面形成自己独特的认识，构成了对应着文化体系而形成的系统化的中国化马克思主义文化思想。

厘清瞿秋白文化思想的形成和发展的理路，阐明其文化思想的内涵、特征以及不足之处，探析其文化思想对于马克思主义中国化、新民主主义文化、中国特色社会主义文化建设的意义和启示，还只是研究问题的初步拓展，瞿秋白文化思想在其所处特定历史时期的具体落实情况，对于中国社会文化的实际影响，与同期领袖人物文化思想的异同及相互影响等问题由于主客观原因仍有待在将来进一步深入研究；马克思主义中国化和中国现代文化建设的进程亦持续不断发展前进，结合现实需要进一步挖掘瞿秋白文化思想中有益的成分，如瞿秋白对社会心理的特殊关注和研究，对践行社会主义核心价值观方面的启示，瞿秋白对舆论问题的思考，对当前新媒体时代把握新闻工作的政治方向的启示等，必将开创具有高度文化自觉的中国共产党领导下的社会主义文化大发展大繁荣的崭新局面。

参考文献

一　经典文献和原著类

《马克思恩格斯全集》第1、3、8、13、18、20、23、27、39、42、46（下）卷，人民出版社1956、1960、1961、1962、1964、1971、1972、1972、1974、1979、1980年版。

《列宁选集》第1—4卷，人民出版社2012年版。

《斯大林选集》（上、下），人民出版社1979年版。

《毛泽东论文艺》，人民文学出版社1983年版。

《毛泽东选集》第1—4卷，人民出版社1991年版。

《毛泽东文集》第1—8卷，人民出版社1993—1999年版。

《邓小平文选》第1—3卷，人民出版社1993—1994年版。

《中共中央关于深化文化体制改革　推动社会主义文化大发展大繁荣若干重大问题的决定》，人民出版社2011年版。

《中国共产党第十九次全国代表大会文件汇编》，人民出版社2017年版。

习近平：《习近平谈治国理政》，外文出版社2014年版。

中共中央宣传部：《习近平总书记在文艺工作座谈会上的重要讲话学习读本》，学习出版社2015年版。

习近平：《习近平谈治国理政》第2卷，外文出版社2017年版。

瞿秋白：《瞿秋白文集（文学编）》第1—6卷，人民文学出版社1985—1988年版。

瞿秋白：《瞿秋白文集（政治理论编）》第1—8卷，人民出版社2013

年版。

李大钊:《李大钊全集》第1—5册，人民出版社2013年版。

陈独秀:《陈独秀文集》第1—4卷，人民出版社2013年版。

张闻天:《张闻天选集》，人民出版社1985年版。

二　专著类

瞿秋白纪念馆编:《瞿秋白研究》第2—15辑，学林出版社1990—2011年版。

陈来:《中华文明的核心价值：国学流变与传统价值观》，生活·读书·新知三联书店2015年版。

陈铁健:《从书生到领袖：瞿秋白》，上海人民出版社1995年版。

丁景唐等:《瞿秋白研究文选》，天津人民出版社1984年版。

丁守和:《瞿秋白思想研究》，四川人民出版社1985年版。

丁言模:《瞿秋白与书籍报刊——丁景唐藏书研究》，中国社会出版社2013年版。

傅修海:《时代觅渡的丰富与痛苦——瞿秋白文艺思想研究》，中国社会科学出版社2011年版。

龚育之等:《马克思主义发展史讲座》，学习出版社2002年版。

龚鹏程:《文化符号学：中国社会的肌理与文化法则》，上海人民出版社2009年版。

郭德宏主编:《中国马克思主义发展史》，中共中央党校出版社2001年版。

郭建宁:《当代中国的文化选择》，北京大学出版社2004年版。

郭齐勇:《文化学概论》，武汉大学出版社2014年版。

韩斌生:《瞿秋白与中国现代文化》，江苏人民出版社1989年版。

韩斌生:《文人瞿秋白》，中央文献出版社2000年版。

洪晓楠:《文化哲学思潮简论》，上海三联书店2000年版。

胡明:《瞿秋白的文学世界：马克思主义文艺的理论与实践》，中国社会科学出版社 2013 年版。
黄力之：《先进文化论》，上海三联书店 2002 年版。
季甄馥：《瞿秋白哲学思想评析》，华东师范大学出版社 1998 年版。
江苏省瞿秋白研究会编：《瞿秋白研究文丛》第 1—8 辑，中国文联出版社 2007—2014 年版（第 1 辑系中央文献出版社出版）。
梁化奎：《文化伟人瞿秋白》，中央文献出版社 2005 年版。
梁怡、李向前主编：《国外中共党史研究述评》，中共党史出版社 2005 年版。
刘方喜、陈定家、丁国旗主编：《马克思、恩格斯、列宁、斯大林论文艺与文化》（上、下），中国社会科学出版社 2012 年版。
刘辉：《中国共产党人的文化自觉——新民主主义文化思想再研究》，中共党史出版社 2008 年版。
刘林元、周显信等著：《瞿秋白对毛泽东思想形成的重要贡献》，中央文献出版社 2005 年版。
刘守华主编：《文化学通论》，高等教育出版社 1992 年版。
刘小中：《瞿秋白与中国现代文学运动》，南京大学出版社 2002 年版。
刘小中、丁言模编著：《瞿秋白年谱详编》，中央文献出版社 2008 年版。
龙德成：《马克思主义者瞿秋白》，中共党史出版社 2005 年版。
鲁云涛：《瞿秋白评传》，四川文艺出版社 1991 年版。
“马克思主义中国化的历史进程和基本经验”课题组编：《马克思主义中国化研究——历史进程和基本经验》（上、下），人民出版社 2009 年版。
［美］黛安娜·克兰（Diana Crane）主编：《文化社会学——浮现中的理论视野》，王小章、郑震译，南京大学出版社 2006 年版。
［美］塞缪尔·亨廷顿：《文明的冲突与世界秩序的重建》，周琪等译，新华出版社 1998 年版。
［美］塞缪尔·亨廷顿、劳伦斯·哈里森主编：《文化的重要作用——价值观如何影响人类进步》，程克雄译，新华出版社 2002 年版。

彭维锋:《在文学与政治之间：瞿秋白左翼时期的文艺思想研究》，新华出版社 2008 年版。

司马云杰:《文化价值论——关于文化建构价值意识的学说》，人民出版社 1988 年版。

石仲泉:《中国共产党与马克思主义中国化》，中国人民大学出版社 2011 年版。

唐宝林、陈铁健:《陈独秀与瞿秋白》，中国青年出版社 1997 年版。

汤淑敏、孙淑主编:《瞿秋白与他的同时代人》，南京大学出版社 1999 年版。

汤敏淑等主编:《瞿秋白研究新探》，南京大学出版社 2003 年版。

汪诚国主编:《瞿秋白与先进文化》，中央文献出版社 2006 年版。

王观泉:《一个人和一个时代：瞿秋白传》，天津人民出版社 1989 年版。

王士菁编写:《瞿秋白传》，四川人民出版社 1985 年版。

王铁仙:《瞿秋白文学评传》，百花文艺出版社 1987 年版。

萧扬、胡志明主编:《文化学导论》，河北教育出版社 1989 年版。

许京生:《瞿秋白与鲁迅》，华文出版社 1999 年版。

杨慧:《思想的行走：瞿秋白“文化革命”思想研究》，商务印书馆 2012 年版。

叶楠:《瞿秋白评传》，河海大学出版社 1991 年版。

《忆秋白》编辑小组编:《忆秋白》，人民文学出版社 1981 年版。

衣俊卿:《文化哲学十五讲》，北京大学出版社 2004 年版。

衣俊卿、胡长栓等:《马克思主义文化理论研究》，北京师范大学出版社 2012 年版。

尹德树:《文化视域下马克思主义在中国的早期传播与发展》，人民出版社 2013 年版。

余玉花:《瞿秋白学术思想评传》，北京图书馆出版社 1999 年版。

张岱年、方克力主编:《中国文化概论》，北京师范大学出版社 2004 年版。

张静如:《静如文存》（上、下卷），河北教育出版社 2001 年版。

张允熠：《中国文化与马克思主义》，山西教育出版社 1995 年版。

张秋实：《瞿秋白与共产国际》，中共党史出版社 2004 年版。

张秋实：《解密档案中的瞿秋白》，东方出版社 2011 年版。

郑师渠主编：《中国共产党文化思想史研究》，中共中央党校出版社 2007 年版。

中共中央党校马克思主义理论教研部、中国马克思主义研究基金会编：《马克思主义中国化研究》，人民出版社 2011 年版。

朱钧侃等主编：《总想为大家辟一条光明的路——瞿秋白大事记述》，南京大学出版社 1999 年版。

三　博士硕士论文类

王永乐：《瞿秋白与马克思主义中国化早期历史进程研究》，博士论文，上海社会科学院，2013 年。

王颂：《列宁文化思想及当代意义》，博士论文，武汉大学，2014 年。

张亚骥：《瞿秋白的文艺思想与文化领导权》，博士论文，苏州大学，2010 年。

张远新：《江泽民文化思想研究》，博士论文，湖南师范大学，2004 年。

蒋霞：《论瞿秋白与马克思主义中国化》，硕士论文，南京师范大学，2004 年。

梁化奎：《论“五四”前后瞿秋白关于发展先进文化的思考和实践》，硕士论文，南京师范大学，2004 年。

宋晓敏：《瞿秋白文化思想与中国先进文化建设》，硕士论文，辽宁师范大学，2005 年。

张露露：《瞿秋白与马克思主义文化理论中国化》，硕士论文，哈尔滨工业大学，2012 年。

四　学术期刊论文类

包忠文：《文艺大众化和现实主义——读瞿秋白文论札记》，《河海大学学报》（哲学社会科学版）1999 年第 1 期。

北京师范大学文艺理论教研组集体讨论，钟子翔执笔：《试论瞿秋白同志在文艺理论上的贡献——纪念瞿秋白同志殉难二十四周年》，《北京师范大学学报（社会科学版）》1959 年第 3 期。

陈弼：《瞿秋白对党的报刊事业的卓越贡献》，《瞿秋白的历史功绩——瞿秋白英勇就义 70 周年纪念暨学术研讨会论文集》，2005 年 6 月。

陈答才：《马克思主义中国化进程的启示》，《西北大学学报》（哲学社会科学版）2008 年第 5 期。

陈答才：《试论周恩来的文化思想》，《陕西师范大学学报》（哲学社会科学版）2013 年第 4 期。

陈金龙：《马克思主义中国化的主体探析》，《马克思主义研究》2010 年第 5 期。

陈金龙：《辛亥革命与中国共产党早期革命话语的建构》，《中共党史研究》2011 年第 10 期。

陈朗：《瞿秋白的知识分子论与“文化领导权”》，《学习与探索》2014 年第 4 期。

丁景唐：《略论瞿秋白在中国现代文学史上的贡献》，《文史哲》1980 年第 1 期。

丁景唐：《瞿秋白的教育活动——从小学教师到人民教育委员》，《语文学习》1985 年第 5 期。

范忠程：《瞿秋白对“东方文化派”的剖析》，《湖南师院学报》（哲学社会科学版）1983 年第 1 期。

范忠程：《瞿秋白对胡适实用主义的批判》，《湖南师院学报》（哲学社会科学版）1984 年第 1 期。

傅修海：《从贵族到小卒：古典文艺趣味的现代觅渡——瞿秋白文艺思想发展史考述之一》，《西华大学学报》（哲学社会科学版）2010 年第 2 期。

傅修海：《瞿秋白与文艺大众化思想的中国化进程》，《郑州大学学报》

（哲学社会科学版）2011 年第 4 期。
龚育之：《科学与人文：从分隔走向交融》，《中国特色社会主义研究》2004 年第 6 期。
郭德宏：《近十年马克思主义中国化与中国化的马克思主义研究述评》，《党史研究与教学》2004 年第 4 期。
郭建宁：《马克思主义中国化研究的历史、现状和方法论》，《毛泽东邓小平理论研究》2005 年第 5 期。
郭建宁：《马克思主义中国化的文化解读》，《北京行政学院学报》2007 年第 1 期。
哈迎飞：《瞿秋白与道家文化》，《东南学术》1999 年第 3 期。
哈迎飞：《论瞿秋白与佛教文化的关系》，《人文杂志》2001 年第 3 期。
何振东：《瞿秋白发展中国先进文化的功绩》，《徐州师范大学学报（哲学社会科学版）》2003 年第 1 期。
衡朝阳：《析瞿秋白“历史的工具”论》，《兰州学刊》2007 年第 1 期。
洪峻峰：《瞿秋白与五四新文化运动》，《东南学术》1999 年第 2 期。
侯敏：《文艺大众化：瞿秋白的“前理解”与毛泽东的“宏大叙述”》，《常州工学院学报》（社会科学版）2005 年第 3 期。
胡传胜：《瞿秋白与五四理想的终结》，《南京社会科学》2009 年第 4 期。
胡明：《从文学革命、文腔革命到文字革命——瞿秋白文化革命路线图诠解》，《中国文化研究》2008 年第 3 期。
胡明、赵新顺：《瞿秋白与“左联”》，《陕西师范大学学报》（哲学社会科学版）2011 年第 5 期。
胡建、何云峰：《论马克思主义中国化的历史文化必然性》，《上海师范大学学报》（哲学社会科学版）2008 年第 5 期。
黄侯兴：《论瞿秋白的文艺思想》，《社会科学战线》1979 年第 2 期。
黄凯锋：《马克思主义中国化与中国传统文化现代化的互动融合》，《毛泽东邓小平理论研究》2010 年第 8 期。
季甄馥：《略论瞿秋白的社会学思想》，《社会学研究》1992 年第 6 期。

金民卿：《瞿秋白的大众化思想及其对当代中国马克思主义大众化的启示》，《宁夏党校学报》2009 年第 4 期。

金民卿：《马克思主义与中国文化关系演变的反思与展望》，《中国特色社会主义研究》2015 年第 6 期。

李建勇：《中国传统文化在马克思主义中国化中的三种价值》，《黑龙江社会科学》2007 年第 1 期。

李君如：《马克思主义中国化若干问题研究》，《中共中央党校（国家行政学院）学报》2008 年第 1 期。

梁化奎：《关于斯大林会见周恩来、瞿秋白的一则新史料——兼述中共六届三中全会前周恩来和瞿秋白在莫斯科的活动》，《党的文献》2007 年第 2 期。

梁化奎：《瞿秋白与国学》，《学校党建与思想教育》2009 年第 9 期。

刘力波、马启民：《论马克思主义中国化研究的文化视域》，《贵州社会科学》2008 年第 4 期。

刘进才：《汉字，文化霸权抑或符号暴力？——以鲁迅和瞿秋白关于大众语和拉丁化新文字的倡导为例》，《鲁迅研究月刊》2007 年第 7 期。

刘小中：《瞿秋白等与“自由人”、“第三种人”的文艺论辩》，《徐州工程学院学报（社会科学版）》2007 年第 5 期。

刘玉龙：《瞿秋白和他的书法艺术》，《滁州师专学报》2000 年第 4 期。

鲁振祥：《“马克思主义中国化”解读史中若干问题考察》，《中国特色社会主义研究》2006 年第 1 期。

罗敏：《从瞿秋白上海大学课程设计看其新文化建设思想》，《思想战线》2012 年第 3 期。

吕兆康：《瞿秋白与戏剧》，《戏剧艺术》1980 年第 2 期。

马启民：《关于马克思主义中国化若干经验教训的思考》，《马克思主义研究》2009 年第 7 期。

茅盾：《瞿秋白在文学上的贡献——瞿秋白逝世十四周年》，《人民日报》1949 年 6 月 18 日第 4 版。

冒昕：《论瞿秋白精神》，《彭城职业大学学报》1999 年第 1 期。
梅良勇、魏瑞香：《瞿秋白对马克思主义哲学中国化作出重大贡献的缘由探析》，《瞿秋白研究文丛》第 2 辑 2009 年 1 月。
梅荣政：《马克思主义中国化的三个基本问题》，《毛泽东邓小平理论研究》2008 年第 5 期。
潘洪林：《瞿秋白对科玄论战的诠释》，《重庆社会科学》2002 年第 4 期。
潘颖舒：《中国马克思主义文艺批评的奠基者——瞿秋白同志——为瞿秋白同志殉难十九周年纪念而作》，《文史哲》1954 年第 6 期。
秦家琪：《瞿秋白的文艺思想与中国现代文学》，《南京师大学报》（社会科学版）1985 年第 2 期。
任晓伟：《“马克思主义俄国化”的早期进程及其教训》，《当代世界与社会主义》2009 年第 3 期。
石碧球：《马克思主义哲学中国化的早期历程——从李大钊、瞿秋白到毛泽东》，《青海社会科学》2012 年第 3 期。
陶德麟：《马克思主义中国化的两个前提性问题》，《武汉大学学报》（人文社会科学版）2005 年第 2 期。
谭一青：《瞿秋白和三十年代左翼文艺运动的策略转变》，《中共党史研究》1988 年第 3 期。
汤淑敏：《重新评定瞿秋白在中国现代文学史上的地位》，《瞿秋白研究论丛——纪念瞿秋白同志英勇就义 65 周年专集》2000 年 2 月。
田克勤：《马克思主义中国化与中国文化从传统向现代的转化》，《马克思主义研究》2015 年第 9 期。
童子新：《瞿秋白与文艺大众化运动》，《四平师院学报》（哲学社会科学版）1980 年第 1 期。
王关兴：《“江南第一燕”之声——瞿秋白的〈社会科学概论〉》，《上海师范大学学报》（哲学社会科学版）1985 年第 3 期。
王关兴：《瞿秋白在中国现代文学发展史上的六个第一》，《长沙水电师院社会科学学报》1995 年第 2 期。

王关兴：《试析瞿秋白的世界观、人生观与价值观》，《上海师范大学学报》（哲学社会科学版）1996 年第 4 期。

王关兴：《试析瞿秋白推动中国文化转型和建设先进文化的十大理念》，《上海党史与党建》2002 年第 11 期。

王宏志：《论瞿秋白翻译理论的中心思想》，《中国比较文学》1998 年第 3 期。

王金水、余栋华：《中国文化与马克思主义中国化》，《当代世界与社会主义》2010 年第 5 期。

汪禄应：《瞿秋白的文化观》，《淮阴工学院学报》2005 年第 4 期。

王晓荣、张楠：《李大钊与马克思主义中国化》，《社会主义研究》2010 年第 2 期。

王文强：《瞿秋白先进文化观探因》，《常州工学院学报》（社会科学版）2005 年第 1 期。

汪信砚：《新世纪马克思主义中国化研究述评》，《马克思主义研究》2008 年第 3 期。

夏放：《试论瞿秋白同志在宣传马克思主义文艺理论方面的贡献》，《山东师院学报》（哲学社会科学版）1979 年第 6 期。

项光勤：《瞿秋白的教育现代化思想》，《瞿秋白的历史功绩——瞿秋白英勇就义 70 周年纪念暨学术研讨会论文集》2005 年 6 月。

熊焱生：《瞿秋白文化思想的当代意义》，《常州工学院学报》（社会科学版）2007 年第 2 期。

许全兴：《“马克思主义中国化”的提出与新文化运动》，《毛泽东邓小平理论研究》2008 年第 3 期。

许全兴：《论马克思主义与中国传统文化相结合》，《党的文献》2009 年第 3 期。

许全兴：《毛泽东的文化观与文化建设》，《毛泽东邓小平理论研究》2011 年第 1 期。

许为：《瞿秋白对于“旧文化”的批判与继承》，《社科纵横》（新理论版）2012 年第 4 期。

徐稳：《传统文化现代化与马克思主义中国化》，《山东社会科学》2011 年第 8 期。

薛绥之：《瞿秋白是怎样解决文艺界内部矛盾的》，《前哨》1957 年第 7 期。

姚律人：《瞿秋白同志对语言理论的重大贡献》，《昆明师院学报》1980 年第 4 期。

阎树群：《论马克思主义中国化成果的两种形态》，《陕西师范大学学报》（哲学社会科学版）2008 年第 2 期。

杨成敏：《论瞿秋白文化思想的时代特点》，《河南师范大学学报》（哲学社会科学版）2006 年第 6 期。

杨慧：《“文化革命”：瞿秋白文化思想之匙》，《辽宁大学学报》（哲学社会科学版）2009 年第 3 期。

杨慧：《多重缠绕的词语政治——瞿秋白“文化革命”概念考辨》，《马克思主义美学研究》2010 年第 1 期。

杨慧：《“说话”的大众——再论瞿秋白的“文艺大众化”思想》，《徐州工程学院学报》（社会科学版）2012 年第 5 期。

杨建生：《瞿秋白与李大钊文化观的比较》，《山西大同大学学报》（社会科学版）2008 年第 5 期。

杨金海：《马克思主义中国化研究的文化维度》，《广西社会科学》2012 年第 2 期。

杨秀春、刘松茂：《瞿秋白反思“五四”新文化运动的足迹》，《求索》2009 年第 6 期。

杨秀春：《中国共产党对“五四”新文化前进方向的探索——以瞿秋白为例》，《怀化学院学报》2010 年第 4 期。

叶楠：《论瞿秋白在“左联”时期的文学活动》，《丽水师专学报》（社会科学版）1983 年第 3 期。

余玉花：《论瞿秋白的人文精神》，《徐州工程学院学报》（社会科学版）

2010 年第 4 期。
袁伟时:《试论瞿秋白的哲学思想》,《哲学研究》1982 年第 5 期。
张华、禹青:《瞿秋白与中国传统文化》,《唯实》1999 年第 1 期。
张家康:《瞿秋白一生编辑的报刊》,《党史文汇》2009 年第 3 期。
张静如、齐卫平:《论五四精英与中国先进文化的前进方向》,《中共党史研究》2001 年第 4 期。
张静如:《关于马克思主义中国化问题的几点想法》,《党史研究与教学》2008 年第 3 期。
张远新、张正光:《马克思主义中国化逻辑起点新探》,《马克思主义研究》2008 年第 6 期。
张锡金:《瞿秋白的自我批评精神》,《理论探讨》2002 年第 3 期。
张志忠:《"忏悔的贵族"与"江南第一燕"——俄苏体验与瞿秋白的文化贡献》,《首都师范大学学报》(社会科学版) 2012 年第 6 期。
郑林曦:《普通话和新文字的倡导者——瞿秋白(《中国文字改革运动史》的一章)》,《文字改革》1985 年第 3 期。
钟菲、李倩:《瞿秋白精神世界中异质文化资源探寻》,《江西社会科学》2005 年第 12 期。
钟嘉陵:《瞿秋白在语言文字方面的基本观点》,《北京师范学院学报》1982 年第 3 期。
周建超、赵国琴:《论瞿秋白的中西文化观》,《宁夏社会科学》2004 年第 3 期。
周龙燕:《瞿秋白文化领导权思想研究》,《求索》2012 年第 9 期。
周全华、马爱云:《马克思主义中国化研究的文化学方法》,《毛泽东邓小平理论研究》2010 年第 7 期。
朱净之:《瞿秋白哲学论战代表的文化方向》,《江苏工业学院学报》(社会科学版) 2003 年第 1 期。

后　　记

因为导师开设的“中共党史人物与马克思主义中国化研究”课程，我结识了谜一样的瞿秋白，折服于他多舛命运中的横溢才华、孱弱之躯内的刚毅果决、乱云飞渡时的真实淡泊……更痴迷于他博大深邃的文化之思，也就是在那时，完整客观地呈现瞿秋白关于中国文化觅渡的鸿篇巨著，成为了我博士生涯的终极目标。现在回头看，从选题、论证到最终成文，我在应对这一艰辛挑战的过程中收获了太多的人间真情！

我首先要特别感谢恩师陈答才教授。从本科阶段陈老师代表学校看望远赴汉中的实习学生，为了给出门在外的我们以温暖和慰藉，陈老师自费邀请当时素昧平生的我们聚餐畅谈，从我体会到学识渊博的导师平易近人、敏思重义的一面算起，蒙陈老师的指引、关照和感召已经有十七个年头了。在我到目前为止生命中最重要的这三分之一的时光中，当我因少不更事、愚钝任性面临困境的时候，是陈老师一次又一次地为我指点迷津，帮助我实现人生的重大转折；当我因工作荒废学业，不得不从头开始学习研究写作的时候，是陈老师从我最初交给他薄薄的纸片习作开始，数十遍的自文字表述到观点结构的详细修改指导，至今我遇到瓶颈的时候，还总是拿出陈老师“基础已很好，再努力一把就到理想和追求的彼岸”的评语激励自己；当我因急于求成，连续挑灯夜读，身体不支，影响了正常学习的时候，是陈老师语重心长地告诫我不要再熬夜，还身体力行地鼓励我运动，每次见面都会询问锻炼的进展，让我能够保存体力顶住各种压力，坚持完成书写；当我因辞去工作，经济收入主要依靠研究生补助的时候，是陈老师创造一切机会为我减少经济负担，集体活动总是避免我的花销，考虑到我还有年幼的孩子需要陪伴照顾，没有为我推荐兼职工作，但却将我的就业选择时时放在心上；当我情绪低落、信心不足的时候，是陈老师、印师母无微不至的关怀、和风细雨的鼓励让我走出低谷，坚定前行……十七载春秋数不尽的点点滴滴铭刻于心头，但我却无以回报，这也是我最感愧疚之处。

我还要感谢导师组马启民教授、阎树群教授、王晓荣教授、任晓伟教授多年来在培养、教导、帮助我完成学业、成长完善的过程中付出的心血和努力，马老师在硕士阶段就对我发表论文提出宝贵意见和无私帮助，阎老师总在我困顿的时候分享他的经验给予具体的指导，王老师在校园里偶遇都会设身处地地关心指导我学习生活面临的各种困难并给出解决方案，任老师则每每以其敏锐的学术眼光和缜密的逻辑思维帮我认识到问题所在，一路走来，各位导师的谆谆教导亦成为伴我前行的重要支撑力量；感谢王继教授、王俊栓教授、王涛教授、袁祖社教授等诸位导师精彩的授课和指导，在完善知识结构、启发研究思路等方面给予了我莫大的帮助；感谢任红星老师、王健老师长期以来不辞辛苦地提供各种支持和指导，感谢董喜林老师、张映芹老师、刘建军老师、宋传东老师等多年来关心和帮助，使我得以顺利完成学业。

我亦要感谢我的同门师兄王明博士、庞虎博士，感谢他们在我读博期间为我提供的科研资料、学术交流机会等方面的帮助和引导，感谢我的同门师姐付蓓博士、刘玲博士，感谢她们在学习、生活上给予我的无私关心和照顾，感谢我的同门兄弟刘涛博士、李鹏博士，感谢他们在学术研究上对我的无私指导和启发，在本书写作过程中对我精神和物质上的支持和鼓励，在艰辛的求学历程中一再给予我的欢乐和温暖；感谢我的博士生同学金颜、刘小红、刘洪超、刘妍良，是她们让我的博士生活一路充满欢歌笑语，是她们在我学习生活上需要帮助的时候挺身而出，也是她们让我对努力完成各种角色使命的女博士充满敬意；感谢我从小一起长大，现在一同学习的挚友韩静，是她一次又一次伸出援手助我渡过难关；感谢关心帮助过我的所有同学和朋友，由于人数较多，恕不一一列名。

我更要感谢我的家人，父母、公婆年事已高，但为了给我充裕的时间完成学业，他们仍不计回报地日夜操劳，爱人在家承担了照顾孩子的重任，给我莫大的支持和宽慰，女儿乖巧懂事，经常通过视频电话嘘寒问暖，成为我奋斗的精神动力，我衷心地感谢生命中有你们的陪伴。

本书出版得到了陕西省重点中国特色社会主义理论体系研究中心（宝鸡基地）和宝鸡文理学院课题的资助、中国社会科学出版社杨晓芳编辑的辛勤付出，在此一并致谢。

囿于理论修养和视野局限，书中还存在诸多不足和疏漏，真诚希望读者批评指正。

张　丽

2019 年 11 月 22 日